SIN PATRIA

PERO SIN AMO.

por

HUMBERTO MEDRANO

MIAMI, 1963

F
1788
.M36

Con un poco de luz sobre la frente no se puede vivir donde mandan tiranos.

José Martí.

COPYRIGHT 1963 BY HUMBERTO MEDRANO

All rights reserved, no part of this book may be reproduced in any form without permission in writing from the publisher.

PRINTED IN U.S.A. BY:
SERVICE OFFSET PRINTERS, 4015 AURORA STREET,
CORAL GABLES 44, FLORIDA

Para Cuba que sufre

ALGO PARA EMPEZAR

Es costumbre que todo libro lleve un prólogo. No vamos a romperla. Pero un prólogo pedido a un amigo es casi como pedir un elogio por escrito. Y los que andamos sin patria no son elogios precisamente lo que necesitamos. Por otra parte, es propio del destierro que uno se haga sus cosas: la cama, el café, los prólogos...Ahí va el mío.

Ante todo, quiero significar que los artículos que recoge este libro no los dictó el odio. A nadie odio. Ni siquiera a Fidel Castro. Lo desprecio por su traición a Cuba. Y lo combato, porque ningún hombre de vergüenza puede aceptar un amo.

En ellos intento proclamar la tragedia de mi patria y la innata rebeldía de mi pueblo. Y denunciar las mentiras de un régimen basado esencialmente en la mentira. La primera de todas, que representa una revolución cubana. No podría, desde el momento que propugna un credo extraño y acata un pabellón extranjero.

No soy terrateniente, ni millonario, ni político. Y no lo especifico porque considere un demérito serlo, sino para que no se piense que resuello por alguna herida. No soy más que un simple periodista que ama, como periodista, la independencia, y como hombre, la libertad. Por eso tuve que marchar al destierro el 20 de Mayo de 1960.

Llegué como me fuí. Sigo como llegué. Mi credo es simple:

Creo que no puede haber hombre digno sin libertad ni hombre bueno sin fé cristiana. En estos artículos he volcado mis creencias.

Y basta. Lo demás está en ellos. Buscadlo. Y sobre todo, buscad a Cuba: su dolor y su esfuerzo. Cuba, cuyo martirio ojalá sirva para despertar la conciencia de América.

Humberto Medrano.

CUBA: MIRENSE EN ESE ESPEJO, AMERICANOS....

De pronto fué la jungla.
Una explosión de odio selvático estremeció hasta los cimientos morales la conciencia y la vida de un pueblo. Una ira ciega, rabiosa, comenzó a surgir en todas partes. Los hermanos empezaron a odiar a los hermanos, los hijos a los padres, los que recibían favores a quienes se los hacían.

Todo lo que habíamos aprendido a respetar y venerar desde niños como virtudes se transformó de pronto en horrendo pecado. Así el amor filial, la fe religiosa, la lealtad a los amigos, hasta la simple piedad, se convirtieron de pronto en delitos contra la Revolución, una deidad más divina que Dios, más grande que la patria, más fundamental que la familia, más respetable que todo sentimiento, más digna que la propia dignidad humana.

En nombre de ella se podía insultar, despojar, perseguir, encarcelar, torturar y matar. En nombre de esa entidad suprema se podía violar la ley, infamar la justicia, profanar los derechos, traicionar los principios, destruir las libertades, instaurar la tiranía.

Y todo se llenó de violencia y de sangre; de miseria y de lágrimas.

Y todo -fíjense bien- vino de adentro.

No hubo un desembarco de tropas extranjeras, ni un solo bombardeo, ni la más pequeña agresión exterior. Todo vino de adentro.

De esa entraña eruptiva de los pueblos donde el comunismo, fría y pacientemente, hace su siembra constante de rencores bestiales. De esos derribos del alma donde un sistema deshumanizado enciende las cóleras más agrias y destructivas porque tiene especialistas en atizar las más bajas pasiones, en despertar los instintos primarios del hombre para usarlos en el aniquilamiento de toda idea, persona, fuerza o sentimiento, que puedan oponerse a su absoluto predominio.

Todos los cubanos recordamos el proceso sombrío.

Era una sacudida tras otra. Un enardecimiento tras otro, Una provocación tras otra para desatar las fuerzas iracundas que demolieran toda acción defensiva del cuerpo social y pulverizaran toda resistencia, no sólo en los intentos materiales sino en las raíces morales donde el espíritu se rebela ante la humillación y el vasallaje.

Así se fué aislando, neutralizando y liquidando todo foco de rebeldía. Así fueron invadiéndolo todo, absorbiénlo todo, arrasándolo todo: las industrias, los comercios, los medios de expresión, las tierras grandes y pequeñas, los bienes mal habidos que eran los menos y los resultantes del esfuerzo honrado que eran los más. Así se apropiaron hasta de las casas más modestas y de los medios más humildes de trabajo como los autos de alquiler. Y construyeron en cada población una nueva cárcel, y pusieron en cada celda a un nuevo preso, y en cada familia un espía y en cada pecho una angustia, una duda o un rencor.

Así esclavizaron y arruinaron un país e impusieron la

SIN PATRIA, PERO SIN AMO

presencia y señorío sobre su suelo de una rampante y autoritaria extranjería. Y así rindieron la soberanía de una nación a un poder extraño, no sólo para que saqueara su riqueza, sino para que usara su territorio como base de lanzamiento de armas mortíferas sobre pueblos hermanos.

Hoy, como por arte de magia -la diplomacia internacional es una especie de magia que de la noche a la mañana transforma al mentiroso en veraz, al traidor en confiable, al ladrón en dueño legítimo, al asesino en persona de bien, al enemigo acérrimo en amigo- el peligro del sistema que trajo la desintegración de un pueblo y la convulsión constante a los demás pueblos de América resulta que ya no es amenaza para nadie.

Con la desaparición de unos cohetes mal contados y la prometida extracción de unos bombarderos no contados todavía, el monstruo de la víspera ha dejado de serlo. Con semejantes logros, ríen y aplauden gozosos algunos especialistas y estrategas de esos que sobre una mesa sostienen o abandonan zonas de influencia, sin tener en cuenta la condición humana de los que en esas zonas viven, esperan, desesperan o mueren.

Y efectivamente, una cantidad de cohetes se ha ido y otra cantidad de bombarderos se irá. Pero ¿y el sistema? Ese que trajo los cohetes y los bombarderos; ése que se infiltra, arraiga y crece en la sombra y un día desata fríamente los cataclismos sociales que trituran los pueblos, ése ¿se ha ido también? ¿Podemos dormir tranquilos ya? ¿Acaso el peligro comenzó cuando trajeron los cohetes y los bombarderos? ¿Acaso el odio, las persecuciones, los fusilamientos no comenzaron en Cuba antes de que los trajeran? ¿Acaso las revueltas en Guatemala, los desórdenes en Ecuador, la agitación en Chile, el incremento de las guerrillas en Colombia o las rebeliones y sabotajes de Venezuela las provocan los cohetes y bombarderos?

No. La semilla del mal no está en las armas que unos llaman ofensivas y otros estratégicas. La simiente está en el sistema en sí, en su mantenimiento y proliferación. El peligro está en aceptar y permitir que subsista con vigencia política subversiva en nuestro Hemisferio un gobierno que representa y ejercita una doctrina orientada precisamente a nuestra propia destrucción. La gran amenaza y el gran peligro residen en guardar debajo de la cama una serpiente cascabel sólo porque se ha desprendido de algunos de sus cascabeles...

Los que no lo vean así, que miren el ejemplo de Cuba. Comprobarán que sin un cohete, sin un bombardero, el sistema devastó la isla y la cedió para emplazar en ella lo que materialmente pudo significar la devastación de América.

Y decimos materialmente, porque lo que puede devastarla moralmente, sigue emplazado todavía.

Miami, Diciembre 2 de 1962.

SIN PATRIA, PERO SIN AMO

ESTADOS UNIDOS Y SU DESTINO HISTORICO

Todos reconocemos la grandeza de Estados Unidos. Su pueblo es un gran pueblo, crecido en el trabajo, en el coraje, en el sacrificio. Sólo un pueblo así podía forjar nación tan poderosa.

Pero no se puede ser tan poderoso impunemente. El poder, como fuerza creadora, engendra derechos, pero tambien grandes responsabilidades. Entre ellas las de proteger y mantener esos derechos que emanan del poder y que representan el poder mismo. Derechos que no son sólo los inherentes al país poderoso, sino los que han nacido en todos aquellos pueblos que pertenecen a la zona de influencia donde ese poder significa interdependencia y solidaridad.

Cuando estas responsabilidades no se cumplen, el poder se pierde y todo un mundo afín y solidario se desploma.

Desde que el mundo es mundo conocido, hay pueblos líderes que ostentando ese poder marcan los derroteros políticos de la humanidad. Babilonia, Egipto, Grecia, Macedonia, Roma en la antigüedad. España, Francia Napoleónica e Inglaterra en el mundo moderno. Estados Unidos y Rusia en la época contemporánea.

Cada uno de esos pueblos o alianza de pueblos han representado la defensa de determinados intereses, de determinadas corrientes políticas, de determinados principios y sistemas de vida. En el mundo antiguo, la mayor parte de las veces representaron coloniaje, saqueo y servidumbre. En el mundo contemporáneo, donde las ideas se han abierto paso y con ellas la emancipación del hombre y la vigencia de los derechos humanos, los pueblos líderes se disputan el liderazgo a base de ideas. Estas son las que simbolizan la libertad y la dignidad de la especie. Rusia dice defenderlas con el comunismo. Estados Unidos las representan con el sistema democrático.

No hay duda que la democracia encarna esas ideas mientras el comunismo, so capa de imponerlas, las destruye. Pero la democracia tiene yerros de los cuales se ha valido el comunismo para prosperar. Y hoy, democracia y comunismo -a través de sus campeones: Estados Unidos y Rusia - se disputan una vez más en la historia el liderazgo y el poder para regir los destinos humanos. La victoria será de quien sepa mantener su autoridad con más inteligencia, con mas decisión y con mas brío.

Estamos seguros de que Estados Unidos tienen en la entraña de su pueblo la materia prima de la victoria. No olvidemos su origen. Recordemos que sus fundadores - como dijera Martí- dormían a veces "teniendo como almohada un tronco derribado o un indio muerto". Pero de lo que no estamos tan seguros es de que políticamente estén a la altura de su destino histórico. Alguien dijo una vez que éste era un pueblo de soldados heroicos y políticos tímidos. Algunos hechos parecen darle la razón.

En primer lugar, hay algo que resulta evidente: el ni-

SIN PATRIA, PERO SIN AMO

vel elevado de subsistencia interior conspira en cierto modo contra la energía que requiere su papel de líder. Aquí, salvo excepciones de recesos económicos esporádicos o períodos transitorios de alto desempleo, cualquiera trabaja y gana no sólo lo suficiente para vivir, sino para vivir bien. Esto engendra felicidad. Y la felicidad, según Ortega y Gasset, "es como unas ganas de quedarse dormido..."

En ese estado se llega a aborrecer a quienes nos la turban llamándonos la atención sobre desgracias y peligros. Nos molestan quienes nos ponen en trance de analizar y preocuparnos. Se llega a preferir a los que nos dicen que todo va bien, que las dificultades de que se habla son exageradas, que todo en definitiva se arreglará. "Nothing controversial, please". Eso permite agarrar las sombrillas o las casas de campaña, las sillas plegables, los "barbecues", los "perros calientes" y las sopas en lata, e irse a la playa o al campo a gozar del "weekend". Todo ello muy saludable, pero que desconecta de la realidad y ablanda.

En segundo término, se observa una tendencia contraproducente en las últimas promociones rectoras a regir toda su actuación por los resultados de los "surveyes" de opinión pública. Opinamos que esto es un error. El gobernante tiene que gobernar con la opinión pública, pero no dejarse gobernar por ella.

Finalmente, hay otro aspecto que nos parece negativo: esa conmovedora aspiración que tienen los gobernantes americanos a que el mundo los ame. Nos parece que es suficiente con que los respeten. El amor debe dejarse para la familia, para el mundo que nos circunda. Políticamente, es un tontería aspirar al amor internacional. A los rusos, ninguno de los pueblos situado dentro de su esfera de influencia los ama. La mayor parte los detestan. Pero los respetan y los temen. Por eso no los critican, ni los insultan, ni los dejan en la estacada cuando Rusia necesita de su apoyo.

Los Estados Unidos, en cambio, aspiran a un cariño ultrafronterizo, imposible e innecesario. Por ejemplo, en América quisieran que una perenne ternura bajara de los Andes y los bañara desde la Florida hasta Alaska. Para lograrlo, se abren el bolsillo y hasta ponen a veces la mejilla. Así lo han hecho con Fidel Castro, cuyo ejemplo ha repercutido en todo el Continente. De ahí las críticas acerbas del delegado mexicano en al OEA, las confiscaciones del Brasil, la negativa de varios países a votar junto a ellos en cuestiones vitales, justas y decorosas como la condenación al regimen comunista de Cuba en Punta del Este.

¿Abogamos acaso por la aplicación de la política del "Big Stick" a los pueblos latinoamericanos? No. Planteamos sencillamente, que se la apliquen a los enemigos. Que se den a respetar. Planteamos a título de amigos y de acérrimos defensores de la libertad y de la democracia, que la única manera de recobrar y mantener el prestigio internacional de los Estados Unidos y de cumplir con su destino histórico, es trazarse una política clara, de principios definidos e inalterables, en la cual defiendan a los aliados con todo lo que tienen y ataquen a los adversarios, declarados o encubiertos, con todo lo que tienen. Sin vacilaciones, sin retrocesos; sin querer suplir derechos desaparecidos con asignaciones presupuestales, ni lavar sangre fraterna con estériles lamentos y promesas indefinidas.

Sí. Los Estados Unidos representan el mundo libre.

SIN PATRIA, PERO SIN AMO

Pero no sólo lo representan. Lo liderean. Y por lo tanto, el mantenimiento de las ideas y los principios que han plasmado en forma insegregable para su propio pueblo, tienen que garantizarlos para el mundo que representan y dirigen. Ese es el peso de la púrpura.

Y sin temer tanto a que haya guerra. No habrá guerra. O la habrán perdido antes de que la haya.

Miami, Agosto 18 de 1962

HUMBERTO MEDRANO

LA DULCE CEGUERA DE LOPEZ MATEOS

El señor Presidente de México, Licenciado Adolfo López Mateos, acaba de hacerle a New York Times unas desconcertantes declaraciones. Decimos desconcertantes, no porque signifiquen un divorcio de su habitual postura de tolerancia con el régimen comunista de Fidel Castro. Sino porque constituyen un divorcio flagrante de la verdad.

El señor Presidente afirmó, según la información del New York Times, que los Estados Unidos habían empujado a Fidel Castro al campo comunista. Que Castro buscó ayuda a sus problemas económicos del lado americano, como busca salvarse un hombre que se ahoga en una piscina. Pero que le pisaron los dedos y para salvarse tuvo que nadar del lado comunista. Es, pues, recalcó el Presidente López Mateos al periódico norteamericano, un problema más vuestro que nuestro; los Estados Unidos han creado esta situación y por lo tanto deben encontrar un medio de resolverla.

Semejantes declaraciones son susceptibles de causar indignación. Pero la indignación, por muy justificada que sea, nos inclina por lo general a la terminología áspera. Incluso al exabrupto. Y la razón no está al lado del que habla mas fuerte, sino del que mas verdades expone. Y las

SIN PATRIA, PERO SIN AMO

verdades residen en los hechos, no en las palabras, aunque éstas nos lleguen políticamente envueltas en una conspícua investidura.

En ese plano, vayamos derecho a la verdad.

Dice el señor Presidente López Mateos que los Estados Unidos empujaron a Fidel Castro al comunismo. Sin embargo, el propio Fidel Castro, en el discurso televisado que pronunciara en la Habana el primero de diciembre de 1961 para explicar la constitución del Partido Unico de la Revolución, dijo textualmente:

"- - ¿Creo absolutamente en el marxismo?

"- - Sí, creo absolutamente en el marxismo.

"- -¿Creía el primero de enero?

"- - Sí, creía el primero de enero.

"- -¿Creía el 26 de julio?

"- Sí, creía el 26 de julio.

"-- Soy marxista-leninista y seré marxista-leninista hasta el último día de mi vida"

Si esto dijo textualmente Fidel Castro, es decir, si el propio Fidel Castro declara públicamente que el era comunista el primero de enero de 1959 e incluso el 26 de julio de 1953, ¿no le parece al señor Presidente López Mateos un poco aventurada la afirmación de que fueron los Estados Unidos los que lo empujaron al comunismo?

¿No cree el distinguido Presidente que en relación con la ubicación política de Fidel Castro, son en definitiva las palabras del propio Fidel Castro las mas esclarecedoras?

Partiendo de este error raigal, el señor Presidente López Mateos trata de presentar a Fidel Castro como un pobre y raro náufrago en una piscina, que extiende desesperadamente sus manos a los Estados Unidos para salvarse. Y cuando cruelmente le pisan los dedos, se vuelve y nada rápidamente al lado de la Unión Soviética.

Veamos a ese respecto, señor Presidente, algunos hechos que nos muestran en forma fehaciente lo que de verdad ocurrió en esa piscina.

El 15 de enero de 1959, en los albores del gobierno revolucionario, Fidel Castro declaró textualmente:

"Como los Estados Unidos se atrevan a agredirnos, en Cuba van a morir doscientos mil gringos".

Este exabrupto se producía a los quince días de tomar el poder, cuando no sólo no había el más ligero síntoma de disentimiento entre los dos gobiernos, sino que hacían precisamente nueve días que el gobierno de Fidel Castro acababa de ser reconocido oficialmente por el gobierno de los Estados Unidos. ¿Cómo podía estar preparando el gobierno norteamericano el 15 de enero una agresión armada contra un gobierno al que había reconocido oficialmente el día 6?

Pero hay algo más. Junto con el reconocimiento, el gobierno de Estados Unidos envió a Cuba a uno de sus más brillantes Embajadores, el señor Phillip Bonsal. Este vino con instrucciones terminantes de ofrecer toda clase de ayuda al gobierno revolucionario. Así, trajo y propuso la revisión de aranceles y una ayuda económica inmediata, que en honor a la verdad, no era tan necesitada. Esta ayuda empezaba por una generosa oferta de cuarenta millones de dólares para financiar el montaje de una planta de acero en las minas de Moa, situadas en la provincia de Oriente. Tal financiamiento se ampliaría según lo requiriese su desarrollo. Las condiciones se dejaban al arbitrio del gobierno revolucionario.

Pero Fidel Castro, reiterada y deliberadamente, cerró

SIN PATRIA, PERO SIN AMO

las puertas al Embajador Bonsal. Lo desconoció y hasta humilló obligándolo a hacer antesalas, en ocasiones de más de cuatro horas, para no recibirlo después. Es del dominio público el escándalo que se promovió en la prensa norteamericana cuando se descubrió el hecho vejaminoso para este país de que Fidel Castro hacía meses que no recibía al Embajador Bonsal. ¿Quién era el que le pisoteaba los dedos a quién, señor López Mateos?

En enero de 1960, Mikoyan visitó tierra cubana. Allí perfeccionó un Tratado Comercial con Fidel Castro, en el cual, por cláusula que no se dió a la publicidad, el gobierno de Cuba se comprometía a vender a precios irrisorios las zafras de azúcar cubano a Rusia a cambio de respaldo político y ayuda militar.

En marzo del mismo año y siguiendo un plan preconcebido, el Che Guevara habló en el paraninfo del Aula Magna de la Universidad de la Habana sobre la cuota azucarera cubana en el mercado norteamericano. Esa misma cuota, señor Presidente, que los Estados Unidos nos pagaban con precios privilegiados y parte de la cual hoy goza México con similares privilegios. En referencia a ella, dijo textualmente el Che Guevara:

"La cuota azucarera constituye para Cuba un yugo colonialista del imperialismo yanqui. Si la suprimen, mejor".

Cuando los Estados Unidos no tuvieron mas remedio que suprimirla frente a los constantes insultos y agresiones políticas de un régimen que pactaba ante sus propias narices con sus enemigos tradicionales, Fidel Castro puso el grito en el infierno y acusó a los Estados Unidos de empobrecer a Cuba. Para nada mencionaba el Tratado firmado con Mikoyan, eje del complot. ¿Quién estaba pisándole los dedos a quién, señor Presidente?

En mayo de 1960, el gobierno de Fidel Castro formalizó otro aspecto del Pacto ruso-castrista. Este comportataba el consumo del petroleo soviético. A la sazón, Fidel Castro, carente de divisas por su política de despilfarro y criminal saqueo de la riqueza cubana, debía sesenta millones de dólares a las empresas petroleras americanas y venezolanas.

Estas compañías habían prometido congelar la deuda y extenderle el crédito. Pero eso no era lo que quería Fidel Castro, ni lo que había pactado con Mikoyan. Y como siempre, preparó la escena de la piscina que tanto ha impresionado al señor López Mateos. Privadamente se dirigió a las refinerías americanas en Cuba presionándolas para que refinaran el petróleo soviético. Las compañías se negaron como era de esperar, porque encima de cornudos no podían permitir ser apaleados. Fidel Castro respondió con la confiscación de las refinerías. Y el día 30 de junio de 1960, a las ocho de la mañana, las compañías eran ocupadas militarmente. Coetáneamente, Fidel Castro denunciaba que las compañías "imperialistas" se negaban a venderle petróleo para obstaculizar la revolución y perjudicar al pueblo de Cuba. Que ante esa "nueva agresión", confiscaba las refinerías, expulsaba a las compañías del territorio cubano y compraría petróleo a la Unión Soviética. El petróleo ya estaba comprado. Y con esta nueva trapisonda, había sacrificado Fidel Castro una vez más lazos económicos, políticos e históricos del pueblo cubano, en beneficio de la Unión Soviética. En este otro caso ¿quién pisoteaba los dedos a quién, señor Presidente?

Vea, pues, Su Excelencia, como la escena de la piscina que usted pinta, no es como usted la pinta. Sólo dos aspectos reales y verdaderos tiene su bosquejo; un Fidel Castro suplicante en medio del agua para que lo salven, pero colocado a prudente distancia de las manos que se le tendían. Y un Fidel Castro que de estarse ahogando por no poder mantenerse aparentemente a flote, de pronto sale nadando como una flecha hacia el lado de Rusia. El premio fué, señor Presidente, miles de tanques, miles de cañones, miles de soldados rusos, docenas de bombarderos y cohetes atómicos capaces de llevar la desintegración nuclear a cualquier parte de América. Y la consecuencia inmediata, miles de presos, miles de desterrados y miles de muertos en suelo cubano.

Este es el cuadro real, señor Presidente, pero usted ve las cosas de distinto modo. O quiere verlas de distinto modo. Y se apoya en premisas falsas para llegar a la conclusión de que este no es un problema de México ni de América Latina, sino de los Estados Unidos, que son los que tienen que resolverlo porque fueron quienes lo provocaron.

No, señor Presidente, usted como Presidente de México podrá, para consumo interno, dar al problema de Cuba las interpretaciones que quiera. Pero como representativo de un país latinoamericano, usted no tiene derecho a volverle las espaldas a sus compromisos internacionales en este Continente. Y esos compromisos de los que México ha sido signatario en Bogotá y en Río de Janeiro, prescriben la acción defensiva y colectiva de los países de este Hemisferio, para preservar la seguridad de todos. Y esa seguridad, señor Presidente, está constantemente amenazada por la base militar e ideológica del comunismo en Cuba, con o sin cohetes, con o sin bombarderos.

El Presidente de Costa Rica, un país pequeño, pero representativo de una democracia proverbialmente ejemplar, acaba de denunciar la mano aviesa del castrismo en los desórdenes de Cartago, donde varias personas perdieron la vida. El gobierno de Venezuela, producto de elecciones legítimas y tan digno y respetable como el que más, sigue sufriendo los contínuos sacudimientos de la perturbación continental del castrocomunismo. Siendo así, y los ejemplos se multiplican, aunque usted diga que México no tiene problemas con el comunismo --así decíamos en Cuba-- hay otros países que sí los tienen y así lo declaran. Y el gobierno de México sin faltar a sus compromisos, no puede cruzarse de brazos ante este peligro y mucho menos endosarle a otra nación las obligaciones contraídas por su pueblo.

Es otra, pues, la realidad, señor Presidente. Resulta cómodo salirnos por la tangente y evadir dificultades internas, o posponerlas, quien sabe, mediante el esguince acomodaticio que suelta sobre otras espaldas el mochuelo de nuestros deberes y responsabilidades. Es fácil, ante la sangre y el dolor de Cuba, usar la técnica del avestruz y decir como el Canciller chileno Martínez Sotomayor "allá los cubanos que resuelvan solos su problema", o como acaba de decir usted, allá los Estados Unidos que resuelvan el problema. Pero lo fácil no es siempre lo correcto. Y lo correcto es encarar las realidades de la amenaza comunista en este Hemisferio como acaba de encararlas valientemente el Presidente de Honduras, doctor Villeda Morales, quien justamente llama al problema de Cuba "el problema de América".

En una grave alteración histórica, Su Excelencia car-

SIN PATRIA, PERO SIN AMO

ga sobre los Estados Unidos la responsabilidad de que Fidel Castro sea un agente comunista en este Hemisferio, de que su gobierno esté siendo usado para propagar la nefanda cortina comunista en nuestro Continente y que el suelo de Cuba haya sido y siga siendo base de operaciones subversivas y bélicas contra la paz y la libertad de nuestros pueblos. Es lamentable que lo haya hecho. Porque los responsables debe buscarlos Su Excelencia entre los que andan en franco coqueteo con el comunismo y se hacen de la vista gorda sobre la forma descarnada y brutal con que Fidel Castro ha asesinado la libertad de un pueblo y la forma solapada en que esta maniobrando para asesinarla en todos los demás. Busque Su Excelencia a los verdaderos responsables entre los tolerantes, entre los apáticos, entre los apaciguadores, entre los pescadores en río revuelto, entre los coexistencieros. Entre esos están. Y búsquelos también entre aquellos representantes diplomáticos que mixtifican la verdad en sus informes y cuya conducta será algún día revisada y enjuiciada. Porque en esas informaciones también se esconde el gérmen del confusionismo y el salvoconducto al crimen.

En cuanto a la responsabilidad de enfrentarse al peligro, en primer lugar, es de nosotros los cubanos. Pero también lo es, al menos en la ayuda que deben prestarnos y en la condenación franca y abierta que deben hacer de un despotismo feroz, de los demás países latinoamericanos. Porque Fidel Castro, traicionando la fe de un pueblo, fraguó el esclavizamiento de Cuba en la Sierra Maestra, pero el 26 de julio de 1960, traicionando la fe de un Continente, prometió convertir a Los Andes en la Sierra Maestra del Continente Americano.

HUMBERTO MEDRANO

Sí, rectifique Su Excelencia. No se deje confundir por los criptocomunistas, ni se deje usar de instrumento para confundir a los demás. Porque de persistir en esa actitud, va a haber quien piense que la confusión de Vuestra Excelencia arranca de los sesenta y ocho millones doscientos treinta y dos mil dólares de beneficio extra que representan para el erario de su país el aumento de la cuota azucarera que antes perteneciera a Cuba.

Miami, Diciembre 16 de 1962

SIN PATRIA, PERO SIN AMO

CUBA: COLONIA CAÑERA OTRA VEZ

El día 17 de septiembre de 1959, Fidel Castro afirmó textualmente:

"Cuba dependerá cada vez menos de la industria azucarera."

Con estas palabras, Fidel Castro pretendía recoger y concretar en una rotunda promesa un viejo anhelo cubano de diversificación agrícola y expansión industrial.

Este anhelo se había venido realizando en forma evolutiva durante la era republicana.

Al igual que la industria azucarera era cada vez más cubana (al tiempo de la debacle castrista más del ochenta por ciento de la industria se encontraba en manos nativas) el país dependía cada vez menos de la producción de azúcar.

La industria ganadera y minera (nickel, manganeso y cobre), así como los cultivos de arroz, tabaco, café, maíz, granos, frutas, cítricos, vegetales y frutos menores, habían alcanzado altos niveles de producción. Los índices de crecimiento lo dan, por ejemplo, el arroz, el café, el maíz, el ganado y otros productos agropecuarios.

El arroz, cuya producción diez años antes era insignificante, ya cubría en los años 50 la mitad del abastecimiento nacional. La producción de café y maíz, así como la de algunos vegetales, frutas y cítricos, tales como pepinos, tomates, naranjas, toronjas, aguacates, melones, piñas y plátanos, no sólo cubrían las necesidades de autoabastecimiento, sino que se habían convertido, -como el renglón de la ganadería, - en productos de exportación. El monocultivo, pues, iba quedando atrás.

Otro tanto había ocurrido con la expansión industrial. En los últimos doce años -de 1945 a 1957 - Cuba había entrado en la etapa de una intensa industrialización. Numerosas industrias nuevas abastecían el consumo nacional.

Entre ellas, pudieran citarse como ejemplo las fábricas de cemento, fibrocemento, bloques de concreto y vigas de concreto pre-prensado, planchas de concreto para paredes, cabillas, aluminio, carrocerías de ómnibus, alambres de cobre, productos de hierro galvanizado, muebles en general y muebles de acero para oficinas, pinturas y barnices, productos de caucho tales como gomas (llantas), cámaras y zapatos de goma, textiles, fibras de rayón, papel, envases de cartón corrugado, papel para periódicos fabricado de la pulpa del bagazo de caña, confecciones de todas clases, litografía, productos químico-farmacéuticos, envases metálicos, botellas, zapatos, carretas de acero con ruedas de goma para el tiro de caña, madera de bagazo de caña, aceites, conservas y embutidos, licores y cervezas, leche condensada y evaporada, mantequillas, quesos y leche en polvo, jabones, perfumería, cosméticos y detergentes, etc.

Algunos de estos productos no lograban satisfacer la demanda nacional, pero se mantenían en fase de crecimiento. Otros, en cambio, no sólo abastecían el consumo nacional, sino que lo rebasaban creando nuevas líneas de expor-

SIN PATRIA, PERO SIN AMO

tación. Así, por mencionar algunos, las fibras de rayón que habían obtenido mercados extranjeros tales como Canadá Suecia, Noruega y la misma Inglaterra; o la industria litográfica, cervecera, de conservas y de perfumes, que gozaban de un mercado apreciable en la América Latina.

El cómputo de esos últimos doce años puede resumirse en estas breves cifras, emanadas del Banco Nacional en 1957:

Capital invertido en industrias en Cuba; $2.100,000,000.

Obreros trabajando en la industria (excluyendo la azucarera) ... 475,000

Fábricas (centros de trabajo) pertenecientes a estas industrias, excluyendo la azucarera ... 38,100.

Para darnos cuenta así, al pasar, de ciertas diferencias, digamos que algunas de estas industrias, como la del cuero, tenían un capital invertido de 18 millones 250 mil dólares, con 1,180 fábricas establecidas y 10,000 obreros trabajando en ellas. Sólo se importaban pieles finas. Hoy hay que comprarle cueros al Uruguay y a otras naciones del bloque comunista y el pueblo de Cuba está descalzo.

¿Significa todo esto acaso, que el país estaba altamente industrializado y que no se necesitaban nuevos y amplios incrementos? No. Había que expansionar la industria. Había que extenderla al máximo para depender al mínimo de la importación. Pero había que hacerlo en la misma forma que se había venido haciendo: con la inversión, el esfuerzo y la inteligencia de los cubanos industriosos y tratando de que gobiernos legítimos y honestos sirvieran a este esfuerzo, de protección y estímulo.

Cuando Fidel Castro, habló, pues, de que había que industrializar al país y no depender mayormente de la industria azucarera, esto fué lo que entendió el pueblo. Es decir, el arribo de una etapa de honesta productividad para desarrollar y consolidar nuestros recursos.

El resto, ya se sabe. Fidel Castro arrasó con todo. Despojó a todo el mundo. Elevó un lumpen ignorante y resentido a los puestos de mando. Trajo a los extranjeros.

Con el "slogan" de la diversificación de cultivos destruyeron las cosechas y estropearon las tierras aplicándolas a cultivos inapropiados, bien por la época de la siembra, bien por las calidades de esas tierras. Así, por ejemplo, en 1960, los expertos del INRA sembraron en la provincia de Las Villas 668 hectáreas de frijoles en tierras no aptas para el cultivo de ese grano, contrariando el consejo de los campesinos de la zona. Los frijoles salieron picados y la cosecha se perdió íntegramente.

A medida que faltaban los cultivos, crecía el hambre. Entonces mataron el ganado fino para comérselo, empezando por los sementales. Arruinaron en un año, una industria que había costado más de veinte desarrollarla.

Así siguieron, hasta llegar a sembrar a Cuba de cohetes rusos. En definitiva, esa era la cosecha que buscaban.

A fuerza de matar y expatriar no quedó en Cuba un técnico. Tuvieron que importarlos de los países detrás de la cortina de hierro. El resultado es que el 80 por ciento de las industrias están paralizadas. Tanto en lo agrícola como en lo industrial, puede afirmarse que Cuba ha desaparecido.

Hoy todo escasea allí, hasta lo elemental: alimentos, medicinas, zapatos, el vestido decente. Sólo se encuentran abundantes las libretas de racionamiento que Cuba nunca conoció y las tropas rusas que Cuba nunca hubiera querido conocer.

Y el hombre que dijo el 17 de septiembre de 1959:

SIN PATRIA, PERO SIN AMO

"Cuba dependerá cada vez menos de la industria azucarera", tuvo que afirmar el 27 de junio de 1963: "La economía de Cuba depende fundamentalmente del azúcar."
De eso dependía Cuba en 1863, cuando era colonia de España.
De eso ha vuelto a depender en 1963, al convertirse en colonia de la Unión Soviética.
Esta ha sido la obra del "Libertador" Fidel Castro. Con ella, ha cancelado miserablemente, cincuenta años de progreso económico e independencia política.

Miami, Julio 17 de 1963.

HUMBERTO MEDRANO

RECADO A LOS "COEXISTENCIEROS"

Algunos políticos y gobernantes de América abogan por la coexistencia pacífica con Fidel Castro. A ellos dirigimos esta simple pregunta:

¿Se puede coexistir pacíficamente con el comunismo?

Si se obtuviera la promesa específica de la Unión Soviética de no continuar conspirando contra la estabilidad en nuestro Continente a cambio de permitirle la permanencia de su gobierno títere en Cuba, ¿cumpliría Rusia su compromiso?

Vamos a no pensar que sería un pacto firmado sobre la sangre y la libertad de un pueblo. Abandonemos todo juicio de carácter ético y preguntemos simplemente:

¿Cumpliría sus promesas la Unión Soviética?

Revisemos la historia:

7 de mayo de 1920: El gobierno soviético firma un tratado reconociendo la independencia de la república de Georgia. En él se comprometía a abstenerse de toda interferencia en los asuntos internos del país.

16 de febrero de 1921: Lenin y Stalin ordenan que el Onceno Cuerpo del Ejército Bolchevique penetre en el territorio de Georgia. Días después, el 25 de Febrero, fué ocupada Tiflis e impuesta la proclamación de Georgia co-

SIN PATRIA, PERO SIN AMO

mo República Soviética.
17 de Diciembre de 1925: La Unión Soviética firma un pacto de no agresión y neutralidad con Turquía. Este pacto se renueva dos veces: el 17 de Diciembre de 1929 y el 19 de Marzo de 1937.
9 de Marzo de 1945: La Unión Soviética rescinde unilateralmente el Tratado. Al siguiente día inicia una campaña dirigida a asegurarse el control del acceso al Mar Negro. El apoyo occidental salva a Turquía.
28 de Septiembre de 1926: La Unión Soviética suscribe un Tratado de no agresión con Lituania. Mas tarde, el 10 de Octubre de 1939, firma un Pacto Soviético-Lituano, en virtud del cual se compromete a respetar los "derechos soberanos" de Lituania.
15 de Junio de 1940: Tropas soviéticas invaden Lituania después que ésta hubo de aceptar un ultimátum soviético. El gobierno lituano renunció y el país fué incorporado el 3 de Agosto de 1940 a la URSS. (55,470 kilómetros cuadrados y 2,957,000 habitantes en esa fecha).
21 de Enero de 1932: La Unión Soviética concluye un Tratado de no agresión con Finlandia garantizando la "inviolabilidad" de las existentes fronteras entre Finlandia y la URSS. Posteriormente fué ratificado.
30 de Noviembre de 1939: Fuerzas militares soviéticas invaden Finlandia. Quedando incorporados a la URSS 43,990 kilómetros cuadrados (el 12 por ciento del área total del país) y 498,000 de sus habitantes.
5 de Febrero de 1932: Rusia firma un Tratado de no agresión con Latvia. Por otro Tratado del 5 de Octubre de 1939 garantiza la soberanía de Latvia.
16 de Junio de 1940: Latvia se ve invadida por tropas soviéticas y forzada a aceptar el ultimátum de Rusia. El 5 de Agosto de 1940 Latvia quedó forzosamente incorporada

a la URSS. (65,530 kilómetros cuadrados y 1,951,100 habitantes)

4 de Mayo de 1932: La Unión Soviética suscribe un Pacto de no agresión con Estonia. El 28 de septiembre firma con esa nación un Pacto de Asistencia Mutua y se compromete a respetar la soberanía estoniana.

16 de Junio de 1940: El ejército rojo invade y ocupa a Estonia. El 6 de Agosto quedó Estonia anexada a la URSS.

25 de Junio de 1932: La Unión Soviética firma un Pacto de No Agresión con Polonia, cuya validez se prorrogó por 10 años a partir del 5 de Mayo de 1934.

17 de Septiembre de 1939: Con el pretexto de restaurar el orden, tropas soviéticas invaden Polonia. El 28 de Septiembre de 1939 Rusia firma un Convenio con la Alemania nazi para repartirse Polonia. Más tarde se anexa 178,000 kilómetros cuadrados de territorio polaco conjuntamente con sus 11,000,000 de habitantes.

9 de Junio de 1934: Rusia reconoce el Estado de Rumanía y garantiza su soberanía.

28 de Junio de 1940: El Ejército rojo invade las provincias rumanas de Besarabia y Bukovina. Ambas provincias pasaron a ser territorio ruso en 1947.

5 de Junio de 1935: La Unión Soviética concluye un Pacto de Asistencia Mutua con Checoeslovaquia.

29 de Junio de 1945: La URSS obliga a Checoeslovaquia a cederle la Ukrania Transcárpata que actualmente está incorporada a la República Soviética de Ukrania.

12 de Diciembre de 1943: La URSS y el gobierno checoeslovaco en el exilio suscriben un Tratado prometiéndose amistosa colaboración, respeto por las respectivas soberanías y no intervención en los asuntos internos de ambos.

Febrero de 1948: Los comunistas dirigidos por Rusia

SIN PATRIA, PERO SIN AMO

se adueñan del poder en Checoeslovaquia, en tanto que tropas soviéticas se concentran en las fronteras.

4-11 de Febrero de 1945: La Unión Soviética da su aprobación en Yalta a una resolución en virtud de la cual los pueblos liberados de Europa habrían de gozar de la oportunidad de tener gobiernos democráticos producto de elecciones libres.

Sobre Bulgaria, Rumanía, Polonia y Hungría, se imponen dictaduras comunistas mientras esos países estaban aún ocupados por el ejército rojo.

14-18 de Junio de 1945: El Presidente Truman y Stalin acuerdan el "Libre acceso por aire, carretera y ferrocarril desde Francfort y Bremen a Berlín, a favor de las fuerzas de los Estados Unidos".

1 de Abril de 1948 al 12 de Mayo de 1949: La URSS impone el bloqueo a Berlín, cortando todas las rutas por tierra y agua entre Berlín y la Alemania Occidental. Se establece el famoso "Puente Aéreo" por parte de los Estados Unidos.

4 de Mayo y 20 de Junio de 1949: Mediante los convenios Cuatripartitos de Nueva York y París, respectivamente, se garantiza el control conjunto norteamericano, británico, francés y soviético tanto de Berlín, como de las rutas que daban acceso a la ciudad.

20 de Septiembre de 1955: La URSS transfiere unilateralmente su propio control de todas las rutas al régimen títere germano-oriental. El día 13 de Agosto de 1961 quedó bloqueada la libertad de movimiento dentro de la Ciudad mediante la erección de la Muralla Divisoria de Berlín.

30 de Octubre de 1956: El gobierno soviético comunica que: "Teniendo presente que la ulterior presencia de unidades militares soviéticas en Hungría pudiera servir como excusa adicional para la agravación de la situación allí existente, el gobierno soviético ha ordenado a su mando militar que proceda a efectuar un repliegue de las unidades militares soviéticas desde la Ciudad de Budapest tan pronto ello sea considerado como necesario por el gobierno húngaro."

4 de Noviembre de 1956: Tropas y tanques soviéticos penetran en Budapest y sofocan brutalmente la rebelión del pueblo húngaro contra el comunismo y la dominación soviética. Hungría sigue siendo satélite de la URSS.

11 de Septiembre de 1962: El gobierno soviético declara públicamente que los armamentos y el equipo militar enviados a Cuba eran sólo de carácter defensivos.

18 de Octubre de 1962: Gromyko, Ministro de Relaciones Exteriores de la URSS, asegura al Presidente Kennedy que la asistencia soviética a Cuba "solamente tenía como propósito el contribuir a afianzar la capacidad de defensa de Cuba".

28 de Octubre de 1962: Krushev admitió de modo implícito que la Unión Soviética había estacionado proyectiles nucleares en Cuba.

Posteriormente, la URSS retira algunos de los proyectiles de alcance intermedio con radio de acción sobre la mayor parte de los países del Continente, cuya existencia había negado.

Después de esta reiterada demostración de delincuencia internacional, sólo nos resta repetir nuestra pregunta inicial:

¿ Se puede coexistir con el comunismo?

La respuesta la dejamos a usted, hombre de América, porque es usted el que más tarde o más temprano va a tener que escoger entre el destierro, la servidumbre o el paredón.

Miami, Junio 5 de 1963

SIN PATRIA, PERO SIN AMO

NICOLAS GUILLEN HA MUERTO

Nicolás Guillén fué un gran poeta.
Y digo fué, no porque haya muerto físicamente.Sino porque es comunista. Y ser comunista es una de las formas que los poetas tienen de morir.
Guillén, poeta, era lleno de gracia como Pablo Neruda. Pero ambos inscribieron la musa en el Partido.Desde ese momento, empezaron a escribir por consigna, a soñar por encargo, a dogmatizar la inspiración.
Y ahí mismo murieron.
Antes Guillén florecía, intenso, en imágenes de líquida frescura. Y cuando escarbaba los dolores del hombre,sacaba a flote su entraña malheridacomo una protesta irrevocable contra toda violencia negadora de la dignidad humana.
Era entonces que escribía:
"Van a fusilar
a un hombre que tiene los brazos atados;
hay cuatro soldados
para disparar.
Son cuatro soldados
serenos, callados...
son cuatro soldados atados
lo mismo que el hombre amarrado que van a matar.
-Quizás los rifles no estén cargados...

-¡Seis balas tienen de duro plomo!
-Quizás no tiren esos soldados...
-¡Eres un tonto de tomo y lomo!
-Tiraron...
-¿Cómo fué que pudieron tirar?
-Mataron...
-¿Cómo fué que pudieron matar?
Eran cuatro soldados
y les hizo una seña bajando su sable
un señor militar.
Eran cuatro soldados,
serenos, callados...
Eran cuatro soldados atados
lo mismo que el hombre
que fueron los cuatro a matar.

Cuando Nicolás Guillén escribió estos versos que tituló "El Fusilamiento", era según él, comunista por amor al arte.

Pero vino Fidel Castro y con Fidel vino el comunismo por amor al odio. Y ese comunismo se instaló en el poder. Y todos los comunistas se instalaron en el poder y en el presupuesto. Y comenzaron a ejercer el poder y a disfrutar del presupuesto a la manera comunista; persecución, despojo cárcel, fusilamientos...

¿Y Guillén? ¿Qué hizo Guillén? ¿Qué hizo el bardo que escribió aquellos versos cuando miles de hombres con los brazos atados eran fusilados en el paredón?

Guillén se vistió de miliciano. Colgó la lira en la embajada rusa y se colgó al hombro la metralleta checa.

¡Un poeta con metralleta!

Y mientras suenan las descargas fratricidas; mientras los soldados al Kremlin atados, serenos, callados, tiran contra sus propios hermanos, matan a sus propios hermanos.

SIN PATRIA, PERO SIN AMO

(¿Cómo fué que pudieron tirar...¿cómo fué que pudieron matar?) Guillén recita por toda la isla sus poemas uniformados. Todos, menos "El Fusilamiento". Todos, menos ése.

¿No es verdad entonces que ha muerto Guillén?

¿No mueren moralmente los hombres que un día se yerguen para condenar al crimen y otro se agachan para justificarlo?

¿No mueren los poetas que usan metralleta?

Sí, Guillén ha muerto. Sin embargo, tiene una manera, si quiere, de resucitar:

La próxima vez que el régimen comunista de Fidel Castro fusile a un cubano como fusiló al estudiante Porfirio Ramírez, al obrero Gerardo Fundora o al campesino Clodomiro Miranda, que Guillén se vaya a una estación de radio y recite su poema "El Fusilamiento."

Si lo recita, volverá a ser Nicolás Guillén, poeta.

Si no, seguirá siendo Ñico Guille, miliciano.

Miami, Enero 27 de 1963.

HUMBERTO MEDRANO

OVEROLES Y MIRIÑAQUES

Encontrar el orden perfecto de convivencia siempre ha sido aspiración del hombre. Filósofos, sociólogos, políticos y revolucionarios, han perdido desde el pelo hasta la vida en la búsqueda afanosa.

Hasta el momento, después de tantas pugnas; después de torrentes milenarios de palabras y torrentes milenarios de sangre, no se ha encontrado nada mejor que la Democracia ejercida dentro de los principios de la fe cristiana. Lo que supone fortalecer las bases morales de la función política.

Se han hecho numerosos ensayos. Y aunque en este sentido la imaginación del hombre ha volado hasta el olimpo inalcanzable de las utopías, sólo han quedado en pie, con presencia y vigencia histórica, los sistemas extremistas de izquierda y de derecha; y equidistando de ambos, y de toda la sangre, la injusticia y la humillación que ambos suponen, **el sistema democrático**. Es la única luz entre las sombras. La única prometedora sonrisa entre la adusta lobreguez de los extremos.

Y la razón es obvia: los sistemas totalitarios, cualquiera que sea su matiz, son anti-históricos. Retrotraen a la humanidad a despecho del progreso y del avance de las

SIN PATRIA, PERO SIN AMO

ideas y los tiempos, a la época sombría de la horda y el clan. Son **dinosaurios** que se empeñan en sobrevivir. En imponer su pesantez en la época alada de los viajes interplanetarios.

Sin embargo, aún quedan dinosaurios por el mundo. Y lo peor no es que subsistan. Sino que a menudo tienen descendencia. Los hemos visto proliferar en Europa y en Asia. Los hemos visto y los estamos viendo proliferar en América.

¿Por qué?

Por el disfraz. Y por cierta cobarde indolencia innata en los hombres y en los pueblos para vigilar sus destinos. Sienten la necesidad de buscarse alguien que asuma la responsabilidad colectiva de enfrentarse y dirigir sin fiscalizaciones engorrosas una vida compleja que no entienden. Mientras, se despreocupan, se divierten, vegetan. Entonces es que se echan un amo.

Revisemos el **disfraz** del **dinosaurio**.

Los caudillos primitivos no tenían que justificarse. Era un problema de subsistencia. Tenía que garantizarla el más forzudo. ¿Podía alguien establecer polémicas sobre derechos políticos con Vercingétorix, con un jefe vikingo o un fuehrer germano?. Era pues, un problema de fuerza. Y la fuerza no se detiene a dar explicaciones.

Esa fuerza, representada por cachiporras, guardias pretorianas, guardias imperiales, guardias de asalto o milicias populares, siguió primando con nombres y justificativos diferentes desde la edad antigua hasta la época contemporánea.

Pero a medida que las ideas y los millones de vidas que ha costado defenderlas han ido acumulando una repugnancia universal contra la fuerza, las tiranías han tenido que ir buscando otros pretextos, otros símbolos, otras razones, otros disfraces en fin, más a tono con la época.

Y así hemos visto surgir tiranías de derecha con el pretexto de mantener el orden. Y tiranías de izquierda con el pretexto de implantar la justicia social. Y aunque sus símbolos han sido diferentes: --el haz de lictores, la swástica, la hoz y el martillo-- los resultados han sido los mismos: persecución, imposición, esclavitud, odio, violencia, muerte.

Los **dinosaurios de derecha** son los más obsoletos. Van siendo menos porque su disfraz es más antiguo, más usado, menos encubridor. Por los desgarrones se les ven las escamas milenarias. No es de extrañar que estemos asistiendo al ocaso de esa estirpe dinosauria. Se empeñan en usar prendas ya pasadas de moda. En vez de ponerse un **overol**, insisten en ponerse un **miriñaque**. Y nadie puede aceptar que se oprima o se mate en nombre de un **miriñaque**.

Pero en nombre de un **overol** ...

En nombre del sufrido y maltratado **overol**. De ese **overol** que ha sido siglo tras siglo víctima de la explotación y del abuso. De ese **overol** hambreado, enfermo, miserable. De ese **overol** vilipendiado, escarnecido, para el que tantos ateos piden la justicia de Dios... En nombre de esa humilde indumentaria, de ese patético disfraz, la cosa cambia.

Y ya se empiezan a vislumbrar ciertas justificaciones para imponerse, para perseguir, para encarcelar, incluso para matar.

¿Acaso no se persigue, se encarcela y se mata a los explotadores del **overol**; a los ladrones que todo lo que tie-

SIN PATRIA, PERO SIN AMO

nen se lo han robado al **overol**; a los que han provocado el hambre permanente del **overol** y el hambre conmovedora de los pequeños hijos del **overol**, esos tristes y flacos **overolitos**?

¿Acaso no es la supresión de esos facinerosos explotadores del **overol**, no una venganza, no un crimen, sino un acto de profilaxis para impedir que se sigan reproduciendo los que exterminan al **overol** y que así pueda haber miles, millones de **overoles** agradecidos?

Sí. Ese **sí** es un disfraz. Esos **sí** son pretextos. Eso **sí** tiene una justificación. Porque además de tener el rebaño un **Pastor** irremovible que lo guíe, habrá **overoles** para todos. Y no habrá capitales con que avasallar impunemente, ni propiedad que es uso y disfrute exclusivo de un bien que debe ser común, ni casas lujosas, ni automóviles lujosos, ni despilfarro del dinero común, excepto para el grupo que reparte los **overoles**.

Esos sí pueden hacerlo. Porque lo hacen **por** y **para** los **overoles**. Para **sacrificarse** por los **overoles**. Para que los **overoles** puedan un día gozar de todos sus derechos y disfrutar la vida **a través** de sus legítimos representantes.

Que no haya libertad. Que no haya democracia. Que haya que pedir permiso hasta para respirar. No importa. Lo que hay vale más que eso. Mucho más que eso. Hay un líder omnímodo, responsable y permanente, que garantiza comer con los overoles puestos.

Ese líder, en Rusia, se llama Khruschev. En Polonia Gomulka. En Yugoeslavia, Tito. En Hungría, Kadar. En China, Mao. En Cuba, Fidel.

Y a todas éstas, ¿habrá desaparecido el dinosaurio? No. El dinosaurio sigue ahí. Sólo que se ha puesto a la moda. Se puso un simpático **overol**, desechando el vetusto y desacreditado **miriñaque**.

Pero cuando alguien puede atravesar la nube de opio dialéctico, acercarse y quitarle el overol, aparece el dinosaurio de la imposición y de la fuerza, el monstruo de la esclavitud, de la violencia y de la muerte, en toda su pavorosa desnudez. Y se ve que bajo el novísimo sistema revolucionario marxista, sigue habiendo miseria aunque se le llame sacrificio. Y sigue habiendo castas privilegiadas aunque se hable de igualdad. Y las leyes que obligan a todos los **overoles** no las hacen los **overoles**, ni las pueden modificar los **overoles** cuando son inefectivas o contraproducentes. Y el criterio, el trabajo, las creencias, el pensamiento y la vida de los **overoles** y de los hijos de los **overoles**, dependen de una sola e irrebatible voluntad.

De esa manera es que el dinosaurio primitivo y feroz que representa el estado de fuerza sobre el estado de derecho es siempre el mismo. Y un atropello es un atropello sea cometido en nombre del "orden" derechista o en aras de la "justicia social". Y el cadáver del poeta húngaro fusilado por el pelotón del **overol**, es el mismo cadáver de García Lorca fusilado por el pelotón del **miriñaque**.

Por eso, no queda otro camino que el de la democracia. No existe otro sistema, más legítimo, más justo, más humano que el sistema democrático. Esa democracia que tiene defectos, pero cuyos defectos pueden ser subsanados por el razonamiento de las mayorías, por el voto de las mayorías. Esa democracia donde el "cuello y corbata" y el "overol" pueden marchar juntos. Donde los códigos los protegen por igual. Donde el **overol** tiene acceso a un salario decoroso, a la propiedad de un hogar decente e higié-

SIN PATRIA, PERO SIN AMO

nico y provisto de comodidades elementales e incluso a los dividendos de un grupo de acciones que controlan las utilidades de una empresa.

Pero sobre todo, porque se es libre para pensar, para hablar, para opinar. Porque nadie puede ser juzgado más que por los tribunales competentes.

Porque nadie puede ser acusado de un delito que no esté previsto y sancionado por los códigos o la jurisprudencia. Porque a nadie se le presume culpable mientras no haya recaído sobre él sentencia condenatoria. Porque cada cual puede escribir o protestar de lo que se le antoje. Y los que gobiernan y hacen las leyes que han de regir a todos, son el producto de la voluntad mayoritaria y consciente de los gobernados.

Eso y la Fe. Y la jerarquía de las calidades del espíritu. Y el predominio de ese espíritu sobre la materia, porque no sólo de pan vive el hombre. Y la majestad de los sentimientos. Y el valor entendido del agradecimiento, de la lealtad, del bien.

Porque se cree en la soberanía del pueblo sobre su destino. Y del hombre sobre su criterio y de Dios sobre las almas.

Esa es la única convivencia posible. Esa es la única vida que merece la pena de vivirse.

Miami, Febrero 3 de 1961·

HUMBERTO MEDRANO

GALGOS "DEFENSIVOS" Y PODENCOS "ESTRATEGICOS"

En recientes declaraciones a la prensa, el señor Robert McNamara, Secretario de Defensa de los Estados Unidos, reconoció que en Cuba permanecen "unos 17,000 militares soviéticos", pero afirmó que "ya no hay armas estratégicas". Y añadió que la defensa aérea de la isla comprende instalaciones de cohetes "Sam" y una cuarentena de Migs 21.

En primer lugar, quisiéramos expresar nuestro criterio sobre esa novísima clasificación de las armas "defensivas", "ofensivas" y "estratégicas". El que estas líneas escribe empieza por confesar su absoluta incompetencia en la materia, pero considera que esa nomenclatura especial no es más que una evasiva. Es decir: una manera de exprimir el alfabeto para llenar con palabras los vacíos de la acción.

Para nosotros, un arma es un arma, punto. El uso es lo que las diferencia. Una pistola calibre 22 es un arma defensiva si está en la funda. Cuando dispara es un arma ofensiva. Tal vez los que escarban la gramática para distinguir con nombres el poder destructivo de las armas, no se dan cuenta de que la semántica no es una respuesta a la necesidad que tiene la democracia de defenderse de la agresión totalitaria del comunismo.

SIN PATRIA, PERO SIN AMO

Quizás lo que los mueva a la aplicación de semejantes denominaciones sea el radio de acción geográfico que el arma tiene. Y así, defensiva es el arma que sólo puede alcanzar a matar cubanos dentro de Cuba, y ofensiva, aquélla cuya acción homicida alcance a los americanos en Estados Unidos y latinoamericanos en la América Latina. Debían tener en cuenta, sin embargo, que la supresión violenta de un ser humano, cualquiera que sea el lugar que se produzca, es un crímen. Y su impunidad, una amenaza para todos los demás seres humanos.

Que sepamos el gallardo piloto norteamericano Rudolph Anderson (hijo), no fue derribado por un arma de las llamadas ofensivas. No obstante, su muerte es una pérdida irreparable y una agresión infame a la humanidad en pleno. La muerte solitaria de un hombre defendiendo una idea noble es tan muerte, tan deplorable y tan digna de ser prevenida, como la muerte colectiva de cien mil.

Y para probar más aún la inutilidad y hasta la ironía de esos nombres, a lo mejor fué uno de esos cohetes llamados "Sam" el que le quitó la vida al valiente piloto del Tío Sam.

Consuela al menos el hecho de que el señor McNamara reconoce la presencia en Cuba de 17,000. Si no le es molestia, puede añadir 1,700 más, que recién desembarcaron el viernes 25 de enero por el puerto del Mariel con todo y equipo, encaminándose inmediatamente por la carretera del Circuito Norte hacia campamentos situados posiblemente entre Bahía Honda, Consolación y La Palma, en la provincia de Pinar del Río. Pero en fin, no vamos a discutir por la presencia de mil soldados rusos más o menos, en un país intervenido militarmente por la Unión Soviética.

Sin embargo, nos gustaría saber que piensa sobre este hecho el señor Secretario de Defensa. Más claro: que no se concretara a señalar la cifra de la ocupación militar sino la actitud que es necesario tomar para encararla. El señor Dean Rusk, Secretario de Estado, ha declarado que está "very much concerned". Lo que en español quiere decir que "están muy preocupados". López Mateos y Goulart, ni eso siquiera. Y nosotros quisiéramos preguntar: Preocupados ¿de qué? ¿Será por la manera más rápida de destruir esa amenaza hemisférica o por ver quién triunfa en este entretenido y peligroso torneo en que Rusia pone las armas y nosotros los hombres?

Comprendemos que es muy importante para los especialistas establecer con precisión la diferencia entre un proyectil "defensivo" que es capaz de romper diez mil crismas a sesenta millas de distancia y uno "ofensivo", apto para pulverizar cincuenta mil cráneos a seiscientas veinticinco. Entendemos también cuánto goza un erudito distinguiendo con claridad un técnico ruso con uniforme de soldado, de un soldado ruso con uniforme de técnico. Así mismo nos parece trascendental, como homenaje a la memoria de Pitágoras, saber si las tropas rusas de ocupación en Cuba ascienden exactamente a 17,000 militares o si se exagera bellacamente cuando se afirma que son 17,200 o 18,000.

Pero los demás, deberían comprender también que mientras se persiste en esos devaneos matemáticos y semánticos, siguen muriendo en Cuba hombres de carne y hueso, y siguen los enemigos tradicionales de nuestro sistema democrático y nuestras libertades, fortificando su base militar y política en este Hemisferio, y siguen la infiltración, los desórdenes y los sabotajes, estremeciendo y ensangrentando a América.

Al paso que vamos, Rusia va a tener un día no 17,000 sino 17 millones de soldados en América mientras nosotros

SIN PATRIA, PERO SIN AMO

discutimos si son "galgos defensivos" o "podencos estratégicos".

Miami, Febrero 6 de 1963

HUMBERTO MEDRANO

**En el primer aniversario del
Fusilamiento de Porfirio Ramírez.**

NO LO BUSQUEN EN LA TUMBA

-¡Preparen. . !
El pelotón de fusilamiento levantó los rifles.
-¡Apunten..!
Frente a las bocas de los fusiles un joven estudiante con los labios contraídos y los ojos fieros encaraba la muerte. Cuatro días antes había sido capturado por los milicianos en las lomas de "Nuevo Mundo" en el Escambray. Luchó como un león hasta quedar sin parque. Después luchó cuerpo a cuerpo hasta que fué reducido a la impotencia por sus captores. Inconsciente por los golpes, fué llevado al campamento miliciano de La Campana. De allí a Santa Clara donde habría de celebrarse el titulado juicio revolucionario. De Santa Clara fué llevado de nuevo al campamento La Campana, cerca de Manicaragua, para ser fusilado.

Desde su captura hasta el momento que se enfrentara al pelotón, el joven estudiante había mantenido su entereza. Sus ojos firmes, transparentes y bravos, miraban más allá de las bocas siniestras de los fusiles. Miraban la libertad.

SIN PATRIA, PERO SIN AMO

—¡Fuego...!

Un silencio compacto trastornó la espera de los estampidos. La descarga homicida no se había producido. El estudiante seguía en pie mirando al pelotón que, formado por cinco soldados rebeldes, a la voz de fuego habían bajado los fusiles sin dispararlos.

—¿Qué pasa? —rugió el oficial al mando. ¿No oyeron la voz de fuego?

Uno de los soldados rebeldes respondió sin mirarlo:

—Nosotros no asesinamos un estudiante, un hermano que luchó contra la tiranía..!

El oficial comunista barbotó sucias imprecaciones. Inmediatamente ordenó a un grupo de milicianos armados de metralletas, que rodearan a los soldados rebeldes miembros del pelotón. Los desarmaron y se los llevaron detenidos. Se habían convertido en carne de paredón. Algún día, vivos o muertos, sus nombres billarían en la historia de la Cuba indómita con los fulgores de la dignidad.

Pero el asesinato habría de consumarse. Eran las órdenes de Fidel Castro.

Un nuevo pelotón, esta vez integrado por milicianos "voluntarios" (nunca este adjetivo ha encajado tan bien para calificar a los que vienen asesinando estudiantes desde 1871) se acercó al estudiante condenado como un grupo de fascinerosos, armados de metralletas checas. Sin más órdenes engorrosas comenzaron a disparar sobre él. Las ráfagas, que continuaron inmisericordes aún después que había caído, casi lo parten en dos. Quedó boca abajo con el vientre deshecho. Otra ráfaga le había saltado los ojos claros y cribado la frente. Las entrañas resbalaban lentamente hacia la tierra. El espíritu inmortal se elevaba al cielo de los buenos.

Eran las ocho de la noche del día 12 de octubre de 1960.

HUMBERTO MEDRANO

En la madrugada del día 13 se reunió apresuradamente el tribunal revolucionario. Y a las tres de la mañana del día 13 condenó a muerte al estudiante que había caído cosido a balazos a las ocho de la noche del día 12. Es decir, fue asesinado por una pandilla de fusilamiento, SIETE HORAS antes de haber sido sentenciado.

Así murió Porfirio Remberto Ramírez, estudiante de ciencias Comerciales de la Universidad de Las Villas y Presidente de la Federación Estudiantil de ese plantel.

Porfirio Ramírez tuvo tiempo de escribir una carta antes de que las balas comunistas segaran la límpida promesa de su vida. No es la carta de un joven. Es la carta de un hombre hecho y derecho. Es la carta de un hombre de principios y de coraje suficiente para morir por ellos. Cuba, la insumisa, ha tenido esa suerte que emerge de todos sus avatares: Cuando no son suficientes los adultos, los niños, en una alumbranada de heroísmo, se convierten en hombres.

No vamos a glosarla; vamos a publicarla íntegra. Es el tributo menor que le debemos al que respaldó con su vida sus palabras. En ella, en sus líneas, dignísimas, resucita Porfirio Ramírez.

Héla aquí:

"Compañeros:

"De regreso del banquillo de los acusados en el que fuera teatro "Libertad" (¡qué ironía!) del que también fuera Campamento Leoncio Vidal de Santa Clara, actuando rápidamente al efecto de montar el show de nuestro juicio, frente a un tribunal que nos estaba juzgando con la orden ya recibida de antemano para que fuéramos condenados a muerte, me decido a escribir estas líneas que entregaré a uno de mis custodios en la seguridad de que algún día llegarán a manos de mis compañeros estudiantes y alcanzarán su destino, porque tengo fe en los hombres que

SIN PATRIA, PERO SIN AMO

hicieron una revolución por amor a Cuba, por amor a esta tierra nuestra, por amor a la libertad y que si no se sometieron a la dictadura de Batista, no se someterán jamás a la dictadura comunista de los Castro.

"Como las circunstancias en que hago estas declaraciones son muy difíciles y el tiempo que me queda es apremiante, no voy a hacer un recuento de mis actividades revolucionarias en mi lucha contra la tiranía batistera, ni un análisis de los poderosos motivos que sólo tienen sentido patriótico de amor a Cuba, que me llevaron a tomar de nuevo el camino de las lomas libertarias del Escambray para luchar contra el monstruo comunista del Caribe. Como tampoco voy a hacer un análisis de mi vida tanto pública como privada que me defiende por sí sola por haber sido siempre limpia, honrada, moral, justa, sincera y decente, acorde con los principios sustentados por mis padres en un hogar donde trabajando honradamente la tierra, ordeñando vacas, vendiendo leche pura tal y como salía de la ubre, tirando caña de madrugada, cortándola bajo un sol ardiente, se constituyó esa familia que es la mía y de la cual me siento orgulloso y que fué capaz de adquirir con su trabajo la propiedad de la tierra que hoy disfruta.

"De ese hogar dechado de virtudes procedo yo y para honrarlo, estudié, y cuando la Patria lo reclamó, me fuí al monte, tras haber luchado peligrosamente en la clandestinidad para librarnos del yugo opresor de la tiranía batistera. (¿Quién iba a decirnos que habríamos de caer en la tiranía roja de los Castro?)

"Tampoco habré de hacer un análisis de todo el proceso que habrá de culminar con mi fusilamiento criminal y de un grupo de valiosos y dignos compañeros y su barril de años para la mayoría de los otros acusados; todos esos detalles son bien conocidos.

"Sólo quiero aprovechar estos postreros instantes de

mi vida para hacer un llamamiento a todos mis compañeros de la Universidad Central de Las Villas, de la Universidad de Oriente, de la Universidad de la Habana, de la Universidad de Villanueva, a todos los estudiantes de las Escuelas de Comercio de donde procedo, de todos los Institutos, Normales, en fin, a todos los estudiantes de Cuba y de la América, para que estrechen filas en contra del "monstruo rojo" del Caribe que habrá de traer mucho dolor y mucho luto, sangre, miseria y esclavitud al pueblo de Cuba.

"Quien haya pasado por todos estos horrores que yo he vivido en estos últimos días debe sentirse feliz de morir porque sabe que habrá de descansar de tanta opresión, de tanta ignominia, de tanta cobardía y porque sabe que habrá de sembrar el ejemplo para que las actuales y futuras generaciones se enfrenten valientemente al tirano de la barba y el micrófono y a cualquier otro tirano que pretenda interponerse en el destino eminentemente libertario de nuestro pueblo que no habrá de permitir, de ninguna manera, someterse a la voluntad opresora de un tirano ya se llame Fulgencio Batista o Fidel Castro.

"Se que voy a morir dentro de pocas horas. No tengo miedo. Por el contrario, jamás en mi vida me he sentido más seguro de mí mismo. Sé que mi muerte no habrá sido en vano y que el estudiantado en pleno habrá de salir a la lucha para librar a mis hermanos, a mi pueblo, de la traición del monstruo comunista del Caribe.

"Adelante, compañeros estudiantes y pueblo de Cuba: la Patria necesita de ustedes hoy más que nunca antes; la América también.

(fdo) Capitán Porfirio Remberto Ramírez,
Presidente de la F.E.U. de Las Villas (Cuba)

Para todos los estudiantes de Cuba; para todos los estudiantes de América; para todos los hombres que aman

SIN PATRIA, PERO SIN AMO

la libertad y el decoro, el llamamiento de Porfirio Ramírez sigue en pie.

El no tuvo miedo. Nadie puede tenerlo sin traicionar su sacrificio. Un hombre que muere como Porfirio, no puede morir. Se muere de vergüenza. De fe, no muere nadie aunque lo maten... Ahí está Porfirio en su tránsito a la inmortalidad. LA TUMBA ES VIA; NO TERMINO, dijo Martí. No busquemos pues a Porfirio ni nos busquemos en la tumba, caiga quien caiga. Busquémonos en la vía luminosa que conduce a la Patria liberada. Allí encontraremos a Porfirio Remberto Ramírez, con sus ojos claros y su sonrisa intacta sembrando el porvenir de Cuba...

Miami, Octubre 12 de 1961

HUMBERTO MEDRANO

ARMAS "DEFENSIVAS" SOBRE AMERICA

Arma es un artefacto cualquiera capaz de producir la muerte. Lo mismo un cañón que una tijera. La diferencia real reside solamente en lo más o menos mortíferas que sean.

Esto es lo sencillo. Lo corriente. Lo que entendemos usted y yo que somos sencillos y corrientes. Pero no lo que entienden ciertos cerebros privilegiados. Para esos cerebros hay multitud de diferencias y por lo tanto de denominaciones. Es que en definitiva ellos no juzgan las armas por el daño que puedan producir a los demás, sino por el perjuicio inmediato que para ellos representen. Cosa muy natural para esos cerebros privilegiados. Porque pensar demasiado en los demás supone sumirse en estados emocionales propios del hombre común, pero impropios de los que necesitan frialdad y equilibrio mental indispensable para seguir demostrando que lo que les conviene a ellos es lo que les conviene a los demás.

Equilibrio y frialdad que tan necesarios son también para no caer en razonamientos engorrosos sobre las diferencias que existen entre un pueblo y el punto de referencia que ese pueblo ocupa en el mapa. Error tal los forzaría a dedicarle a los problemas de los pueblos el tiempo que

SIN PATRIA, PERO SIN AMO

necesitan para resolver los problemas de los mapas.

Por eso es que hemos estado oyendo hablar de armas "defensivas", "ofensivas" y "estratégicas". Y de cohetes **de tierra a aire, de aire a tierra, de aire a aire y de tierra a tierra,** mientras tantos cubanos no tienen más aire que el de las mazmorras comunistas y tantos otros no tienen más tierra que la del exilio o aquélla sobre la que han caído asesinados por la acción **defensiva, ofensiva y estratégica** del comunismo.

Pero esto no importa mientras la sangre no llegue al río. Al Río de Janeiro o al Río Grande.

Tras esas denominaciones que no son tan caprichosas como aparentan, algunos escudan sus cobardías; otros sus compromisos o sus conveniencias. Con ello creen haber cumplido un trámite de explicación o disimulo. Puede que sí. Pero lo que no saben o tal vez no quieran saber, es que a pesar de todas esas denominaciones, las armas letales de la subversión social, económica y política que el comunismo ha puesto y sigue poniendo en Cuba -no importa las que se haya llevado- siguen siendo una amenaza para América. Para cualquier parte de América. Y si no se vuela el arsenal, llegará el día en que esas armas llevarán a todos los pueblos lo que han llevado a Cuba: esclavitud y muerte.

Para los vacilantes o los escépticos, allá van algunas pruebas de como son esas armas y lo que pretenden.

Según informe que acabamos de recibir, el **Frente Militar del** Comunismo funciona así en América:

Existe un Comando Revolucionario para la América Latina que tiene a su cargo la dirección de la acción militar en el Continente. Este Comando es de carácter internacional y fué creado en La Habana en 1959 bajo la dirección personal del Coronel Soviético Jaroslav Volenkesky, el chino Lin Chiao Yen y el General Español Alberto Bayo. **También forman parte el Che Guevara y Raúl Castro.** Su misión es preparar la acción armada en el área del Caribe, con ramificaciones en todo el Continente. Esta acción no se planea mediante una invasión exterior, sino a través de lo que los comunistas llaman **"guerras de liberación nacional"**, que es la invasión realizada desde adentro con un fuerte y decisivo apoyo externo. La invasión no es del territorio cuanto de todo el sistema social.

Hay una Brigada Internacional que depende del Comando Revolucionario. Se trata de un aparato militar internacional bajo la dirección del General Bayo y de instructores **checos, soviéticos, chinos y ex-republicanos comunistas españoles.** Lo integran grupos de voluntarios y fuerzas mercenarias de distintos países de América Latina adiestrados militarmente. Sus principales centros de entrenamiento se encuentran en Cuba con bases operacionales (cuerpos de guerrillas y almacenamiento de armas) en México, Guatemala, Honduras, Costa Rica y Venezuela.

Como centros principales de capacitación, se citan en el informe tres escuelas de **Sabotaje y Subversión,** situadas en Checoeslovaquia, Rusia y Alemania Oriental; la Escuela la de Milicias Sindicales de Budapest; y la Escuela para Adoctrinamiento de Agentes Especiales que opera en la China Comunista. La misión de estas escuelas, siniestros laboratorios para la especialización subversiva, consiste en la preparación de agentes latinos para ser infiltrados en los diversos países de Hispanoamerica. Además, suministran planes y armas clandestinas y envían instructores y personal especializado de otras naciones para las diversas escuelas de guerrilleros latinoamericanos.

Como centros secundarios para el adoctrinamiento y la

SIN PATRIA, PERO SIN AMO

acción directa se señalan las Escuelas Clandestinas de Guerrillas. Estas escuelas están organizadas por el **Partido Comunista** y su objetivo es la capacitación teórica y práctica sobre los principios y lineamientos del Comunismo Internacional y la preparación de dirigentes para la llamada revolución marxista. Entre estas escuelas pueden citarse: La Escuela Aurora, descubierta en Octubre de 1958 y los Grupos de Guerrilleros Uturunco, en Tucumán, Argentina; la Escuela de Guerrilleros de Cochabamba, en Bolivia; los grupos armados en la frontera con Paraguay, que intentaron la invasión en 1960, los Cuerpos de Guerrilleros de las Ligas Camponesas (Ligas Campesinas) y la Escuela Latinoamericana de Adoctrinamiento de Cuadros, todas en Brasil; Escuela de Guerrilleros en los llanos orientales de Colombia; Centro de Entrenamiento de Patrullas Armadas en la zona de Salamanca, próxima a la ciudad de Illapel, descubierta en Septiembre de 1961, en Chile; Escuela de Guerrilleros de la Unión Revolucionaria de Juventudes Ecuatorianas (URJE) descubierta en Mayo de 1961 en Ecuador; Escuela Juvencio Fernández, que funciona en la provincia de Corrientes, en la Argentina, identificada en Marzo de 1961. Su objetivo es engrosar las filas del Frente Unido de Liberación Nacional (Exilados Paraguayos); instrucción militar de indígenas en el Sur peruano, conectado con el tráfico ilegal de armamentos y agentes internacionales en las fronteras con Bolivia y Chile, en el Perú; entrenamiento de civiles armados en San José de Canelones y cursos periódicos de insurrección, sabotaje, etc. en el Sanatorio de Enfermedades Mentales, allanado en 1961 en Uruguay; entrenamiento militar del campesinado y sobre todo de estudiantes y miembros de organizaciones insurreccionales en Venezuela.

Finalmente señala el informe que se está realizando

con intensa actividad un llamado reclutamiento de voluntarios en todos los países de la América del Sur y del Caribe con el aparente objetivo de "defender" a Cuba comunista en el caso de una supuesta agresión. Su objetivo real, sin embargo, es la organización del Ejército del Pueblo (APLA) que está al servicio exclusivo del Comisionado Internacional y cuyos efectivos han sido calculados en unos cuatrocientos mil hombres, cien mil mujeres y una reserva adicional de unas doscientas mil personas.

Este es un esquema general. Cuando escribimos estas líneas tal vez algunos de esos centros hayan cambiado su primitiva localización o algunas actividades hayan disminuído en los sitios donde resultaban demasiado ostensibles para arreciar en otros lugares donde pudieran disimularse bajo el palio de nuevos sectores o la etiqueta de nuevas denominaciones. Pero el plan sigue en pie. El plan de conspiración y rebelión armada sigue su curso. Y el centro distributivo de armas, agentes e instrucciones, está en Cuba.

En Cuba siguen las tropas rusas. En Cuba siguen los técnicos en subversión social. A Cuba siguen llegando barcos repletos de armas de las llamadas "defensivas", a pesar de que en Cuba lo que sobran son armas.

Este inmenso excedente de armas, pues, se destina obviamente a los centros de perturbación que infestan el Continente Americano. Con esas armas defensivas y el odio entrenado de quienes habrán de manejarlas, se prepara la devastación social, económica y política de América.

Para entonces, ya no importará si se llaman defensivas, ofensivas o estratégicas. La opresión, la miseria y la sangre, harán tardías y académicas todas las denominaciones.

Miami, Diciembre 19 de 1962

SIN PATRIA, PERO SIN AMO

COSAS QUE HAY QUE DECIR

En la conferencia de prensa de ayer, el Presidente Kennedy hizo algunos planteamientos incuestionables. Pero también hizo afirmaciones que pueden y deben ser analizadas y rebatidas. Nosotros vamos a hacerlo con todo el respeto que nos merece su digna investidura y con toda la consideración que le debemos, quienes hemos encontrado en su país, hospitalidad franca y generosa. Pero también, con la sinceridad a que nos obliga nuestra condición de cubano y de hombre libre, que en la lucha por la libertad lo ha perdido todo y está dispuesto a perder lo único que le queda.

El Presidente estima que Rusia desea tomar el poder, pero no mediante una guerra mayor. Cierto, Rusia no iría a una guerra abierta por el poder. No porque sea pacifista, sino porque es ventajista. El comunismo no pelea: cobra. Prefiere ir sacando beneficios de las guerras llamadas "nacionalistas". Y ganando posiciones a través de los desórdenes y perturbaciones provocados por los agitadores profesionales que en cada país infiltra en los centros educacionales, organizaciones obreras y campesinas, partidos políticos e institutos armados. Otro procedimiento es la infiltración y copo de movimientos armados triunfantes, como hizo en Cuba. Tal y como piensa seguir haciendo en el resto de América si no se le expulsa de su base en el Caribe.

El Presidente dijo que pudiera ser que hubieran proyectiles de los llamados "ofensivos" en Cuba, pero que en caso que así fuera, para usarlos tendrían que ser colocados en sus plataformas de lanzamiento. Y en ese momento -apuntó el Presidente- los encontraríamos.

Y nosotros preguntamos:

¿Y habría tiempo entonces, señor Presidente, de destruirlos antes de que los disparen?

¿Y en el caso de que ya estuvieran colocados en plataformas de lanzamiento subterráneas, de esas que emergen a la superficie del terreno por medio de elevadores -como los Minuteman- habría la posibilidad de descubrirlos e inutilizarlos a tiempo de prevenir el ataque? Y de no ser así,¿cuál es la razón de que la democracia tenga que estar siempre a la defensiva? ¿Por qué tenemos que mantenernos siempre peleando a la riposta?¿Por qué estamos obligados a andar siempre buscando justificativos para defendernos cuando el enemigo no los busca ni los necesita para agredirnos? ¿Es acaso la mejor política la de la eterna espera por un Pearl Harbor justificador?

Este es nuestro primer disentimiento. El otro es el que sigue:

Dijo el Presidente que la presencia de las tropas rusas en Cuba constituye una grave preocupación. Y que por ello se está presionando a Rusia, para que las retire.¿No le parece al señor Presidente un poco desairado estar diciéndole a Rusia que saque sus tropas de Cuba, cuando Rusia no le dijo ni le pidió permiso a nadie para introducirlas y apertrecharlas?

Por otra parte,¿es que no cuenta en el tratamiento de estas cuestiones el hecho de la acción represiva demoledora que esas tropas pueden ejercer y están ejerciendo contra los

SIN PATRIA, PERO SIN AMO

grupos de patriotas cubanos que armados solamente con rifles viejos, machetes y un inmenso amor a Cuba y a la libertad, se alzan contra la tiranía comunista? ¿No se han publicado reportes de que esas tropas están patrullando las carreteras en Oriente y persiguiendo patriotas en la región de Las Villas? ¿No son esos reportes los mismos que descubrieron y denunciaron la presencia en Cuba de cohetes y tropas rusas meses antes de que las famosas fotografías exhibidas en la ONU los ratificaran? ¿Es que Rusia tiene derecho a venir hasta este Hemisferio a matar cubanos y las fuerzas democráticas de América no lo tienen, o no lo ejercen, para defender a los que combaten casi a puño limpio a los invasores? ¿Dónde está nuestra solidaridad continental? ¿Dónde están los compromisos de Bogotá y Río de Janeiro? ¿Dónde la ayuda a los amigos, cuando los amigos sufren y mueren luchando contra el enemigo común?

Las palabras del Presidente Kennedy y las de sus asesores en los últimos días, han buscado tranquilizar al público. A nuestro entender no lo han logrado. Mucho menos a los pueblos de la América Latina, sabedores de que ese aluvión de armas y tropas "defensivas", sí son ofensivas para ellos. Porque los sobrantes irán a parar en definitiva- para eso los envían- a la red de sabotaje y subversión que el comunismo, desde Cuba, mantiene en todo el Continente.

Por eso el Ministro de Relaciones Exteriores de Costa Rica, Daniel Oduber Quirós, acaba de pedir una "demostración de fuerza" para obligar a Rusia a sacar sus tropas de Cuba, "porque representan un peligro para todos los países de la cuenca del Caribe y del resto de la América Latina"

Sí. Nosotros sabemos que los Estados Unidos jamás han retrocedido en la defensa de los principios sobre los que se fundamentan la libertad y la dignidad del hombre. Estamos así mismo convencidos de que jamás retrocederán. Pero es necesario actuar en tiempo y forma. Antes de que la América Latina se sienta abandonada y piense que los Estados Unidos sólo actúan cuando se ve directamente amenazada su propia seguridad. Y antes de que el pueblo cubano sufra y se desangre tanto que ya no le queden fuerzas físicas y morales para reconstruírse, ni para agradecer.

Miami, Febrero 10 de 1963.

FIDEL: LA HISTORIA JAMAS TE ABSOLVERA

"La historia me absolverá" vino a ser la Biblia del castrismo.

Aquel alegato de Fidel Castro durante el juicio que siguió a los sucesos del Moncada, fué el que vino a representar la doctrina del Movimiento 26 de Julio y el pensamiento político de su líder.

Cuando cayó Batista, fueron impresas millones de copias de este alegato para ser distribuídas hasta en el último rincón de la Isla e incluso del Continente Americano. Había que presentar al "Mesías" en sociedad.

Como alegato no era malo. Tenía dramatismo. Buscaba la simpatía pública hacia la víctima y al mismo tiempo admiración hacia el preso que aún se atrevía a desafiar a sus carceleros.

Como declaración de principios y exposición de una filosofía política, era confuso, superficial, demagógico y en ocasiones estúpido. Y de arriba a abajo, destilaba arrogancia y vanidad.

Empezaba diciendo:

"Nunca un Abogado ha tenido que ejercer su oficio en tan difíciles condiciones, nunca contra un acusado se había cometido tal cúmulo de irregularidades; uno y otro son en este caso la misma persona."

Y continuaba:

"Quien está hablando aborrece con toda su alma la vanidad pueril y no están su ánimo ni su temperamento para poses de tribuno ni sensacionalismos de ninguna índole."

Ya vemos aquí el perfil del Narciso, delególatra desaforado que sólo piensa en sí mismo y que precisamente, negándolo, quiere atraer sobre su persona toda la atención.

¿Por qué no empezó hablando en nombre de sus compañeros muertos? ¿Por qué no dijo desde el comienzo que allí se estaba juzgando no a un hombre, sino la actitud y la idea de un grupo de cubanos que habían decidido esgrimir las armas para representar un estado de protesta pública?

No. No dijo nada de esto. Porque nada de esto le importaba. Quien importaba era él, el maltratado, el oprimido, el acusado contra el cual según sus propias palabras, se habían cometido "tal cúmulo de abrumadoras irregularidades", como nunca se habían cometido contra ningún otro. El proceso humillante a Juana de Arco, la hoguera de Bruno, la isla del diablo de Dreyfus, nada fueron junto al "cúmulo abrumador de irregularidades" cometido contra este pobre y altivo prisionero que salvó la vida escondiéndose tras la sotana de Monseñor Pérez Serantes y al que más tarde le dieron la oportunidad de largar una perorata pública de varias horas de duración en la que se hizo su propio panegírico y tuvo la desfachatez de cerrarla con la famosa frase de "La Historia me absolverá" plagiada a Adolfo Hitler, que fuera quien la pronunciara por primera vez cuando lo juzgaron a raíz del fracasado complot de la cervecería.

Pero glosemos el documento con más detenimiento para comprobar cómo este farsante mintió y engañó a un pue-

SIN PATRIA, PERO SIN AMO

blo, empinándose sobre la fe pública traicionada y la memoria escarnecida de los que llevó a la muerte en el Moncada primero y en la Sierra Maestra después.

Examinemos los párrafos más importantes, aquellos que se refieren textualmente a las cinco leyes revolucionarias "que iban a ser proclamadas inmediatamente después de tomar el cuartel Moncada."

1.- "La primera ley revolucionaria devolvía al pueblo la soberanía y proclamaba la Constitución de 1940 como ley suprema del Estado... El movimiento revolucionario, como encarnación momentánea de esa soberanía, única fuente del poder legítimo, asumía todas las facultades que le son inherentes a ello, excepto la de modificar la propia Constitución."

Eso decía textualmente en "La historia me absolverá". Sin embargo, en la realidad, apenas bajó de la Sierra y se instaló en el poder con sus compinches comunistas, promulgó una Constitución adulterada, la hizo inoperante y la modificó tres veces genéricamente y catorce veces de manera específica. Hay en total treinta y seis artículos modificados o suprimidos, entre los que se postulan principios por los que vienen luchando y muriendo los cubanos desde la Guerra de Independencia.

2.- "La segunda ley revolucionaria concedía la propiedad inembargable e instranferible de la tierra a todos los colonos, subcolonos, arrendatarios, aparceros y precaristas que ocupasen parcelas de cinco o menos caballerías de tierra, indemnizando el Estado a sus anteriores propietarios a base de la renta que devengarían dichas parcelas en un promedio de diez años."

Esto es lo que decía textualmente "La historia me absolverá". Sin embargo, en realidad todos sabemos que lo que hizo Fidel Castro fué erigir el gobierno en dueño único de la tierra, despojar de ella a todo el mundo, a los grandes y pequeños terratenientes, sin pagarle a nadie, y repartir unos cuantos titulitos de propiedad que nada significan, porque quienes los poseen no son los verdaderos propietarios de la tierra, sino el Estado. Tan es así, que no pueden ni siquiera dejársela como herencia a sus hijos ni sembrar lo que ellos quieran, sino lo que ordene el delegado del INRA de la zona, que es quien le pone el precio a los productos del agro y al trabajo. En definitiva, lo que hizo fué convertir a los campesinos en asalariados, mermarles sus ganancias, destruirles la producción y pagarles en 'vales' para las "tiendas del pueblo."

3.- "La tercera ley revolucionaria concedía a los obreros y empleados el derecho de participar en el treinta por ciento de las utilidades de todas las grandes empresas industriales, mercantiles y mineras, incluyendo los centrales azucareros."

Eso decía textualmente en "La historia me absolverá." Sin embargo, en la realidad no hubo tal participación de utilidades en el treinta por ciento ni en ningún por ciento. Lo que hubo fue el robo descarado de todas las grandes industrias por parte del gobierno comunista, que una vez constituído en patrono único rebajó los salarios, saqueó el remanente de los mismos con contribuciones "voluntariamente obligatorias", aumentó las horas de trabajo sin pago extra y canceló los derechos sindicales que habían estado gozando hasta entonces los obreros en la legislación laboral vigente hasta que fuera derogada por la dictadura comunista. Por otra parte, los obreros azucareros tampoco recibieron el famoso treinta por ciento de participación en las utilidades de los centrales. Lo que reci-

SIN PATRIA, PERO SIN AMO

bieron fué una disminución considerable en sus ganancias al suprimirse el **diferencial** y la **superproducción** azucarera. Entre los derechos sindicales más fundamentales que han desaparecido bajo la tiranía comunista, están el derecho a un mes de vacaciones por cada once meses de trabajo que representaba un 9.09 por ciento del salario; la jornada legal de cuarenta y cuatro horas semanales con pago de cuarenta y ocho; el derecho a licencia por enfermedad durante nueve días al año; la jornada de ocho horas y por supuesto, el derecho de huelga.

4.- "La cuarta ley revolucionaria concedía a todos los colonos el derecho a participar del 55% del rendimiento de la caña."

Esto decía textualmente: "La historia me absolverá." Sin embargo, en la realidad los colonos no sólo no perciben esas ganancias sino que han desaparecido prácticamente como clase productora agrícola, habiendo sido despojados de sus tierras, de sus derechos y del fruto de su trabajo, en su inmensa mayoría.

5.- "La quinta ley revolucionaria ordenaba la confiscación de todos los bienes de todos los malversadores de todos los gobiernos y a sus causahabientes y herederos mediante tribunales especiales con facultades plenas de acceso a todas las fuentes de investigación. La mitad de los bienes recobrados pasarían a engrosar las Cajas de los Retiros Obreros y la otra mitad a los hospitales, asilos y casas de beneficencia."

Esto decía textualmente "La historia me absolverá". Sin embargo, en la realidad confiscó los bienes de todo el mundo -malversados o no- y para hacerlo ni creó tribunales especiales, ni investigó absolutamente nada. Confiscó a su capricho, entronizando en forma compulsiva y oficial el robo y el despojo. Por último, el producto de los bienes confiscados no ha ido a parar a ninguna de las instituciones mencionadas en "La historia me absolverá". Por el contrario, despojó a las propias instituciones a las que se mencionaba como recipendiarios de los bienes confiscados. Y algo más, dichos bienes o su producto, han ido a parar en gran parte a los países comunistas y a una cuenta personal que maneja Fidel Castro con su propia firma.

He aquí la escandalosa verdad de lo que pasó con los principales compromisos establecidos en "La historia me absolverá."

Pero antes de terminar démosles hoy, 26 de Julio, una ojeada a algunas de las frases y promesas que relucían en ese alegato, malo, incumplido y teatral como su autor. He aquí algunas:

1.- "Ni el militar verdadero ni el verdadero hombre es capaz de manchar su vida con la mentira y con el crimen."

Esto es lo que dijo Castro en "La historia me absolverá." Pero lo que hizo fué decir la mentira de que no era comunista y erigir el paredón para perpetrar el crimen horrendo del fratricidio.

2.- "Los desfiles militares y las exhibiciones aparatosas de equipos bélicos tienen por objeto fomentar el mito de la invencibilidad de las armas modernas y crear en la ciudadanía un complejo de completa impotencia."

Esto es lo que dijo Fidel Castro en "La historia me absolverá." Pero lo que hizo fué organizar cada vez que lo ha creído conveniente un desfile aparatoso, con los tanques rusos, las 'cuatro bocas' checas, los "Migs" soviéticos, a fin de crear en la ciudadanía ese complejo de impotencia de que hablara. La última "exhibición aparatosa"

SIN PATRIA, PERO SIN AMO

fué en Cárdenas, donde, como en el discurso de Varadero, amenazó de muerte a los ciudadanos que protestaran por la escasez de alimentos que sufre el pueblo de Cuba mientras los rusos comen de todo en los hoteles lujosos de la Habana.

3.- "Batista no restablecía la Constitución, no restablecía las libertades públicas, no restablecía el Congreso, no restablecía el voto directo, no restableció en fin, ninguna de las instituciones democráticas arrancadas al país."

Esto lo dijo Fidel Castro en "La historia me absolverá." Y después, hizo exactamente lo mismo de lo que acusaba a Batista.

Por último, y para no hacer esta glosa interminable, Fidel Castro describe en "La historia me absolverá" como ideal cubano, una república "donde se vivía con su Constitución, sus leyes, sus libertades, Presidente, Congreso, tribunales; todo el mundo podía moverse, asociarse, hablar y escribir con libertad ... Existía una opinión pública respetada y acatada ... Había partidos políticos, horas doctrinales en radio, programas polémicos de televisión, actos públicos y en el pueblo palpitaba el entusiasmo..."

Sí, aunque les parezca increíble, esto decía Fidel Castro en "La historia me absolverá" sobre la república a la que el cubano quería volver. Y esa precisamente es la república que ha desaparecido bajo Fidel Castro y el comunismo, donde no hay Constitución, ni leyes, ni libertades, ni presidente elegido por voto directo, ni Congreso, ni tribunales; donde nadie puede moverse ni asociarse, ni hablar, ni escribir con libertad sin ser acusado de contrarrevolucionario por los "Comités de Vigilancia"; donde no hay partidos políticos más que el comunista, ni más horas doctrinales que las comunistas, ni más programas de televisión que los comunistas, ni más actos públicos que los comunistas; en donde el pueblo no "palpita de entusiasmo", sino una turba se estremece de odio mientras el verdadero pueblo sufre sin poder protestar, ni votar, ni rezar, ni siquiera comer.

Por estas diferencias entre lo que dijiste Fidel Castro en "La historia me absolverá" y lo que hiciste después que te convertiste en un tirano, es por lo que el pueblo cubano que ayer creyó en tí y confió en tí como su salvador, hoy, desengañado, hambreado y oprimido, se vuelve contra tí y te derrocará en definitiva junto con tu régimen comunista de odio, de mentira y de sangre.

Y puedes estar seguro que por ese engaño y esa traición, la historia jamás te absolverá.

Miami, Julio 26 de 1963.

SIN PATRIA, PERO SIN AMO

ROCKETS "DEFENSIVOS" Y CAMARONES "OFENSIVOS"

Hace cuarenta y ocho horas que una escuadrilla de Migs, de los entregados por Rusia a Fidel Castro, lanzó cohetes y roció con ráfagas de ametralladoras los contornos empavorecidos de un barco camaronero americano. El hecho se produjo en aguas internacionales. Fue presenciado por otra escuadrilla de Jets Phantom B-4, de Estados Unidos, que acudieron al lugar cuando los radares de Key West detectaron los Migs volando sobre un área situada a 69 millas al norte de Cuba. Los jets americanos no tiraron. Los Migs, tiraron, retiraron y se retiraron -la próxima vez... ¡tiren! ha ordenado el Presidente Kennedy.

El hecho es significativo. Tiene muchos aspectos interesantes. Pero el más curioso de todos fué la forma tan súbita en que un arma defensiva se puede convertir en ofensiva. Porque los especialistas en estas materias han clasificado los Migs como armas defensivas. Pero yo quiero que alguien me explique, mejor, que le explique a los tripulantes del camaronero, que los proyectiles que les lanzaron los Migs eran proyectiles defensivos. A menos que se pueda probar que los tripulantes del camaronero, apenas divisaron los Migs, comenzaron a lanzarles puñados de camarones podridos, contra los cuales, los pobres Migs no tuvieron mas remedio que tirarle unos cuantos cohetazos para defenderse. Porque eso sí: no hay nada más ofensivo que un camarón en mal estado.

Otro aspecto curioso es la desfachatez con que estos comunistas operan. Son los artífices del hecho consumado. Hacen lo que les da la gana, donde les da la gana y cuando les da la gana. Si alguien protesta, mascullan alguna desganada disculpa o se callan. O tranquila y cínicamente niegan los hechos que se han producido a la vista de todos. Y al que le guste, bien y al que no, que se busque un chino para poner un tren de lavado.

No se olvide que fue Rusia la que violó la moratoria de las pruebas atómicas, diciendo que tenía que prepararse y defenderse ante imaginarios aprestos bélicos de los "imperialistas yanquis". En aquella oportunidad ni el idiota genial de Bertrand Rusell, ni ninguna asociación pacifista, ni ningún país neutralista protestó con las debidas calorías de la barrabasada soviética. Pero apenas los Estados Unidos estallaron una bombita de megatón y medio, Kruschev puso el grito en el infierno, el neutralismo orquestó un escándalo y Bertrand Rusell estalló en alaridos seniles.

¿Y las democracias? Bien, gracias. Como siempre, dando explicaciones. Preparando la otra mejilla. Esperando el próximo golpe. ¡Y tan fácil como sería poner a correr a toda la mesnada! Porque los comunistas y los neutralistas y los idiotas útiles e inútiles son todos pájaros de la misma pluma! Pelean contra el que se repliega y se repliegan ante los que pelean.

Y nada digamos de la tontería de andar respetando esa entelequia conocida por "opinión pública mundial". Jamás la hemos visto al lado de la razón cuando la razón es débil. Véase el caso de Cuba desterrada, prisionera, asesinada en el paredón. Los intelectuales que firman tantas protes-

SIN PATRIA, PERO SIN AMO

tas y boberías literatoides en tiempos en que hay que escribir contra la injusticia y la infamia, ignoran a la Cuba mártir. Los traficantes de la política no sólo la ignoran, sino que justifican y apoyan a sus verdugos. La sangre que ha derramado y sigue derramando Rusia en Cuba no afecta a esa "opinión pública mundial" que enmudece ante la efusión o elogia a los que tienen la fuerza para derramarla impunemente.

Pero en fin, felicitémosnos en este caso. Al menos por esta vez los disparos defensivos de los aviones castrocomunistas no hicieron blanco en el barco pesquero americano. Y felicitemos a los dos infelices tripulantes porque a pesar del susto que pasaron pueden tener la satisfacción de haber sido testigos presenciales de una de las metamorfosis más extraordinarias de esta edad atómica, en que la materia se transforma en energía y las armas defensivas en ofensivas, en un santiamén. Y en esta oportunidad, en la forma ostensible que los comunistas acostumbran a hacer sus actos de prestidigitación: bien cerca del público y con la camisa arremangada.

Miami, Febrero 24 de 1963

HUMBERTO MEDRANO

LA ALEGRIA ASESINADA

Fuera del minúsculo restaurant, una llovizna gris cernía los prolegómenos del pluvioso invierno bogotano. Dentro, en tibio ambiente, tres periodistas amigos charlaban de cosas del oficio. Se identificaban en el amor a Martí. Casi oraban por Cuba.

Uno de ellos era Roberto García Peña, gran señor de las letras, director de "El Tiempo", talentoso, llano, fecundo, musical. El otro, Eduardo Camargo Gámez, nacido también para silla de escribir, culto, ingenioso, amigo.

El tercero, un simple desterrado que escribe estas líneas.

Desde dentro sentíamos llover. Pero no podíamos imaginar el frío. Nos calentábamos a la lumbre del afecto, de la mutua estimación. La escena era casi una estampa de Bogotá: en el contorno, frígida, la piel; dentro, cálida, el alma.

-Yo creo que el peor crimen de Fidel Castro -comentaba Roberto García Peña- es haber llevado la alegría cubana al paredón.

Roberto y Eduardo conocieron esa alegría. A fondo. La recogieron en las calles. En las casas abiertas al sol de la amistad. En las madrugadas musicales de "La Bo-

SIN PATRIA, PERO SIN AMO

deguita del Medio", desde donde salía esa alegría estrepitosa, acompañada de guitarras, a iluminar los rincones románticos de la Habana Vieja, anticipando con risueña cadencia el oro pálido del amanecer.

La escanciaron como un elixir en el trato afable del cubano. La escucharon en las canciones. La sintieron vibrar en la entrega generosa del afecto criollo que nunca preguntó a quien se daba, ni nunca exigió razones para darse.

Roberto y Eduardo aprendieron que en Cuba se podía salir a la calle tan seguros de encontrar un amigo, como de salir al campo y encontrar una palma.

Pero Roberto García Peña y Eduardo Camargo saben que todo eso ha desaparecido.

Y lo saben porque se han enterado de que hoy, por obra y gracia del comunismo, los cubanos no se abrazan: se esculcan. No sonríen: se acusan. No cantan: chillan consignas y piden paredón.

Como saben también que "La Bodeguita del Medio" se ha convertido en cueva de delatores y que ya en las calles no suenan las guitarras, sino las descargas de las metralletas checas eliminando a todo aquel que no piensa como quiere el Dictador.

Sí, para tristeza de todos los que en el mundo aman la alegría, tenemos que confesar que la Cuba que conocieron Roberto García Peña y Eduardo Camargo ya no existe. La ensombrecieron, la estrujaron. La hicieron añicos. Un grupo de traidores, en nombre de una revolución **nacionalista**, se dedicó a sacar cubanos de Cuba para llenarla de militares rusos, de chinos expertos en rebanar cabezas y propiedades ajenas. Es decir, para llenarla de escoria.

En nombre de la revolución, sacaron de las cárceles a los delincuentes comunes y en su lugar encerraron a los antiguos combatientes de la revolución. En nombre de la dignidad ciudadana, elevaron a la categoría de deberes cívicos la delación y el vasallaje. En nombre de la libertad, entronizaron la dictadura comunista y se dedicaron -porque esa es la misión de toda dictadura- a uniformarlo todo: el pensamiento, la palabra, la religión, la enseñanza, la música, los niños, las sonrisas.

Ante este engendro, ¿Cómo no van Roberto García Peña y Eduardo Camargo a echar de menos a Cuba si la isla que conocieron, pulcra, desprendida, decidora, jovial, la han llenado de mugre, de extranjeros adustos, de mentiras, de sangre?

Por eso la añoran. Por eso Roberto condena su tierna alegría asesinada. Por eso evocan, entre los ríspidos ecos de una estruendosa y grosera algarabía marxista, aquel encanto isleño, jocundo y salitroso, que un día se les metió en el corazón.

De todo esto hablamos tres periodistas, tres compañeros, tres amigos. Dos periodistas colombianos que ansían ver a Cuba de nuevo alegre, digna libre. Y un periodista cubano que está dispuesto a dar su vida por que lo sea.

Cuando nos separamos a la puerta del "Vernes", seguía lloviendo.

Más tarde, desde la ventana de mi hotel, veía caer incesante la lluvia. La veía empapar las laderas de Monserrate y Guadalupe, esos dos cerros que parecen disputarse, para acunarla en sus brumosos regazos, a la mayestática Santa Fe de Bogotá.

Sí. Llovió mucho esa tarde y esa noche.

Llovió afuera. Llovió adentro.

Llovió tanto, que tal vez por eso sentí cierta humedad salobre y cubana sobre mi corazón.

Ya escampará.

Miami, Julio 29 de 1961.

SIN PATRIA, PERO SIN AMO

"PATRIA BEACH" EN COLLINS AVENUE

En la columna del señor Drew Pearson se respalda, como era de esperar, una peregrina idea concebida por el señor LeRoy Collins, que fuera gobernador de la Florida. La proposición del señor Collins consiste en que los Estados Unidos compren una isla deshabitada del grupo de Las Bahamas, con suficiente capacidad, y nos la regale a los cubanos desterrados para que vivamos en ella.

"Es natural -dice el señor Collins- que tendremos que gastar mucho en construirles casas, carreteras, escuelas; en desarrollarles salud pública, agricultura y pequeñas industrias. Pero esa iniciativa podría mantener vivo en esa gente un profundo espíritu de preocupación por su tierra y la posibilidad de desarrollar su propia cultura y no ser tragados por la nuestra. Además, añade el señor Collins, tendrían la oportunidad de resolver las cosas por sí mismos y de establecer en la "nueva Cuba" un gobierno progresista con experiencia democrática."

Es decir, que el señor Collins propone en suma que nos regalen una patria. Una patria nuevecita, sin estrenar. Aún con la etiqueta "made in USA". Lo que no aclara el señor Collins es si nos la deben regalar por Pascuas o por los Santos Inocentes. Y si el regalo incluye una historia de sacrificios, escrita por algún libretista de la televisión junto con algunos Martí y Maceo sintéticos que reciten grabaciones patrióticas y hasta revivan sus muertes heroicas por Cuba libre sobre unos caballos de palo.

Cuando uno lee cosas como ésta, es cuando empieza a comprender por qué el mundo está viviendo su hora más menguada y sombría. Y por qué los comunistas, con unas cuantas consignas y otras tantas mentiras, están ganando sus batallas sobre un campo desierto de ideales, donde el interés materialista de los seudo-demócratas nada tiene que envidiarle al materialismo de los marxistas-leninistas.

No, señor Collins. Las patrias no se improvisan. Usted lo que tiene in menti es una urbanización. Hágala en buena hora. Cómprese una islita del Caribe y llénela de carreteras, de playas, de hoteles y de "perros calientes". Póngale "Patria Beach". Anúnciela y gánele buen dinero. Pero no mezcle sus ensayos de fomento urbano con el alumbramiento de una patria, porque una patria no se funda como se urbaniza un solar yermo. O por lo menos, no nos mezcle a los cubanos en sus planes de fomento.

Una patria, señor Collins, no es una inversión. Es un producto. Un producto de los que se inmolaron por hacerla y del esfuerzo continuado de los que se sacrificaron por afirmarla. Una patria es un acervo de sueños, sangre, sudor y lágrimas. Patria es la tierra donde reposa la huesa sagrada de sus fundadores, que no puede ser diferente, sin dejar de ser patria, de aquella sobre la que nazcan los que han de llevar a orgullo el nombre nacional que les legaron sus predecesores. Patria no es, señor Collins, una tierra con un nombre, un himno y una bandera. Esa tierra, para ser patria tiene que haber sido querida y peleada por alguien. Alguien que haya ofrendado su vida por ponerle ese nombre, por cantar ese himno, por tremolar esa bandera. Todo eso, señor Collins, es lo que se llama historia y tradición, sin las

SIN PATRIA, PERO SIN AMO

cuales no hay patria posible. Usted debe saberlo porque su patria las tiene. Y bien fuertes que son sus raíces. Y bien hermosas y dignas que son sus páginas.

Pero lo que usted no sabe es que igualmente dignas y hermosas son las nuestras. Y que los que nacimos de quienes las escribieron con su sangre, no le vamos a aceptar al señor Collins ni a nadie, el ser los ocupantes de una patria pagadera a plazos cómodos.

Ahora bien, si lo que a usted le preocupa es nuestra presencia, en sus manos tiene la solución: use su influencia para que nos den la misma ayuda militar que le dan a Fidel Castro los soviéticos, y suéltennos.

Ya verá como recuperamos nuestra patria insustituíble y hasta puede ser que le regalemos algún cayito a Mr. Collins para que vaya a soñar sus fantasías de fundador de patrias de Ten Cent.

Miami, Marzo 10, 1963.

MILICIANO: ESTO VA CONTIGO

Dime, miliciano: en definitiva ¿qué has ganado?

Aquí, en confianza; lejos de la fanfarria de los mítines; lejos de la cortina de humo de la propaganda, lejos del "chivato de la manzana", dime ¿qué has ganado?

Te han dicho que éste es tu gobierno, pero tú no intervienes en sus decisiones. Cualquiera que sea la importancia de esas decisiones, tú no puedes discutirlas. Tú sólo tienes el deber de aceptarlas aunque no te gusten. Aunque las consideres érroneas o perjudiciales, tú sólo tienes el curioso "derecho" de decir que sí.

Te han dicho que los que toman esas decisiones son tus representantes. Que vienen de tus filas y por eso representan tus intereses. Pero si le pasas la vista al equipo desde el Primer Ministro que grita hasta el último funcionario que obedece, pasando por el Presidente que firma y los jefes militares que ejecutan, no verás uno solo de los tuyos. Me refiero a los que tú sabes que trabajan y han trabajado de verdad. A los que siempre se han ganado la vida con el sudor de su frente.

Verás abogados malandrines; estudiantes que nunca es-

SIN PATRIA, PERO SIN AMO

tudiaron porque en lugar de libros siempre usaron pistola; verás líderes obreros que siempre vivieron del cuento, de las colectas sacadas de tu salario y de los sueldos y prebendas de los Ministerios y los cargos que les dieron en sus pactos con la politiquería, pero no verás entre ellos un solo obrero de verdad.

Verás profesionales frustrados y resentidos que nunca pudieron vivir de su profesión porque eran unos ignorantes; verás 'guapos' de oficio o conocidos delincuentes que les servían de guardaespaldas o recaderos a los viejos caciques políticos, pero no verás un solo trabajador de esos que siempre vivieron de su trabajo.

Verás falsos campesinos, esos vagos que siempre andaban por la orilla del pueblo, jugando dominó, repartiendo cerveza en los mítines o viviendo del fiado o la venta clandestina de algún puerco o alguna gallina desaparecidos la noche anterior, pero no verás un solo guajiro honrado, íntegro, de esos que arrancaban a la tierra el sustento diario labrándola de sol a sol.

Los que mandan, pues, miliciano, son los oportunistas de siempre, los trepadores de siempre, los descarados de siempre. No importa que hoy se llamen Juan y ayer se llamaran Pedro. Son los mismos. Te engañan con la misma hipocresía. Te explotan con la misma malevolencia. Te tienen como siempre, viviendo de discursos y promesas. Pero tú no comes discursos ni puedes alimentar a tus hijos con promesas.

Con una agravante, miliciano: verás extranjeros por todas partes, de todos tipos y colores, rusos, chinos, checos, hablando un lenguaje extraño y creyéndose, a pesar de ser de otra tierra, que saben mas que tú de la tuya. Y que tienen derecho por ser extranjeros comunistas, y venir recomendados de Moscú, a mandarte, a explotarte y a llevarse para su tierra a costa de tus necesidades, el fruto de tu esfuerzo mal pagado. Eso es lo único nuevo en esta corrida. Eso y el paredón.

Te han dado, miliciano, un uniforme. Los uniformes son bonitos. La verdad es que uno se siente, cuando se los pone, como más importante. Pero junto con el uniforme te han dado un arma. Y las armas sólo sirven para matar. Y aunque te digan que te la dan para que defiendas tu tierra del agresor extranjero, tú tienes que haber comprobado que es mentira. El extranjero ya está mandando en tu tierra. Sus banderas ondean irrespetuosamente junto a tu bandera. Sus productos de mala calidad son los únicos que se venden obligatoriamente. Y tú tienes la obligación de saludar los retratos de sus jefes colocados hoy a la misma altura que los de tus mártires y tus héroes.

Te han dado, pues, un arma no para que defiendas tu tierra del agresor extranjero, sino del hermano tuyo que está peleando precisamente por sacar los extraños de tu tierra. Y deberías saber, miliciano, que no hay marxismo ni leninismo, ni nada, ni nadie en el mundo -sea quien sea o llámese como se llame- que justifique el hecho de convertirse en asesino de tus hermanos. Y son precisamente tus hermanos los únicos que hasta ahora han caído y siguen cayendo bajo el plomo extranjero del marxismo.

Te hablan de tu revolución. Te dicen que es tuya. Pero esa revolución, si fuera tuya de verdad, no necesitaba para desarrollarse, ir a buscar libros escritos por extranjeros. Si esa revolución fuera tuya, no tenía que aliarse a un sistema político extranjero. Si esa revolución fuera tu revolución, no te pondrían a trabajar más y ganar menos, ni se llevaría a tus hijos para adoctrinarlos en Rusia, ni cantaría La Internacional en lugar del Himno de Bayamo.

SIN PATRIA, PERO SIN AMO

Si esa revolución fuera la tuya, miliciano, obrero, estudiante, profesional o campesino, no hubiera traído a tu tierra el hambre, la miseria, el odio, el fratricidio. Si esa revolución fuera la tuya, no habría libretas de racionamiento, ni Comités de chivatos, ni paredones. Si esa revolución fuera la tuya, no estaría sacándote el jugo para comprar más cargamentos de armas y meterlos de contrabando en otros países, cumpliendo consignas que tú no le has dado a nadie, porque ni tu vives en Moscú, ni te interesa dominar el mundo, ni mucho menos formar esa matazón de gente en todas partes para imponer un sistema que no debe ser tan bueno cuando se pasa tanta hambre y cuesta tanta sangre imponerlo.

Ya va siendo hora, pues, miliciano, que pienses un poco si has ganado algo. Si con esta gente vas a alguna parte. Si merece la pena convertirte en esbirro y traidor a tu patria para que unos cuantos gangsters analfabetos y otros tantos politiqueros comunistas ganen galones con Rusia y le regalen a Cuba como base de operaciones a costa del hambre y la vida del pueblo cubano.

Piensa bien en esto, miliciano. Porque una cosa son las consignas de los que cobran y comen bien para meterte esas consignas en la cabeza y otra la carne que tú no encuentras, los derechos que te han quitado y la metralleta que te han dado para matar o para que te maten. Piensa si has ganado algo como no sean responsabilidades que vas a tener que encarar más tarde o más temprano.

Piensa todo esto y en la soledad de tu conciencia, te darás cuenta que una cosa tan anormal, tan en contra de Dios, no puede durar. Porque sólo dura lo que se hace con el amor, no lo que se deshace con el odio. Porque sólo se construye cuando se vive en paz y esta gente ha traído la guerra. Porque sólo se puede vivir en paz cuando prevalece el perdón y esta gente sólo trajeron la venganza y los fusilamientos.

Si, miliciano: piensa en esto y prepárate desde ahora a zafarte de todo eso, a ayudar a los patriotas que combaten y que cada día serán mas. No importa que te hayas equivocado. Todos los hombres se equivocan. Lo importante es no insistir en el error. Máxime cuando la insistencia es traición a la patria. Tiempo tienes de limpiar tu conciencia de toda escoria marxista y de volver al camino de Agramonte y de Martí.

Prepárate para la hora de la reconquista.

Prepárate para la hora de la verdad y de la justicia.

Prepárate, miliciano, para **cubanizar** tu metralleta a la hora de la liberación.

Miami, Junio 10 de 1962.

SIN PATRIA, PERO SIN AMO

LA ALIANZA TIENE COMEJEN

La Alianza para el Progreso está estancada.

A pesar de la buena fe con que fué concebida, de la nobleza de sus miras, del provecho material y moral de sus alcances, está estancada. Todos lo reconocen.

¿Por qué?

Se dan numerosas razones: resistencia de las clases adineradas para aceptar las reformas sociales y económicas que implica; falta de coordinación entre las agencias que tienen a su cargo la aplicación del programa; exceso de requisitos; defectos de planificación.

A nuestro entender estos pueden ser -o quizás son- factores coincidentes, pero no determinantes de la paralización. La causa es otra.

La causa real y verdadera es que estamos en guerra y la Alianza para el Progreso es un programa de paz.

Veamos:

La Alianza para el Progreso se propone no sólo el alivio sino la erradicación del hambre, la miseria y el analfabetismo de los pueblos de América. Tiende por tanto a erigir sociedades y economías saludables, donde rijan gobiernos que garanticen una convivencia cívica, sólidamente afianzada en la honestidad política y la justicia social. Un plan que tiende a levantar los niveles de vida y amejorar las relaciones entre los hombres, es un plan constructivo. Es por lo tanto un plan de paz, porque sólo en la paz se puede construir. En la guerra, no. La guerra es destrucción. Y estamos en guerra.

Gústenos o no; queramos o no, estamos en guerra. Fría o caliente, pero guerra innegable entre dos sistemas esencialmente antagónicos que se disputan la dirección política del mundo.

El que no hayamos sido los agresores en esta guerra no quiere decir que no estemos en ella. El comunismo le ha declarado la guerra a la democracia.

La democracia está forzada a defenderse. El hecho de que no estén sonando los tiros en todas partes -en algunas sí- no significa que el estado de guerra no existe. Tiene que existir desde el momento que la democracia se asienta en regímenes políticos representativos que reconocen derechos y libertades individuales y el comunismo se basa en dictaduras que los veta. Sólo que hasta el momento, en la mayor parte del planeta no es una guerra de choques armados. Es una guerra de penetración y deterioro donde se ataca y destruye el sistema democrático desde adentro.

Ahora bien: la América entera está infiltrada de este comején comunista. Su misión es carcomer, derrumbar. ¿Cómo podría desarrollarse provechosamente la Alianza para el Progreso? ¿Cómo puede construírse nada bajo el estado de tensión y de temor que supone toda guerra caliente o fría? ¿Cómo se puede pensar, discutir y llegar a soluciones bajo el saboteo constante de los perturbadores comunistas?

¿Cómo pueden ajustarse conflictos seculares que precisan sereno entendimiento, generosa comprensión, si esos conflictos son agravados diariamente por los agentes provocadores del comunismo? ¿Cómo pueden eliminarse las grietas en la estructura político-económico-social de un país

SIN PATRIA, PERO SIN AMO

cualquiera, si esta estructura está sometida a perennes sacudimientos por la acción demoledora de los que han planeado fría y metódicamente el desplome de todas las estructuras?

¿Cómo puede trabajarse entre intrigas y conspiraciones? ¿Cómo se puede avanzar sobre caminos minados por la acción solapada de un oscuro fanatismo cuyo triunfo se basa en el fracaso de todos los intentos de mejoramiento humano; cuya filosofía consiste en aprovechar rencores para crear furias devastadoras que reduzcan, a cenizas todos los valores morales y todas las conquistas de la civilización, para que así el hombre acepte sus regímenes despóticos, sus cárceles del pensamiento y sus derribos de la dignidad humana como una liberación?

No. Así no puede avanzar el plan de la Alianza para el Progreso ni ningún otro plan. La única alianza posible es la alianza para destruir la acción destructora del comunismo. Y para eso tenemos que empezar por barrerle en Cuba los cuarteles generales. Allí está no solamente el mal ejemplo sino el cuartel maestre; la oficina de suministros propagandísticos y bélicos. Allí está, en suma: el panal del comején.

Cuando tumbemos el panal, y le demos candela, habremos eliminado el principal foco de infección. Bajará la inflamación y muchos "flojos de piernas" se sentirán con el coraje y respaldo suficientes para emprender la labor insecticida en su propia casa. Ese será el momento de cambiar los muebles carcomidos. Ese será el momento de emprender, con nuevo mobiliario cívico y político, la obra de reconstrucción que la Alianza supone. Y entonces progresará. Antes no.

Como no hubiera progresado el plan Marshall mientras Hitler permaneciera vociferando en el Reichstag.

Esa es la realidad.

HUMBERTO MEDRANO

Pueden los eruditos y ciertos especialistas en cuestiones latinoamericanas que ni siquiera saben español, hurgar lo que deseen. Pueden incluso arriesgar la seguridad del hemisferio buscando con un martillo y un punzón por donde le entra el agua a un coco dinamitado.

Lo cierto es que la Alianza es un plan de paz y que estamos en guerra. Y que en la guerra no prosperan los planes de paz.

Y además, que aunque nadie duda de que la Alianza para el Progreso es un festín, nadie está dispuesto a sentarse a la mesa mientras la mesa y las sillas tengan comején.

Miami, Mayo 9 de 1962.

SIN PATRIA, PERO SIN AMO

NAUFRAGIO TIERRA ADENTRO

> Crecí en el mar y la pobreza me fué fastuosa; luego perdí el mar y entonces todos los lujos me parecieron grises, la miseria intolerable. Aguardo desde entonces. Espero los navíos que regresan, la casa de las aguas, el día límpido.
>
> **Albert Camus**

Hoy les vamos a hablar de Oscar Abello. Sabemos que al oir ese nombre, nadie se inmutará. Porque no es nombre conocido. No es de los que aparecen casi a diario en las primeras páginas de los periódicos, haciendo o deshaciendo las cosas de este mundo. No es ni siquiera de esos nombres conocidos a medias, que de vez en cuando ayudan a terminar el emplane de páginas interiores o a completar el minuto que falta de un noticiero radial.

No. Oscar Abello era un simple cubano, abogado por más señas, aficionado a la navegación y a ratos, poeta. Fuimos compañeros de aula en la Universidad de la Habana. Nos graduamos juntos. Sabía que era un buen abogado. Nunca supe, sin embargo, que Oscar Abello era más poeta que abogado, más marino que poeta y más cubano que todo lo demás.

Lo que sí sabía es que era un hombre bueno. Uno de esos que siempre lleva una sonrisa por dentro, tan grande, que no tienen más remedio que llevar el corazón por fuera. Siendo así, Oscar Abello fué de los cubanos que se vieron obligados a marchar al destierro. Y en ese instante, se le apagó la sonrisa.

Hijo de un armador de Cárdenas, el mar era su vida. Otros acumulan poder, gloria, dinero. El trípode vital de de Oscar Abello eran su barco, su cielo y su mar.

Pero le tocó en el exilio vivir en Michigan, tierra adentro. Donde la luz no brilla como en Cuba. Donde el agua de los lagos, helada la mayor parte del tiempo, no tiende como el mar de Cuba, sus espumas al sol. Ambitos donde el aire no tiene brisa, ni la brisa tiene sal.

Por eso Oscar Abello empezó a escribir estos versos sencillos:

>
> **Navegar, pescar, soñar**
> **con los astros por testigos;**
> hoy vivo lejos del mar
> y se ahogó mi eterno amigo.
> El dolor del desterrado
> se me acrecienta al pensar,
> de mi gente separado
> y tan lejos de mi mar!
> Más tristeza no concibe
> mi apretado corazón;
> no tengo a mi Mar Caribe,
> ni a mi Cuba, ni a mi sol.
> En el lago, yo lo siento
> el aire frío soplar,
> pero es aire, más no es viento,
> que sólo hay viento en mi mar!

SIN PATRIA, PERO SIN AMO

El sol de aquí no calienta
ni sabe pleno brillar,
el Michigan no contenta,
sólo contenta mi mar,
El destino, veleidoso,
tierra adentro me encamina,
se agita en su calabozo
mi alma cubana y marina!

Así comenzaba Oscar Abello una elegía a todos sus amores distantes. Abello se ahogaba fuera del mar; se moría sin Cuba. Para durar, se embarcaba a veces en travesías de ensueño. Era entonces que escribía:

Un grito: ¡arriba ese foque!
¡Y cálzalo por babor!
¡Que ese nudo no se azoque...
Cálzame bien la mayor!
Al influjo de la brisa
que llena el foque, se agloba,
la proa hiende una ola
y la quilla se desliza.
Se mueve el timón con maña
para aumentar la estrepada;
ya la mesana está echada;
voy saliendo de Cabañas...
Hoy no amenaza tormenta,
mi barco navega ufano.
Y el mar la euforia acrecienta
bajo mi cielo cubano.
¡Qué placer el navegar
solitario en mi velero;
estoy a merced del mar
al que temo, pero quiero...!

HUMBERTO MEDRANO

De esta manera, día tras día, abiertos los ojos del recuerdo, Abello orzaba su velero fantasma hacia vientos extinguidos que él imaginaba soplando sobre la proa de su nostalgia, refrescando su desesperación.

Pero todo viaje termina. Y también día por día, Abello, se veía forzado a desembarcar en las heladas orillas de la ausencia. Entonces decía:

> Ahora por más que me empeño
> y aunque mucho me concentro,
> se desvanece mi ensueño;
> al destierro y tierra adentro.
> "Nuestro futuro destino
> es un destino insular..."
> ¡Que ironía que hoy camino
> por tierra adentro y sin mar!
> "Cada cubano un marino
> a la conquista del mar...."
> ¡Y el mar ha sido el camino
> para poder escapar!
> ¡Para escapar de mi tierra
> los que nacieron en ella,
> porque encadenó su Estrella
> ese aborto de la Sierra!
> Aunque el bote les zozobre
> o se los trague el abismo,
> huyen el rico y el pobre
> del pavor del comunismo.
> Pero el mar será el camino
> para volver en guerrillas
> a restaurar su destino
> de Perla de las Antillas
> Al pensar en el despojo
> y el continuo asesinar,

SIN PATRIA, PERO SIN AMO

    pregunto trémulo: ¿al mar
también tiñeron de rojo?
No, azul sigue siendo el mar
Y Cuba libre será...!
Más presiento con pesar,
mi vida no aguardará...
Por eso en nervioso afán
les suplico con anhelo:
¡No me entierren bajo el hielo
de este frío Michigan!
¡Echen mis restos al mar
cuando al cielo mi alma suba,
que aún muerto sabré flotar
hasta las playas de Cuba!

    Esto escribía Oscar Abello en Marzo de 1962, cuando ya se le había apagado la sonrisa.

    Poco después, se le apagaba el corazón.

    Su muerte presentida, casi braceada en los mares remotos de su angustia, me llega hoy como una ola oscura para golpearme el pecho; para anegármelo con la impotente aflicción que recogiera al borde de su naufragio desolado.

    Yo convoco a todos los que fuimos sus compañeros -los que sobrevivamos la lucha y la victoria- a que vengamos un día a recoger el corazón aterido de este cubano inmenso que se murió de lejanía. Y lo llevemos con sus restos a las tibias playas de su patria, para que sienta el calor de todos los regresos. Allá su alma, **cubana** y **marina**, podrá levar anclas cada vez que quiera para surcar los cielos líquidos y ardientes de Cuba Libre...

                                   Miami, Marzo 27 de 1963.

HUMBERTO MEDRANO

CUBANO OBRERO: ESE NO ES TU GOBIERNO

Te han dicho que este gobierno es tuyo. Si lo fuera, no tendrían que estar sustituyendo con palabras lo que te pertenece por derecho.

Es curioso, pero si te detienes a pensar, verás que nunca has estado peor que bajo el gobierno que se titula de los obreros. Las dictaduras anteriores no tuvieron más remedio que respetar tus derechos. Los gobiernos producto de elecciones, por corrompidos que fueran, no pudieron tampoco escamoteártelos.

Año tras año fuiste ganándolos. Y año tras año fuiste consolidándolos. Cuba era, a pesar de los dictadores y los politiqueros, un país en marcha. Un país en estado de progreso. Cubanos inteligentes y laboriosos fundaron empresas prósperas y crearon con ellas fuentes de trabajo y riqueza para el país.

En ellas también se fué desarrollando una clase proletaria en línea ascendente, en línea de progreso. Y aunque en algunos casos hubieran patronos egoístas que trataran de explotar a sus obreros, no hay duda, porque los números no fallan, que la gran mayoría cumplía las leyes sociales. Y que esas leyes sociales eran de las más adelantadas no sólo en América sino en el mundo entero.

¿Era todo perfecto? No, la perfección no existe. Pero

SIN PATRIA, PERO SIN AMO

se podía mejorar. Porque todo se puede mejorar en una democracia. Las injusticias podían ser reparadas. Los errores podían ser subsanados. Y año por año podía advertirse el adelanto en las relaciones obrero-patronales. Y cada vez más, en esas relaciones, los obreros iban alcanzando mejores y más decorosos niveles de subsistencia para ellos y para los suyos.

Pero vino esta gente, cubano obrero, hablando de revolución proletaria y de luchas de clase. Vinieron hablando de marxismo, de reivindicaciones, de justicia social. Dijeron que eras un explotado, una víctima, un paria en tu propia tierra. Que había que redimirte, porque tú tenías derecho a vivir mejor.

Veamos lo que hicieron:

Tú gozabas por precepto constitucional del derecho a un mes de vacaciones por cada once meses de trabajo que equivalía a un 9.09 por ciento de tu salario. Ese precepto fué derogado.

Tú gozabas por precepto constitucional de una jornada legal de 44 horas semanales laboradas con pago de 48. Esto te equivalía a otro 9.09 por ciento. Ese precepto legal fué derogado.

Tú gozabas por las legislaciones en vigor de un derecho a licencia por enfermedad durante nueve días al año, lo cual equivalía a un 3 por ciento. Ese precepto legal fué derogado.

Tú gozabas por precepto constitucional de tres días de fiesta y uno de luto nacional en que debías descansar y el patrono pagar. Ello equivalía a un 1.12 por ciento de tu salario. Ese precepto también fué derogado.

Si sumas estas cifras, verás que sólo en estos aspectos te quitaron un 22.30 por ciento de lo que ganabas.

HUMBERTO MEDRANO

Por otra parte, de acuerdo con una nueva tarifa de impuestos promulgada hace algunos meses, los trabajadores que ganen salarios menores de 250 pesos mensuales, se ven afectados por un descuento de un 11.90 por ciento. En ese descuento obligatorio entran descuentos para jubilaciones, industrialización, ingresos brutos y maternidad obrera.

Si sumas ese descuento de 11.90 por ciento al 22.30 que relacionamos anteriormente, comprobarás que suma un 34.20 por ciento de menos en tus ingresos, que has dejado de ganar por obra y gracia del gobierno comunista.

Pero hay más:

Tú sabes que el costo de la vida ha subido en relación al año 1959. Dentro de un estricto racionamiento y cuando lo encuentres, tienes que pagar dos centavos más por libra de carne; cuarenta y tres centavos más por libra de pollo; quince centavos más por libra de pescado; cuatro centavos más por huevo; siete centavos más por libra de cualquier grano; cinco centavos más por litro de leche; quince centavos más por libra de café; y cuatro centavos más por libra de papas.

Ese aumento de gastos sobre tus entradas - unido a los descuentos anteriores - representa más de un CUARENTA POR CIENTO de rebaja en tus ganancias legítimas.

Es decir, que si antes ganabas ese salario de doscientos pesos al mes, hoy, bajo el comunismo, ese salario se ha reducido a ciento veinte. ¿Quién es el que te explota, cubano obrero.

¿Cómo pueden decir que este gobierno es tuyo?

No, cubano obrero. Este no es tu gobierno. Si fuera tu gobierno no te hubiera arrebatado los derechos que disfrutabas al amparo de la Constitución y las leyes laborales. Si fuera tu gobierno no te hubiera empobrecido ni habrían

SIN PATRIA, PERO SIN AMO

arruinado al país.

No. Tu gobierno no puede ser el de la miseria. Tu gobierno no puede ser el gobierno del odio, la mentira y el entreguismo a Moscú.

Un gobierno será de verdad tu gobierno, cuando proteja tus derechos y te mejore a base de realidades económicas y no de discursos.

Un gobierno será de verdad tu gobierno, cuando no obedezca directrices extranjeras y traiga la prosperidad al país sin persecuciones internas ni problemas externos.

Un gobierno será de verdad tu gobierno, cuando no sólo te permita, sino te garantice vivir en paz, y te proporcione todas las oportunidades para alcanzar las más altas posiciones económicas, sociales y políticas. A tí y a tus hijos.

Ese es tu gobierno. Y para serlo, no hace falta odiar a nadie, ni despojar a nadie, ni desplazar a nadie. Ni hace falta ponerle un nombre raro, terminado en ista. Basta con que sea un gobierno democrático, un gobierno cubano.

Ese es el gobierno que hay que erigir cuando echemos de nuestra patria a los extranjeros que la esclavizan y te explotan.

Ese es el gobierno que ha de identificar y regir la nueva Cuba.

Miami, Junio 17 de 1962.

HUMBERTO MEDRANO

UN PAREDON EN EL LINCOLN MEMORIAL

Los rusos pusieron dos hombres en órbita y el hecho ha causado sensación. Cintillos en los periódicos, reuniones urgentes de la NASA, sesiones especiales en Cabo Cañaveral y en Washington. Sin embargo, sólo unos pocos días antes, los mismos rusos pusieron cuatro mil hombres más en Cuba en órbita militar y política y a nadie parece importarle un comino. Ni a los periódicos, ni a los funcionarios. Como no son noticias dadas por los rusos, necesitan mucha confirmación.

Hay cubanos que presenciaron las concentraciones de hombres y equipos. Especialmente en Matanzas, que es sitio de peculiar valor estratégico por ser la porción de la isla más próxima a Estados Unidos. Esos millares de rusos, técnicos e instructores militares y por lo tanto soldados, tienen la misión de planear y dirigir la construcción de nuevas instalaciones militares. Asimismo, la creación de nuevas unidades de ejército en Cuba, equipadas, entrenadas y dirigidas por ellos. No es descabellado pensar que incluso esas nuevas instalaciones militares se usen en un momento dado para bombardear territorio norteamericano, cuando a los comunistas les convenga presentar ante la faz del mundo una rebelión interna como un conflicto con

SIN PATRIA, PERO SIN AMO

el "imperialismo yanqui".

Esto resulta evidente hasta para los escolares. Pero hay periodistas que necesitan expertos lingüistas que no sólo hayan visto a los rusos en Cuba, sino que hayan escuchado sus conversaciones y puedan relatarlas con punto y coma. Y funcionarios que para convencerse de estos hechos y del peligro que representan, necesitan una fotoscopia de carnets firmados por Malinovsky o el original de las instrucciones secretas firmadas por Kruschev.

Mientras tanto, los nuevos desembarcos de equipos y militares soviéticos -que lo son aunque vengan disfrazados de balalaikas- anegan la isla. Y el sábado pasado fueron fusilados en La Cabaña nueve cubanos más.

Pero esto no tiene importancia para los periódicos porque todo es muy impreciso. No hay fotografías, ¿you see? Ni hay corresponsales de confianza en Cuba. Y como los únicos corresponsales que pueden ir a Cuba son los que aprueba la embajada checa en Washington, éstos regresan contando maravillas del régimen comunista, sin haber visto una sola protesta por la escasez de alimentos, ni un solo preso político, ni un solo fusilado, ni un solo ruso. Esa es nuestra tragedia: los que ven las cosas allá no son de suficiente confianza para los periódicos de aquí. Y los que son de confianza de algunos periódicos de aquí y de algunas cadenas de televisión de aquí, son también de confianza de Fidel Castro allá. Y por eso no ven las cosas o no las cuentan aunque las vean.

Yo no sé cuándo algunos señores periodistas y funcionarios americanos van a acabar de despertar. Cuando van a aprender la ostensible lección de que tanto papeleo burocrático, tanto red-tape, tantas "regulations" y tanto "week end" sirven para que se aprovechen los comunistas que no piensan en trámites dilatorios ni en acuerdos internacionales, cuando se proponen infiltrarse o tragarse a un país.

A los comunistas lo mismo les da un affidavit que un 'perro caliente' cuando quieren meter un espía en Estados Unidos o un cuerpo de ejército en Cuba. Ellos, mientras construyen una plataforma de cohetes en Matanzas, denuncian en la ONU que los Estados Unidos están preparando una auto-agresión a la base de Guántanamo. Así actúan.

Pero algunos funcionarios y periodistas de este país, que tan inteligentes son para muchas cosas, parecen no darse cuenta de que con tantos requisitos y tanta meticulosidad están poniendo en peligro la libertad en su propio país y la dignidad humana como forma de vida en el mundo entero.

La diligencia que mostraron algunos periódicos en publicar las fotografías e informaciones de los campos de entrenamiento en Guatemala ya era hora que la demostraran desplegando ante el mundo entero, especialmente ante aquéllos que hablan en América de no-intervención, como Rusia ha intervenido y sigue interviniendo en Cuba cada vez más. Y como están muriendo cubanos diariamente por oponerse a ese yugo extranjero. Pero publicarlo en cintillo, bien grande, como despliegan las declaraciones de Kruschev o la idiotez de si un individuo tiene una esposa en Wisconsin y otra en Oklahoma.

Y los funcionarios y demás burócratas, ¡que no se reunan tanto, ni lo piensen tanto, ni pidan tantas confirmaciones! Hay un hecho cierto, escueto, terminante: Fidel Castro está mandando en Cuba y Cuba es un país situado a noventa millas de los Estados Unidos y Fidel Castro se ha declarado comunista y recibe armas de los comunistas y vota junto a los comunistas y de hecho, no de palabra, está constantemente sirviendo los intereses subversivos del

SIN PATRIA, PERO SIN AMO

comunismo en América.

Este hecho debería bastarles para no estar perdiendo tanto tiempo, ni exigiendo tantos requisitos. Porque los comunistas no lo pierdan. Y aunque les parezca muy difícil o les luzca una exageración por parte de un cubano apasionado, como sigan perdiendo el tiempo en "meetings" "coffee brakes" y "confirmations" un día les van a erigir un paredón frente al Lincoln Memorial.

Miami, Agosto 15 de 1962.

HUMBERTO MEDRANO

PEDRO VICENTE AJA: ENESIMO CRIMEN DEL CASTRISMO

Aunque Pedro Vicente Aja se suicidara, no fue él quien se quitó la vida. Porque la vida no es sólo la sangre que nos corre por las venas. Esas que Pedro Vicente se abrió para que le saliera de una vez la angustia líquida que le anegaba el corazón. Vida es también el ambiente que nos rodea, los afectos que hemos hecho crecer, la posición que se haya labrado nuestro esfuerzo; y en última instancia, ese bienestar indefinible que sentimos en lo mas recóndito cuando vivimos en la tierra que nos vió nacer.

Sí, eso forma parte de la vida, que no es-que no puede ser- simple ecuación, biológica. Perderlo nos pone a morir aunque sigamos existiendo. Cuando Pedro Vicente Aja se mató de lejanía y de desesperanza, la verdadera mano homicida fué la misma que provocara el desarraigo y con él, la pena inmensa y su culminación desesperada.

Habrá quien piense que Pedro Vicente Aja se mató tal vez porque era débil de carácter y no pudo soportar las dificultades del destierro. Eso sería una explicación torpe y simplista de conflictos emocionales que no pueden juzgarse a través del jugo estomacal o la pasión dogmática.

Pedro Vicente Aja, doctor en Filosofía, profesor eminente y escritor de prestigio internacional, gozaba de ap-

SIN PATRIA, PERO SIN AMO

titud intelectual suficiente para ganarse la vida en cualquier medio. Su reputación le había valido el privilegio de dictar conferencias en varias universidades latinoamericanas, entre ellas la de San Marcos, en Lima; y, actualmente, era profesor de la Universidad de Puerto Rico. Pero Además, Pedro Vicente Aja era hombre de carácter. De no haberlo sido, hubiera permanecido en Cuba, en la Universidad de "Ocupación" acomodado en nómina sumisa. Su decisión fué otra: la tremenda aventura del destierro que es ruptura, ausencia y soledad.

Hacia él marchó Pedro Vicente Aja. A él trajo su dignidad intacta, sus títulos meritísimos, su cultura. Pero también esa tristeza que tantos conocemos y que lo mantenía en constante desazón. Es que al marcharse, su alma tan cubana se le quedó enredada en los palmares. De ella tiraba siempre en las lejanas "guardarrayas" de sus sueños una nostalgia irreprimible.

Recuerdo sus cartas y su pregunta invariable: "¿Cuándo volvemos...?"

Sí, Pedro Vicente estaba hecho de sensibilidad y cubanía. Era hombre de pensamiento, de clara inteligencia, de mentalidad universal. Pero ante todo era cubano. Y no se resignaba a que Cuba ni la Universidad -centro de su formación cultural y escenario de su avidez intelectual como alumno al par que de su austera capacidad didáctica como profesor quedaran en manos de la barbarie invasora.

En un número especial de la revista "Cuadernos", que edita el Congreso por la Libertad de la Cultura -Pedro Vicente Aja era de ese Congreso miembro prominente y asiduo colaborador de la revista- dejó constancia de esta preocupación. En él Pedro Vicente Aja expuso con nitidez y valentía la crisis de esa Universidad intervenida por el totalitarismo comunista, como uno de los ángulos más desgarradores de la tragedia cubana.

Comentando la bastarda presencia en la Universidad de la Habana del "Che" Guevara, con motivo de una conferencia que este osado aventurero tuvo el irrespeto de pronunciar en su Aula Magna, decía Pedro Vicente Aja:

"Tal vez la *intelligenzia* cubana no consiga escuchar otra vez una configuración de la cultura y una visión de la Universidad más chata y tenebrosa. Sus soportes filosóficos, explícitos e implícitos, denunciaban una concepción del Hombre, de la Sociedad y del Estado, extraña a nuestros valores culturales. No era un representante de América ni de Cuba el que allí hablaba. Me detengo en ello porque este tipo de individuo asuela hoy a mi patria. Un raro espécimen de hombre invasor, epígono de una civilización pervertida, producto sobre todo de aquellas partes del mundo donde ya no se atesora el amor a la libertad y que se nos ha plantado ahí en nuestra actualidad como una amenaza -la más grave posible- a las esencias de la cubanía, a lo humano-concreto-universal."

Y más adelante:

"...es una Universidad (la de Castro y Guevara) concebida para servir la filosofía, los fines y los métodos propios de un gobierno que construye hoy en Cuba un tipo de Estado totalitario con esa técnica del control social que es propia de su acción gubernativa. De esto debe acabar de cerciorarse el mundo y sobre todo América. Cuba está sometida ahora mismo a esta clase de transformación. La acción de ese Estado-patrón invade, desnaturaliza, subvierte, destruye todos sus planos vitales, sus estructuras económicas y políticas, sus formas espirituales de vida; y aún más: intenta el debilitamiento y la ruptura de los resortes íntimos de la conciencia de cada cubano."

SIN PATRIA, PERO SIN AMO

He ahí a Pedro Vicente de cuerpo entero: indignado ante la extranjería rampante en nuestro suelo; consternado porque la supresión en Cuba de todas las libertades produjera no sólo el quebrantamiento de las estructuras económicas y políticas, sino de las morales. Era un hombre de conciencia y le desvelaba la integridad de la conciencia de su pueblo.

De ese desvelo permanente en las noches interminables del destierro acaba de salirse para dormir la eternidad. Un sufrimiento perenne, una inquietud sin término, le mantenían abiertos, sin reposo, los ojos del recuerdo y del anhelo. Combatió como pudo. Pero quiso descansar un poco. Y los cerró definitivamente humedecidos de impotencia en pleno insomnio del dolor cubano.

Yo quiero denunciar, Pedro Vicente; amigo que te vas sin ver tu Cuba libre, a los que te la encadenaron; a los que te alejaron de ella; a los que pusieron en tus manos el filo de esa helada desesperación que te rasgó las venas por donde te corría, tan ardiente, el martirio de Cuba.

Tu muerte es otro de los crímenes del castrismo. Tal vez uno de los más repugnantes.

Cumplo al denunciarlo un deber de cubano y de amigo. Y te prometo si Dios me dá el cielo del regreso, ir a buscar tus restos a San Juan.

Sé que allí los respetan. Pero sé también que tú prefieres que reposen en Cuba, cerca de la Universidad que tanto amaste y bajo la bandera que como intelectual y como hombre siempre supiste honrar.

Miami, Febrero 9 de 1962.

HUMBERTO MEDRANO

CUBA: SOLITARIA E INDOMABLE

El esqueleto que descendió el domingo por la escalerilla del avión en el aeropuerto de Miami, era el símbolo del "humanismo" de Fidel Castro. Pero también lo era de otras cosas. Lo era, en su altivez, de la insumisa rebeldía cubana. Lo era, en su depauperación, del abandono cobarde en que los gobiernos titulados demócratas han sepultado al pueblo de Cuba.

Un pueblo heroico que le ha tocado luchar como a ningún otro contra la penetración comunista en América. Y que en su lucha denodada se ha visto no sólo abandonado, sino hasta insultado por la sordidez de los mercaderes de la política continental, que ignoran deliberadamente nuestra tragedia porque se están beneficiando económicamente con ella.

¿Qué piensan todos esos señorones que hablan de democracia de aquel guiñapo que bajara del avión con fuerzas apenas para abrazar a sus seres queridos?

¿Cómo compadecen el prestigio de sus gobiernos y su personal decoro aquellos gobernantes que enarbolan las sobadas excusas de la "no-intervencion" y la "auto-determinación" con esa sombra cadavérica, ejemplo de la forma en que ultraja el gobierno comunista de Cuba a los

SIN PATRIA, PERO SIN AMO

que no se dejan "auto-determinar" por ellos?

¿Con qué moral hablan de derechos humanos los que mantienen relaciones de amistad y justifican a los que pisoteando todos esos derechos atormentan prisioneros física y moralmente hasta llevarlos a ese grado de depauperación?

¿No es la estampa de ese hombre macilento una acusación viviente para todos los que gozan de las libertades por las que él fué a pelear y una vergüenza para todos los que en este Continente se la pasan hablando de dignidad y de principios mientras hombres como éste son maltratados y torturados por el delito de haber defendido esos principios y esa dignidad y esos adalides verborréicos ni siquiera protestan?

¿Qué le parece al señor Joao Goulart la forma como trata a los presos políticos su amigo Fidel Castro?

¿Sigue pensando el señor López Mateos que puede continuar manteniendo relaciones de amistad con un gobierno que realiza semejantes fechorías?

¿Leyeron los relatos terribles de los prisioneros Govín y Néstor Williams?

¿Comprobaron cómo viven muertos de hambre, comidos de fiebre y enfermedades, rodeados de ratas, yaciendo entre sus propias excretas, clamando a grito herido por médicos que no vienen y medicinas que no llegan?

¿Se dan cuenta ahora los gobernantes de Chile y de Bolivia por qué Fidel Castro ha negado reiteradamente permiso a la Cruz Roja Internacional para entrar en Cuba?

¿Entiende ahora el Canciller Martínez Sotomayor por qué el problema de Cuba no es un problema solamente "de los cubanos" sino de todos los hombres que tengan vergüenza y sean capaces de demostrarlo?

HUMBERTO MEDRANO

En Cuba, una pequeña isla situada en este hemisferio a más o menos distancia de solemnes regímenes democráticos, existe, consentida e insolente, una sangrienta dictadura. En esa isla desdichada, a la que han llamado "república hermana" tantos tribunos insignes de esta América pomposa y palabrera, ya no hay una república; hay una tiranía comunista que sojuzga y mata a todo el que no acepta el yugo. En ese pedazo de tierra, no tan apartado de gobiernos y gobernantes que proclaman a diario su fervoroso culto por el imperio de las leyes y de la justicia entre los hombres, un pueblo agoniza en inmundas prisiones donde los hombres rapados como galeotes se consumen de hambre y epidemias, mientras a la justicia se la comen las ratas y las leyes padecen de disentería.

Estos hechos, sin embargo, no empecen para que ciertos regímenes democráticos sigan hablando de democracia en la OEA mientras justifican la esclavitud en Cuba. Para que los insignes tribunos sigan machacando sobre una hermandad continental inoperante o que en algunos opera a la manera de Caín. Y para que ciertos gobernantes, a pesar de que hace solo siete días que con motivo de un incendio en el Ministerio de Transportes en La Habana fueron sacados dos jóvenes de la prisión y fusilados allí mismo en presencia del pueblo, sigan lavándose las manos como Pilatos aunque las saquen empapadas en sangre de un pueblo mártir, cuyos muertos parece que no mueren, ni cuyos dolores infinitos alcanzan a ciertos apóstoles del aprovechamiento cuya sensibilidad no se altera más que para exigir el reparto de las cuotas azucareras y los millones de la Alian- para el Progreso.

Sí, el relato de esos tres prisioneros que llegaron vendidos como esclavos por el indigno Fidel Castro -indigno

SIN PATRIA, PERO SIN AMO

es quien cobra por libertar un hombre, no quien paga porque sea libre- retrata uno de los aspectos mas lacerantes de nuestro martirio.

Y en Fabio Freyre, con tanta hombría en su esqueleto, como para repartirle a todo un Continente, está representada la gallarda rebeldía de nuestro pueblo al par que su tragedia inmensa.

La rebeldía, en la defensa viril que hizo Freyre de sus principios, en la Televisión cuando a raíz de su captura fue entrevistado y coaccionado por un puñado de asesinos.

La tragedia, en el maltrato impune que le secó las carnes pero no pudo abatirle el espíritu. De su figura escuálida, como la del Quijote, irradiaba ese espíritu como prueba de que sigue existiendo una Cuba indomable, tanto más valerosa cuanto más solitaria.

Miami, Agosto 1 de 1962.

HUMBERTO MEDRANO

RUSIA EXPORTA LO QUE TIENE

Lo que le pasó a Fidel Castro es que cambió la vaca por la chiva.

Por eso falta la leche y sobran los **chivatos**.

Nos acordamos del estribillo: atacamos al "imperialismo" porque los "yanquis" nos explotan, nos agreden. Somos amigos de la Unión Soviética porque son nuestros amigos; porque nos defienden y nos ayudan.

Y con esa patraña repetida hasta la saciedad se acercó cada vez más a Rusia, firmó tratados comerciales, se entregó al comunismo y se puso al servicio de sus intereses económicos y sus planes políticos.

Los que sabían lo que significa el comunismo para los pueblos, protestaron, combatieron, se fueron. Los que creyeron en las promesas del "apóstol" esperaron confiados en el advenimiento de una extraordinaria etapa de abundancia, proporcionada por esos poderosos "amigos" soviéticos que nos iban a dar de todo sin pedir nada. Se quedaron esperando.

Porque de Rusia vinieron cañones, tanques, aviones a chorro, espías, técnicos en el arte de aplicar el terror y propaganda, mucha propaganda, pero de riqueza nada y de

SIN PATRIA, PERO SIN AMO

abundancia, cero.

Estaban supuestos a suministrarnos a precios de amigo, implementos agrícolas y maquinaria industrial. Estaban supuestos a vendernos sus productos sin recargo y a comprarnos los nuestros a precios de amistad. Pero los implementos agrícolas no llegaron. Y la maquinaria industrial no apareció. Ni la que se iba a emplear en nuevas industrias ni la que iba a reemplazar las que se irían deteriorando por el manejo torpe o paralizando definitivamente por falta de repuestos.

En cuanto a los productos, el azúcar, por ejemplo, la pagan a la mitad del precio que nos pagaban los americanos. Y aún ese precio no en dólares; la mayor parte en implementos bélicos o en productos de segunda y de tercera, a precios inflados al máximo. Como esa nauseabunda carne de lata que los propios rusos confiesan en Cuba que es carne para perros.

¿Qué ha pasado? ¿Es que Rusia no ha cumplido lo que prometió?

No, señor. Rusia ha cumplido. Rusia está mandando lo que tiene.

Si no vienen tractores, ni trilladoras, ni segadoras, es porque no las fabrican en suficiente cantidad para cubrir sus propias necesidades. Allí la industria se dedica fundamentalmente a fabricar cohetes, bombas atómicas, cosas para matar. Si no mandan comida es porque no la tienen. Si no mandan técnicos que aumenten la producción agrícola es porque los que tienen han fracasado en lograr ese aumento en su propia tierra.

En la última sesión del Comité Central, Khruschev confesó el fracaso de su Plan Septenal, comenzado en 1959. Y acusó a los técnicos y comisarios de no saber lo que están haciendo. Refiriéndose a la República Georgiana -una de de las quince que forman la URSS- dijo sarcásticamente:

"...el pueblo soviético les da las gracias a sus camaradas georgianos por la producción de té, pero no podría dárselas por el hecho de haber logrado solamente un ochenta y cinco por ciento de la cuota de carne y un setenta y cinco por ciento de la cuota de leche."

En ese mismo acto, los funcionarios regionales que siguieron a Khruschev en el uso de la palabra, reflejaron la misma sensación de fracaso. Zarobyan, Secretario del Partido de Armenia, dijo que había que pagarle mayores salarios a los campesinos. Usabaileu, de Kirguiz, se quejó de insuficiencia de cemento para construir graneros. El delegado Abrasimov dijo que la paralización de la productividad en el área de Smolensk se debía a que siete mil poblaciones del área carecían de electricidad. Por su parte, Kabin, el delegado de Estonia, demandó más fertilizantes para mejorar la ruinosa producción de su país tragado por el comunismo.

Si éstas son las realidades en Rusia, ¿qué es lo que van a mandar para Cuba sino lo que acaban de mandar: escasez y racionamiento?

No. Rusia no ha fallado.

Rusia exporta lo que tiene.

El comunismo es desorden: eso nos mandaron para Cuba.

El comunismo es odio: eso nos mandaron para Cuba.

El comunismo es terror: eso nos mandaron para Cuba.

El comunismo es hambre: eso nos mandaron y eso tenemos en Cuba.

Los que han fallado son los que nos vendieron al monstruo. Los que en nombre de una explotación "imperialista" inexistente, nos entregaron a la explotación del comunismo y a la miseria del comunismo.

Los que no lo creyeron cuando lo avisamos, deben estarlo comprobando hoy en las colas de racionamiento. Esas que por primera vez se están viendo en Cuba en sus sesenta años de república.

¿Se acuerdan de aquella matraca de la ''libertad con pan'', "pan sin terror"?

Ahí los tienen.

La libertad en el paredón, el pan en las libretas de racionamiento y el terror en todas partes.

Miami, Marzo 21 de 1962.

HUMBERTO MEDRANO

DUROS CON LOS BLANDOS Y BLANDOS CON LOS DUROS

En el caso de Haití la OEA se encuentra funcionando a todo vapor. Sus miembros más distinguidos salen a la palestra. Sus funcionarios más conspicuos hacen llamamientos, ponderan la gravedad del conflicto, marchan al lugar de los hechos en raudos viajes de inspección. Bien se ve que Duvalier no tenía cohetes en Haití.

Conforta, sin embargo, ver a un organismo internacional en estado de alerta cuando algún gobierno pone en peligro la paz o la solidaridad que ese organismo representa y propugna. Lástima que en todos los casos no se demuestre el mismo celo.

Porque el caso de Cuba es más grave y más peligroso que el de Haití y hasta ahora no hemos visto nada más que palabras. Y algunas de ellas bastante deprimentes.

Se nos dirá que en el caso de Cuba no existe la posibilidad de un conflicto inmediato entre dos naciones miembros de la OEA. A nuestro entender eso no es más que una apreciación superficial. Si se analiza un poco, en el acto se descubre que los elementos que la forman sirven más para colaborar una disculpa que para fundamentar una diferenciación. Porque si Haití está en conflicto circunstancial con Santo Domingo, Cuba comunista está en conflicto per-

SIN PATRIA, PERO SIN AMO

manentemente con las veinte repúblicas americanas por la constante amenaza que constituye para su seguridad económica y política. Eso lo saben todos. Lo que pasa es que Fidel Castro tiene padrinos y Duvalier, no.

Con esto no estamos justificando al gamonal haitiano. Pero sí quisiéramos que todos los que condenan sus desafueros con explicable indignación, no justifiquen con su abstención y su silencio los del sangriento gamonal ruso-cubano, mil veces peor que Duvalier.

No hay duda que el dictador haitiano ha cometido desmanes que merecen la reprobación de todos los que luchan porque en el mundo predomine la ley sobre la fuerza. La naturaleza impositiva de su régimen ya es pecado suficiente de lesa libertad. Pero lo que sorprende a todos los hombres que aman con pasión la equidad y la justicia es que tantos pongan los ojos en blanco ante esos hechos y sin embargo los cierren vergonzosamente ante el cadalso que el castro comunismo ha levantado en Cuba hace cuatro años para todo principio donde se asientan la democracia, la libertad y la dignidad humana.

Duvalier se ha declarado dictador en Haití, pero que sepamos no existen agentes de Duvalier agitando los sindicatos obreros, los centros educacionales o los institutos armados en el resto de América.

Duvalier ha constituído una tiranía política dentro de su país, pero que sepamos, no infiltra propaganda subversiva ni saboteadores o guerrilleros entrenados en suelo haitiano para que vayan a estremecer con su veneno dialéctico, sus atentados dinamiteros o sus insurrecciones, los cimientos vitales de ningún gobierno democrático de América Latina.

Duvalier ha desatado la violencia y la persecución interna de sus adversarios políticos, incluyendo la separación del Ejército de gran parte de una oficialidad que no aprueba sus métodos de represión. Pero en cambio Fidel Castro, ha fusilado y sigue fusilando en Cuba por millares a todo el que se opone al comunismo, sean militares o civiles, hombres o mujeres, viejos o jóvenes, nativos o extranjeros.

Duvalier encendió la cólera concebible de Juan Bosch rodeando la Embajada de Santo Domingo en Haití, porque ello constituía una afrenta y un reto al pabellón dominicano. Fidel Castro ha allanado las sedes diplomáticas de Ecuador y Uruguay y sus esbirros han asesinado a varios cubanos que han intentado entrar en ellas. Muertes misteriosas han ocurrido dentro y en las inmediaciones de las sedes diplomáticas de México y Brasil, en las personas de asilados y miembros de las cancillerías. Que sepamos, a nadie han conmovido esos desmanes sangrientos, que se han diluído en el intercambio azucarado de unas cuantas notitas diplomáticas.

Véase, por encimita, en cuantos aspectos condenables supera Castro a Duvalier. Pero es que también lo supera en armamentos. Y este último aspecto es el que parece determinar a quienes a pesar de la ausencia de elecciones y la presencia de tropas rusas en Cuba, esgrimen para justificar su inercia los gallardetes desacreditados de la "no-intervención" y la "auto-determinación."

Con estas consideraciones no pretendemos molestar a nadie, ni dictarle a nadie pautas sobre el cumplimiento de sus deberes. No somos quienes. Tampoco intentamos reclamar - nadie se asuste - la invasión de Cuba por parte de ejércitos de la OEA. De la batalla final en nuestra patria

SIN PATRIA, PERO SIN AMO

y de la victoria final, ya nos encargaremos los cubanos. Solo pretendemos que algunas directivas y gobiernos sepan que sus actitudes enérgicas de hoy no puedan tapar las claudicaciones de ayer o de mañana. Y que si son muchos los haitianos en peligro de caer bajo las ametralladoras de los Ton Ton Macutes de Duvalier, no son menos las insignes espaldas latinoamericanas que están también en peligro de ser pegadas al paredón de Fidel Castro.

Paredón que no es fijo, sino portátil, para mejor servir los objetivos internacionales de la revolución marxista-leninista que Fidel Castro distribuye desde Cuba, territorio soviético de América.

Miami, Mayo 10 de 1963.

HUMBERTO MEDRANO

UN NUEVO DIARIO

Cada vez que la escasez y la miseria asoman su feo rostro en algún sitio, los comunistas lo retratan y le ponen debajo: "Esta es la cara de la democracia capitalista."

Ya va siendo hora de que se exhiban la escasez y la miseria que reinan en los "paraísos" soviéticos y se les ponga al pie: "Esta la verdadera cara del comunismo."

Cara que ellos mismos no tienen más remedio que asomar algunas veces, cuando tratan de tranquilizar con promesas de rectificación el malestar interno que provoca el fracaso de un sistema basado en el despotismo, la improvisación y la mentira.

Así, no es la primera vez que leemos informaciones procedentes de Rusia, reconociendo los disparates de su política agraria que, como es natural, siempre tratan de lavar como lavó su honor el marido engañado del cuento: vendiendo el sofá. Es decir, cesanteando e incluso encarcelando a algún burócrata cuyo pecado consistió en cumplir al pie de la letra los planes del gobierno.

Hace unos días, lo comprobamos por enésima vez.

Según el famoso perito en cuestiones agrícolas, Gennedi Voronov, la agricultura rusa está atravesando una de sus crisis peores. Hablando en la Segunda Plenaria del

SIN PATRIA, PERO SIN AMO

Comité Central del Partido Comunista, el camarada Voronov, que además es Vicepresidente del Partido en una de las quince repúblicas socialistas soviéticas, se refirió de manera concreta al fracaso de los planes agrícolas en la URSS.

Como es usual en estos "shows" de auto-crítica, ni Voronov asumió la responsabilidad del fracaso ni mucho menos osó atribuírsela a Khruschev. Le echó la culpa a Stalin "por su política de culto a la personalidad."

Esta excusa hoy tan de moda entre los oligarcas del Kremlin y sus títeres internacionales, no es nada extraño para el pueblo ruso. Pero lo que sí resulta bastante extraño es aceptar que Stalin, muerto en 1953, pueda echar a perder las cosechas y la manufactura de los productos del agro en 1961-62.

Por boca de Voronov, nos hemos enterado también de un dato sumamente interesante: en 1960 los Estados Unidos poseían menos cerdos que la Unión Soviética.

Claro que en eso de producir puercos nadie le gana a los comunistas; pero esto no es lo importante. Lo importante y lo grave, según el propio Voronov, es que los Estados Unidos, a pesar de tener menos cerdos, superaron por millones de toneladas a la Unión Soviética en la producción de carne porcina y sus derivados. Lo que prueba que el "paraíso" soviético necesita, que les exportemos unos cuantos "capitalistas explotadores" y otros tantos campesinos y obreros "oprimidos" para ver si mejora su producción.

Al mismo tiempo, el camarada Voronov reconoció la necesidad de desechar los famosos cultivos rotatorios inventados por Khruschev y arruinados por ese demonio de Stalin que desde su tumba no cesa de meterse en todo.

-Es preciso- exclamó el camarada Voronov que intentemos resolver de otra manera las tremendas dificultades de la producción agrícola que estamos confrontando.

¿Y saben ustedes cuál es una de esas tremendas dificultades? Pues nada menos que ésta:

—Actualmente —confesó el perito agrícola— muchas tierras permanecen infecundas o se siembra en ellas hierba o trébol, impidiéndose así que rindan cosechas aprovechables todo el año.

¿Qué les parece?

¿Cómo se explica que en Rusia existan tierras improductivas después de haber proscripto el latifundio e implantado la Reforma Agraria hace más de cuarenta años?

¿Qué se han hecho de las bienandanzas de la economía dirigida, los planes quinquenales, los cultivos intensivos y la "enorme productividad" de la tierra cuando su explotación pasa a manos del Estado?

¿Cuáles son los motivos de ese fracaso estrepitoso?

Ellos tienen una respuesta: el fracaso se debe al entrometimiento constante del cadáver de Stalin en la política del gobierno con sus tesis nocivas del culto a la personalidad. Esa al menos, fué la que dió el repolludo Voronov; y se quedó tan campante.

Pero esto no es todo.

El pasado día seis, Khruschev declaró a Rusia y al mundo, que "en 1980 cada ruso podrá comerse un huevo diario". La radio de Moscú proclamó a los cuatro vientos la buena nueva. Por ella nos enteramos que dentro de 18 años, ni uno más ni uno menos, en el "paraíso" soviético cada ruso podrá comerse un huevo diario.

Este huevo, solitario y reluciente, ha de ser el símbolo de los altos niveles de producción y consumo que en 1980 habrá alcanzado el sistema comunista a los 63 años de su advenimiento al Poder. Y al mismo tiempo, ese hue-

SIN PATRIA, PERO SIN AMO

vo, que en 1980 podrá comerse diariamente un ruso, será exactamente la mitad de la ración que podía comerse a diario cualquier cubano antes de que el comunismo se apoderara de Cuba.

¿Se explican ahora la tragedia cubana? ¿Se dan cuenta por qué aquéllo es un desbarajuste con las industrias inactivas, los campos asolados y la producción por los suelos? ¿Qué otra cosa podía pasar después que los rusos, a través de Fidel Castro, nos impusieran unos técnicos que en su propia tierra no producen lo que necesitan ni han podido resolver sus propios problemas de vivienda y subsistencia? ¿Qué podían enseñarnos estos estúpidos que todavía no han resuelto el problema de las tierras improductivas, ni siquiera el de poderse comer un huevo diario? ¿Calibran ahora el crimen monstruoso cometido por Fidel Castro y su pandilla de facinerosos internacionales, entregando en las manos chapuceras de extranjeros imbéciles un país económicamente floreciente que ocupaba -y ahí están las estadísticas de la ONU y de la UNESCO- uno de los primeros lugares de la América en producción y consumo?

Por eso arrasaron con toda la riqueza; con la ganadería cubana, una de las más finas del mundo; con la producción tabacalera, cafetalera y arrocera; por eso, por primera vez en su historia, en Cuba no hay carne, ni huevos, ni manteca, ni frijoles, ni maíz, ni viandas, ni vegetales, ni frutos menores y hasta el azúcar van a racionar. Por eso en Cuba solo hay hambre, miseria y paredón.

No otra cosa podría haber con el comunismo. Porque el comunismo es un sistema bajo el que prospera solamente el odio. Y el odio no hace producir la tierra, ni trabajar al hombre, ni poner a las gallinas.

Miami, Marzo 11 de 1962.

HUMBERTO MEDRANO

PAREDON Y FUSILES: SIRVANSE LOS PUEBLOS

Rusia se encuentra en estos momentos frente a un dilema perentorio: armas o comida.

Su capacidad bélica es imponente. Tienen millones de soldados, millares de cohetes, cientos de bombas atómicas. Hace poco estallaron una de cincuenta megatones. Pero hasta 1980, según confesión del propio Khruschev, el ruso no podrá comerse un huevo diario. Son expertos en la producción de cosas para matar, pero han fracasado en la producción de cosas para vivir. Esa es su tragedia. La de Rusia y la de todos los países comunistas. China, por ejemplo.

En 1949 tomaron los comunistas el poder. Venían para acabar de una vez con el hambre y con los privilegios. Venían, pues, a traer pan y justicia. Frente al militarismo rapaz de Chiang-Kai-Shek, la austeridad pacifista de Mao. Todo sería diferente. Una nueva China justa, fecunda y generosa, se daría amorosamente a sus quinientos millones de hijos.

Pero en 1962, trece años después, este es el cuadro:

En Wuhan los molinos de arroz han reducido considerablemente su producción; la ración de arroz para un mes dura tres días.

SIN PATRIA, PERO SIN AMO

En Tientsin gente hambrienta se arrastra bajo las alambradas que circundan los campos de maíz para robarse las mazorcas de las matas.

En Kwantung se han visto a los vecinos de un pueblito comiéndose la corteza blanda de algunos árboles. En otras áreas de la misma región hasta los sarcófagos están racionados. Uno por mes para el primer muerto de la fila. Los otros cadáveres tienen que esperar o ser enterrados en cajas de cartón.

En Pekín, después de semanas de retraso, el primer cargamento de pescado estaba podrido. Algunas amas de casa iracundas golpearon a un funcionario. Otro funcionario más iracundo aún, golpeó a las amas de casa.

En Honan, una comuna que poseía seis mil cerdos y producía trescientas mil libras de pescado al año se vió privada de pronto de su subsistencia. El Estado cargó con todo. Se les dejó a los trabajadores como dieta diaria algunas onzas de col picada, un plato de fideos y migajón de pan.

--Bueno-- dirán los compañeros de viaje y algún que otro idiota útil, pero esos son sacrificios que hubo que hacer en la producción agrícola para mejorar la producción industrial.

No es cierto.

Según un survey de la propia China comunista, en la provincia de Liaoning, se descubrieron a fines del pasado año cuarenta mil toneladas de mercancías abandonadas, como muestra de la anarquía que reina en la producción industrial.

Y en Mukden, debido al constante cambio de especificaciones, siete mil motores eléctricos fueron amontonados como chatarra en un basurero.

¿Qué es lo que pasa entonces?

Militarismo. Militarismo rapaz. El mismo de que acusaban a Chiang-Kai-Shek. Todo es poco para armas. Todo es poco para el ejército cuyos miembros son los únicos que comen bien. Por encima de todo, es necesario artillar el galeón pirata en que el comunismo se hace a la mar para consumar su aventura imperialista entre bandadas de palomas.

¿Qué importan, pues, la justicia y el pan?

Eso está bueno para consigna. Para paloma. Lo que quieren de verdad es el dominio de los mercados, el control de los gobiernos y la esclavitud de los pueblos.

Y después a reinar. A echar barriga como Mao, Khruschev o Fidel Castro. Y a matar.

Por eso los que crean que el comunismo viene para acabar con el hambre, terminarán comiendo fusiles como los chinos o paredón como los cubanos.

Miami, Marzo 14 de 1962.

SIN PATRIA, PERO SIN AMO

LOS CONDORES Y LOS BUITRES

Sobre las cumbres de los Andes vuelan los cóndores, arrogantes y fieros. Su vuelo majestuoso, inscribe la histórica altivez de nuestra raza en los cielos límpidos de América. Es un ave intrépida. Un ave de presa. Jamás se ha visto a un cóndor bajando al suelo a picotear migajas. Cuando desciende es para aprisionar a veces una serpienta entre sus garras y estrangularla en la córnea tenaza de su pico. El cóndor, pues, solemne y altanero, es un símbolo de independencia y de coraje. Es la parte elevada y alígera de lo que Salvador Díaz Mirón llamó "la eterna lucha entre todo lo que se arrastra y todo lo que vuela."

Desgraciadamente en América se están acabando los cóndores. Porque se están acabando la altivez, la independencia y el coraje. Porque se arrastran; porque no vuelan. Y cuando vuelan, no vuelan como el cóndor sino como las gallinas.

Quedan todavía algunos cóndores desplegando sus alas señoriales sobre las cimas augustas de los Andes del Perú. Pero no hay duda que la estirpe degenera, se extingue. Los que van quedando, cruzados de buitre o de lechuza, ya no atacan a las serpientes: se posan junto a ellas, les sonríen en entrevistas privadas, las condecoran.

Es que en definitiva en nuestra América, el **atorrante**

HUMBERTO MEDRANO

está suplantando al **gaucho**, el **encuerador** al **charro**, el **plañidero** al **araucano**, el **buitre** al **cóndor**.

Y como todos sabemos, el buitre es todo lo contrario del cóndor.

El cóndor se abalanza sobre su presa, abriendo frente a ella sus garras poderosas, su duro pico. El buitre, en cambio, alevoso, solapado, cobarde comedor de carroña, acecha a su víctima, espera a que yazga indefensa, a que muera. Porque nada hay más indefenso que un cadáver.

Por eso es que Guevara y Frondizi, dos ''Chés'' que se aprecian y se admiran, se sentaron a cambiar zalemas, a buscar perspectivas, a satisfacer apetitos e intereses sobre el cadáver de la libertad de Cuba.(¿Le habrá prometido Frondizi al Che Guevara destruir sus antecedentes penales a cambio de que el Che Guevara convenciera a Roa para que no le llamara más a Frondizi "concreción viscosa de toda excrecencia humana?'')

Por eso, mientras el democrático gobierno de Uruguay mostraba su descontento por la presencia de Guevara, Janio Quadros recibía con los brazos abiertos al atorrante y lo condecoraba con el "Cruzeiro Do Sul." Y cuando el bisojo Quadros condecoraba al atorrante Guevara, sangraron más que nunca en Cuba las heridas del capitán campesino del Ejército Rebelde; Clodomiro Miranda; las del maestro Roberto Fernández Estévez; las del estudiante Porfirio Ramírez; las del obrero Julio Casielles, asesinados todos por la dictadura de Fidel y el "Che". Y se estremecían en sus tumbas las cenizas de los heroicos soldados brasileños que cayeron peleando en Europa contra otra tiranía en la Segunda Guerra Mundial.

Pero nada de eso, ni las atrocidades del desgobierno castrista en Cuba, ni las comprobadas torturas y vejámenes a los presos políticos, ni los apaleamientos a los cre-

SIN PATRIA, PERO SIN AMO

yentes en las Procesiones religiosas, ni los fusilamientos en secreto, ni los maltratos y ultrajes a la indefensa población cubana, por parte de las brigadas de delatores oficiales comandadas por Líster y por Bayo, dos criminales a sueldo del comunismo internacional; nada de esto, repito, pudo impedirle al estrábico Quadros --un ojo en Washington y otro en Moscú- que le impusiera al Che Guevara la medalla. Nada menos que el Cruzeiro Do Sul, que significa la Cruz del Sur.

Es decir, una cruz para un ateo; una condecoración a un asesino. Aquí el famoso endecasílabo:
"En tiempo de las bárbaras naciones,
"colgaban de las cruces los ladrones;
"hoy, en el Siglo de las Luces,
"del pecho de ladrones cuelgan cruces."

Pero no nos extrañe. Quadros y Guevara son buitres de la misma pluma.

Y por eso tampoco nos extrañan los esfuerzos, que según el cable, desplegó un grupito de diplomáticos latinoamericanos para provocar, en vergonzoso celestinaje, la reunión de Goodwin y Guevara.

Dicen que nerviosos, ruborizados, retorciendo rosados pañuelos de encaje, daban carreritas de un lado para otro, le sonreían a Goodwin, le sonreían al Che, les daban empujoncitos a uno contra el otro, para que se abrazaran, para que se entendieran. Mientras tanto, se sentía el gorjeo de unas risitas que merecieron ser disimuladas tras la curva perfumada de un abanico coquetón.

Eso es lo que ha quedado de los viejos cóndores: buitres voraces, gorriones espantados, gallinas.

Bolívar, padre bravo y excelso de libertades hemisféricas: ¿Habrá muerto contigo el último cóndor de América?

Miami, Agosto 26 de 1961.

NIKITA SERGEYEVICH: PA' SU ESCOPETA...!

El comunismo, algunas veces, vence, pero no convence.

Se ha posesionado de Rusia. Tiene a China en un puño. Se ha tragado a numerosos países de Europa. Ha hincado su pezuña en América. Pero no arraiga.

Se mantiene por el terror. Se ha quedado y se quedará -no en Cuba, por supuesto- quién sabe cuántos años. Pero a base de violencia. A base de terror. Como se quedaban los bárbaros.

-Pero los bárbaros nunca se quedaron tanto tiempo- dirá usted.

Es verdad. Pero tampoco los bárbaros tenían la NKVD. Ni ese arte de engañar. Ni esa cínica habilidad para mezclar la verdad y la mentira. Ni esa fría crueldad -por muy bárbaros que fueran- para mantener empavorecidos a los pueblos esclavos con una metódica y despiadada aplicación del terror que va desde el pánico sicológico hasta la más franca y brutal violencia física.

Pero su fracaso como doctrina, como sistema político, se manifiesta a cada instante. No pasa un día sin que alguien escape de sus paraísos infernales.

Y no nos referimos al éxodo copioso e inmediato que

SIN PATRIA, PERO SIN AMO

siempre se produce cuando la tiranía roja se apodera de un pueblo. Sino a la constante evasión de los que fascinados en un principio por el estreno de su dialéctica solapada, aceptan formar parte de esa costra burocrática irremovible que Milovan Djilas llamó "La Nueva Clase."

De Cuba y del Berlín Oriental, el éxodo es impresionante. Se cuentan diariamente por miles. Sin embargo, aunque menor, no deja de ser igualmente significativa la escapada perenne de artistas, obreros, profesionales, deportistas, que año tras año se produce de la propia Rusia: la Ergástula Mayor.

¿Por qué?

Porque el comunismo, diga lo que diga, ofrezca lo que ofrezca, va contra algo que es fundamental en el hombre, consustancial al hombre: algo que es materia prima de la especie: la libertad.

Y como mata la libertad, elogiándola; como proclama el respeto y practica la intolerancia; como habla de redención y ejercita la esclavitud; como plantea el imperio del amor y se asienta sobre el predominio del odio; como postula la intangibilidad de todos los derechos humanos mientras los aniquila, es que va contra algo que es también esencial en todo hombre honesto: el amor a la verdad.

Y es por eso que los hombres honestos van saliendo a escape, cada vez que pueden, de ese fraude sangriento que es el régimen comunista, tan pronto descubren la superchería.

Citemos el caso más reciente.

El 4 de mayo del presente año, el ruso Oleg Lenchevsky escogió la libertad. Oleg Lenchevsky era un convencido. Casi un fanático. Ingeniero. Experto en obras hidráulicas. Especialista en cuestiones de irrigación de tierras áridas. Se encontraba en Londres haciendo estudios de su especialidad cerca de la UNESCO. Y decidió no volver más a Rusia. ¿Por qué?

Dejemos que nos lo diga el propio Ingeniero Lenchevsky en la carta que le dirige a Khruschev. Carta escrita con tremenda valentía teniendo en cuenta que sus familiares se encuentran aún en Rusia.

Dice así:
"Londres, 4 de mayo de 1961.
"Profundamente respetado
Nikita Sergeyevich:
"Desde hace un mes vivo en Inglaterra con una beca de la U.R.S.S. para la UNESCO. Aquí he podido obtener una información científica y técnica en relación con mi especialidad -aprovechamiento de las aguas salinas- así como un conocimiento de primera mano sobre la vida de muchas gentes en este país.

"Muchas de las cosas que he visto han reforzado mi convicción de los méritos del socialismo.

"Sin embargo, otras cosas me han llevado a concluir que existen un cierto número de irregularidades muy fundamentales en la política interior del Partido Comunista de la Unión Soviética que usted dirige, irregularidades, que no puedo admitir.

"Ya no puedo continuar suscribiendo la doctrina de una implacable e irreconciliable lucha entre las clases y contra la religión, que constituye la piedra angular de la enseñanza comunista, tanto en la teoría como en la práctica política.

"Estoy absolutamente convencido de que todo género de intolerancia para cualquier persona, incluso en nombre de los más altos ideales, no es más que un tremendo anacronismo en nuestra edad atómica y espacial, en la que tan súbitamente nos encontramos inmersos; un anacronismo que sólo puede explicarse por la existencia de cierto retraso del pensamiento humano respecto a la realidad.

"Estoy profundamente convencido, Nikita Sergeyevich, de que sólo la máxima tolerancia para con todos los individuos discrepantes o heterodoxos, incluyendo también a aquellos cuyo pensamiento nos es hostil, es el único medio para que la humanidad se salve del fractricidio en masa y de la degeneración -tanto física como moral- y de que en nuestra edad no existe otra alternativa.

"Como miembro del Partido Comunista de la Unión Soviética, debo acatar los estatutos del Partido que exigen apoyar unánimemente, sin vacilación ni crítica, la línea político-social adoptada por el Comité Central. Por otro lado, los mismos estatutos exigen que todo miembro del Partido sea absolutamente honesto y sincero para con éste.

"Siéndome imposible conciliar ambas exigencias y deseoso de seguir siendo realmente honesto y sincero para con mis colegas del Partido, así como con usted, me veo obligado a abandonar las filas del Partido.

"Dado que el Partido Comunista y el gobierno soviético son inseparables, mi salida del partido lleva aparejada la necesidad para mí de abandonar mi patria y de pedir asilo político al gobierno de la Gran Bretaña, sin tener en cuenta la gravedad que este paso supone para mí.

"Esta decisión tan dolorosa, que es sin embargo la única posible, la he tomado bajo mi plena responsabilidad y estrictamente en cuanto individuo.

"Nikita Sergeyevich:

"En Moscú, en el piso número 81 de Frenzenskaya Naberezhnaya, 36, sigue viviendo mi familia. Se compone de mi esposa Valentina Patrovna, y de mis dos hijas, Ana, de 23 años, y María, de 16. A ambas las eduqué en la idea de un apoyo y aprobación incondicionales a todo lo que han hecho el Partido Comunista de la Unión Soviética y el gobierno soviético, durante todo el tiempo que vivimos juntos y hasta el momento de mi partida.

"Le suplico que no les imponga ningún castigo, ni siquiera leve, porque son completamente inocentes. Mis otros parientes y amigos son también absolutamente inocentes en este asunto.

"Le suplico igualmente que permita a mi familia venir a Inglaterra para que nos podamos reunir aquí y discutir entre nosotros sobre nuestro futuro.

"Como yo gano aquí dinero suficiente para pagar sus billetes de vuelta, le pido que dé a las autoridades soviéticas competentes las instrucciones necesarias para que no pongan ningún obstáculo a nuestra correspondencia y para que no les impidan recibir una ayuda material completamente indispensable para ellos: mi esposa ha quedado inválida a consecuencia de la pérdida de uno de sus riñones; María padece un reumatismo del corazón que le impide trabajar y estudiar al mismo tiempo; mientras que Ana, ayudante de laboratorio, sólo gana 43 rublos al mes.

"En cuanto al material científico y profesional adquirido en este país, estoy trabajando sobre él, y tan pronto como haya terminado la tarea, enviaré un informe a la Unión Soviética, completado con alguna literatura adicional a la contenida en el paquete de libros ya enviado.

"En una carta a las autoridades de la UNESCO en París les he pedido que concedan los dos tercios restantes de mi beca a otro candidato soviético, a fin de que pueda visitar sin demora instituciones de investigación científica en Holanda y Francia.

SIN PATRIA, PERO SIN AMO

"Deseo decirle, Nikita Sergeyevich, que durante el resto de mi vida y en mis actividades futuras no realizaré ninguna acción contra los intereses y el bienestar de mi pueblo. Siento un gran respeto por usted, en cuanto persona que se esfuerza tan enérgicamente por conseguir una vida mejor para él, aunque, desgraciadamente, mediante métodos y concepciones que, en mi opinión, no corresponden en modo alguno a nuestra época.

"Creo, Nikita Sergeyevich, que con el tiempo usted se mostrará de acuerdo conmigo en muchos puntos.

"Perdóneme!
O. Lenchevsky."

Estas son las palabras honestas y sencillas de un hombre sencillo y honesto. No hay en ellas altisonancia ni apasionamiento. No hay tampoco el cinismo del tránsfuga. Ni el vocabulario retorcido e hipócrita del demagogo.

Es que, simplemente, Oleg Lenchevsky es un hombre sincero que ha descubierto la verdad. Un hombre que fué ingenuamente comunista hasta que comprobó que el comunismo se basaba en el odio y la mentira.

Por eso se aparta. Se va. Por eso renuncia a su militancia política y a su ciudadanía soviética. Por eso ha decidido recomenzar una vida nueva al comprobar que la que había llevado hasta ahora no se ajusta a los requerimientos morales que norman la conciencia de un hombre honrado.

Hay muchos Lenchevsky, conocidos o no, que año tras año escogen también la libertad. Ese es el síntoma del fracaso de una doctrina deshumanizada. Una doctrina falsa y absurda que habla de progreso y de civilización y para conseguirlos impone procedimientos cavernarios.

HUMBERTO MEDRANO

Y ese fracaso es evidente cuando se piensa -a pesar de los Gagarines, los Titoves y de todos los robots encapsulados que pongan a trotar el Cosmos- que es un sistema bajo el cual, al cabo de cuarenta años de haber sacrificado las libertades políticas en aras de un bienestar económico, se está comiendo carne de caballo.

Nikita Sergeyevich! Pa' su escopeta...!

Miami, Octubre 29 de 1961.

SIN PATRIA, PERO SIN AMO

EL FIN DE LA INFANCIA

Hay en nuestra América Hispana un curioso acomodamiento sicológico por el cual nos hemos acostumbrado a situar en los Estados Unidos de América las causas y las soluciones de todos los problemas económicos y políticos del Hemisferio.

Esa costumbre, agravada por la intriga comunista, ha degenerado en vicio que desnaturaliza y bloquea todo esfuerzo de superación hispanoamericana. Primero, porque nos coloca en una posición de falsa perspectiva para un correcto análisis del origen y naturaleza reales de nuestros problemas. Y en segundo término, porque con ese traslado de responsabilidades nos hacemos cada vez más impotentes para asumir aquellas que nos corresponden en la solución de nuestros conflictos.

Hablamos de independencia económica y política. Hablamos de alto nivel de subsistencia. Hablamos de que no debemos necesitar andadores para dirigir la vida de nuestros pueblos. Pero estamos constantemente solicitándolos.

Cada vez que culpamos a Norteamérica por todos nuestros tropiezos económicos y nuestras crisis políticas, estamos inconscientemente dándonos una excusa por nuestras debilidades y buscando en lo externo las fuerzas y recursos que debemos encontrar en nosotros mismos para resolverlos.

La queja es la prostitución del carácter -decía José Martí. Y nosotros no sólo estamos siempre quejándonos de nuestros dolores de cabeza, sino pidiéndoles a los americanos que nos regalen las aspirinas. Esto, de acuerdo con la atinadísima observación martiana, prostituye nuestro carácter nacional y nos hunde cada vez más en una dependencia internacional que debe existir solamente como fórmula de solidaridad en la defensa común de nuestros derechos y libertades, pero no como sucedáneo de nuestro esfuerzo autóctono por mejorarnos y consolidarnos como naciones fuertes y progresistas.

Cierto es que los Estados Unidos son el país líder de nuestro Hemisferio. Lo es no sólo de nuestro Hemisferio sino del resto del mundo libre. Cierto que por serlo, tiene que encarar mayores responsabilidades y realizar mayores esfuerzos que los demás como corresponde a todo liderazgo. Pero ello no debe movernos a situar en los Estados Unidos la fuente de todas nuestras venturas o desventuras. Porque el origen de los errores es bilingüe y bilingües deben ser también las rectificaciones.

Todo esfuerzo serio y propio en corregir nuestras lacras no sólo nos dará más confianza en nosotros mismos y más independencia, sino que acrecentará nuestra autoridad para poder solicitar el apoyo complementario que podamos necesitar. No olvidemos que en la medida que crezca y se expansione el respeto de nosotros por nosotros mismos, crecerá y se expansionará el respeto que le merezcamos a los demás.

Una de las inmediatas aplicaciones de esta tesis es el problema de la amenaza comunista, con sede en Cuba, territorio soviético de América. Esa amenaza hay algunos que no la ven, otros que no quieren verla y gran parte que

SIN PATRIA, PERO SIN AMO

la ven y la denuncian pero se vuelven hacia los Estados Unidos como el único recurso para iniciar y desarrollar una acción efectiva que la liquide.

Error. Esa amenaza no es sólo para Estados Unidos. Y si nos apuran diríamos que desde el punto de la subversión interna o la agresión externa, son los Estados Unidos a quienes la amenaza alcanza en menor grado.

Prueba al canto: Estados Unidos tiene estabilidad económica y política. Estados Unidos no sufre las perturbaciones internas ni es víctima de esa constante agitación subversiva que estremece los cimientos sociales y políticos en la mayor parte de los países de América Latina. Estados Unidos tiene dientes nucleares para enseñar y para morder cuando lo crea necesario.

Es por lo tanto a estos países nuestros, más indefensos, más penetrados y convulsos, a quienes corresponde trabajar con más ahinco en la creación y aplicación de las medidas tendientes a destruir esa amenaza.

Esto no quiere decir que los Estados Unidos pueden lavarse las manos en el conflicto. Ni pueden, ni quieren. Estados Unidos están conscientes de que la acción subversiva en la América Latina es la etapa inicial en la estrategia soviética para cercarlos y acorralarlos dentro de sus propias fronteras. Es absurdo pensar que no contemplan estas realidades. Pero ello significa que somos nosotros-- y Cuba lo demuestra-- las primeras víctimas.

A las naciones de Hispanoamérica debe interesar, pues, más que a nadie, impedirlo. Porque son sus cabezas las que caerán, como cayó la nuestra.

Y después que eso ocurra, unos se compadecen y otros se indignan de que uno ande por ahí sin cabeza, pero nadie arriesga la suya por ayudarnos a recuperarla.

Ténganlo en cuenta los pueblos más amenazados.

HUMBERTO MEDRANO

Y tengámoslo en cuenta nosotros los cubanos en esta hora en que nos unimos para superar nuestra desgracia o nuestra desgracia se apolilla en las gavetas de la OEA. O se enquista en un mapa mundi bajo una banderita roja de esas que marcan las "zonas conflictivas" que hay que manejar con "cuidado" para que "no se extiendan."

Miami, Mayo 3, 1963.

SIN PATRIA, PERO SIN AMO

TRAFICANTES EN CUEROS

Según el cable, el gobierno democrático del Uruguay acaba de firmar un convenio comercial con la dictadura comunista de Cuba. Según dicho convenio, el gobierno democrático del Uruguay comprará quince mil toneladas de azúcar a la dictadura comunista de Cuba al precio de ciento cuarenta y cinco dólares la tonelada. Ello supone que el gobierno democrático del Uruguay estará debiéndole 2.175.000 dólares a la dictadura comunista de Cuba.

Pero la dictadura comunista de Cuba comprará a su vez, quince mil toneladas de arroz del gobierno democrático del Uruguay por la cantidad de 2.500,000 dólares. Ello supone que la deuda del gobierno democrático del Uruguay con la dictadura comunista de Cuba queda casi saldada.

La diferencia entre los 2.175,000 dólares de la primera operación y los 2.500,000 de la segunda, posiblemente lo absorban otros embarques del gobierno democrático del Uruguay a la dictadura comunista de Cuba, consistentes en semillas, neumáticos y principalmente, cueros. Con lo cual puede decirse que el saldo final del convenio comercial entre ambos gobiernos -el dictatorial de Cuba comunista y el democrático del Uruguay -será en cueros.

Y se comprende. Porque se dan las condiciones requeridas para toda transacción comercial. El gobierno democrático del Uruguay dispone de cueros suficientes para la exportación. La dictadura comunista de Cuba necesita los cueros para aliviar la aguda escasez de zapatos que está sufriendo el pueblo cubano. Es lógico, pues, que en las conversaciones amistosas entre los representantes de la dictadura comunista de Cuba y los del gobierno democrático del Uruguay, hayan llegado a un acuerdo respecto a la aceptación de ese artículo para saldar el convenio.

Incluso nos parece oirlos arribar a ese acuerdo con las frases de ritual:

-¿Quedamos, pues, en cueros, para el saldo total?- habrán preguntado los representantes de la dictadura.

-Quedamos en cueros- habrán respondido solemnemente los representantes de la democracia.

Pero estos detalles económicos del arreglo no son precisamente los más singulares ni representativos del convenio. Hay ciertos antecedentes que hacen este convenio particularmente significativo.

El primero que nos viene a la mente es el de la última reunión de Presidentes celebrada en Costa Rica. De allí surgió esa hermosa tesis de rodear a la dictadura comunista de Cuba de "una muralla de hombres libres y dedicados" y así obligarle a freírse en su propia salsa.

Creemos que a los boquetes que ya le han venido abriendo a esa muralla los gobiernos democráticos de México, Brasil y Chile, debemos añadir este otro que habrá de ser lo suficientemente grande como para que los barcos del gobierno democrático del Uruguay, cargados de arroz y cueros para la dictadura comunista de Cuba, puedan atravesar la muralla en viaje de ida y por supuesto en el viaje de vuelta, cargados de azúcar de la dictadura comunista de

SIN PATRIA, PERO SIN AMO

Cuba para el gobierno democrático del Uruguay.

Gobierno que, si no está equivocada el acta final de la reunión que celebrará la OEA en Punta del Este, en enero de 1962, firmó los siguientes acuerdos textuales:

"Primero: Que la adhesión de cualquier miembro de la Organización de Estados Americanos al marxismo-leninismo es incompatible con el sistema interamericano, y el alineamiento de tal gobierno con el Bloque Comunista, quebranta la unidad y la solidaridad del Hemisferio.

"Segundo: Que el actual gobierno de Cuba, que oficialmente se ha identificado como un gobierno marxista-leninista, es incompatible con los principios y propósitos del sistema interamericano.

"Tercero: Que esta incompatibilidad excluye al actual gobierno de Cuba de participar en el sistema interamericano".

A juzgar por el reciente convenio comercial de que hemos hablado, parece que esta exclusión, reconocida y suscrita por el gobierno democrático del Uruguay, no reza en lo que respecta a comerciar en azúcar, en arroz y en cueros con la dictadura comunista de Cuba.

Véase como ciertos renglones del tráfico mercantil hacen compatible con el sistema interamericano en junio de 1963, a un gobierno marxista-leninista que en enero de 1962 era incompatible con ese sistema, según declaración expresa de la casi totalidad de sus miembros, incluyendo al gobierno democrático del Uruguay.

Miami, Junio 30 de 1963.

HUMBERTO MEDRANO

VEAMOS, SEÑOR DON OCHOTECO...

El Encargado de Negocios del Uruguay en Washington, señor Don B. Ochoteco, envía una carta al señor Francisco Aguirre, Vicepresidente y Editor del "Diario Las Américas", en respuesta a un artículo del que suscribe. Fué publicada ya en la Sección "Cartas al Director" de este periódico. Sin embargo, por respeto al sagrado derecho de discrepar, vamos a reproducirla en nuestra columna. Y por supuesto, a contestarla.

Dice así el señor Don Ochoteco:

"En la edición del 30 de junio último de su prestigioso Diario, apareció el artículo "Traficantes en Cueros", en que se ataca en forma incorrecta e injusta a mi país. El autor del artículo, doctor don Humberto Medrano, centra sus comentarios - y de ellos deriva sus críticas - alrededor de un acto de comercio exterior del Uruguay y alude irrespetuosamente a su "gobierno democrático" y a presuntos incumplimientos de compromisos internacionales contraídos. por él.

"Para construir, mantener y perfeccionar sus modestas instituciones democráticas, el Uruguay no ha precisado los servicios de mentor y monitor del doctor Medrano - por grande y reconocida que fuere su especialización en la ma-

SIN PATRIA, PERO SIN AMO

teria - servicios que quizás hubieran sido necesarios en otros lugares para prevenir o modificar ciertas situaciones y ahora, felizmente, el Uruguay tampoco precisa los de censor del mismo crítico para corregir los errores que éste le atribuye.

"Sobre el caso concreto de que se ocupa el autor, corresponde destacar que el Uruguay, como lo hacen muchas naciones de indiscutibles ejecutorias democráticas, separa lo comercial de lo político en la conducción de sus relaciones con el extranjero. Al defender sus rubros de exportación, el Uruguay usa los canales de que dispone, de acuerdo con su necesidad y su conveniencia, sin claudicar de sus convicciones de orden político, según lo prueba por ejemplo, su adhesión al instituto del asilo diplomático."

Veamos, señor Don Ochoteco:

En primer término, permítanos poner ciertas generalizaciones en su sitio. Nosotros ni fuimos incorrectos, ni injustos con su país. Criticamos a su gobierno. Y su gobierno representa a su país, pero no lo constituye. Y lo representa transitoriamente. Luego hemos criticado a una representación transitoria, no al país mismo. Su país existía antes que su gobierno. Seguirá existiendo después de él. Incluso a pesar de él.

Por tanto, quedamos en que hemos criticado a su gobierno. Pero aún siendo así, tampoco lo hemos criticado en forma incorrecta o injusta. Cada vez que le aludimos, le llamamos gobierno democrático del Uruguay, tal y como usted no ha tenido más remedio que reconocer al entrecomillar nuestras palabras. Que sepamos, llamarle democrático a un gobierno no es irrespetuoso, ni injusto, ni incorrecto Aunque reconocemos que en algunos casos y en vista de ciertas actitudes, el término más que una calificación, es un sarcasmo.

Tal vez lo que a usted le pareció deprimente fuera que en cada ocasión que nos referimos a su gobierno lo mencionamos en unión de la dictadura comunista de Cuba. La culpa no es nuestra. Es de ese gobierno democrático que no ha tenido escrúpulos en andar del brazo de una dictadura.

En segundo término, nos gustaría aclararle que nosotros no aludimos como usted dice, a "presuntos" incumplimientos de compromisos internacionales, sino que señalamos con texto y número, esos incumplimientos.

Dijimos entonces y seguimos manteniendo ahora, que todo país de América, firmante del Acta de Punta del Este donde se declaró al gobierno marxista-leninista de Cuba incompatible con el sistema interamericano y en consecuencia se le excluyó de él, no puede, sin ir contra sus propios actos, tener relaciones de ninguna clase con ese gobierno proscripto. Mucho menos relaciones comerciales que coadyuvan a fortalecer económicamente a un régimen que según la letra de esos acuerdos - firmados por la representación del Uruguay - "quebranta la unidad y la solidaridad del Hemisferio y es incompatible con los principios y propósitos del sistema interamericano."

Pero hay más, señor Don Ochoteco, mucho más. ¿Recuerda el señor Encargado de Negocios los acuerdos de Bogotá de 1948? En ellos declaró la OEA lo que sigue:

"Que por su naturaleza antidemocrática y por su tendencia intervencionista, la acción política del comunismo internacional o de cualquier totalitarismo es incompatible con la concepción de la libertad americana, la cual descansa en dos postulados incontestables: la dignidad del hombre como persona y la soberanía de la nación como Esta-

SIN PATRIA, PERO SIN AMO

do."

Si su país no ha protestado esos acuerdos ¿no está incumpliéndolos su gobierno cuando ayuda económicamente a un régimen que se ha declarado militante del comunismo internacional? ¿No está abjurando de esos principios y haciendo peligrar esa libertad americana cuando entra en un modus vivendi de mutuos beneficios con un gobierno que viola esencialmente esos dos postulados: el de la dignidad del hombre como persona cuando fusila sin juicio ni procedimiento legal, y el de la soberanía de la nación como Estado cuando permite que un poder extraño ponga y quite en su territorio armas mortíferas sin consultarle siquiera?

Dice el señor Don Ochoteco que "para construir, mantener y perfeccionar sus modestas instituciones democráticas, el Uruguay no ha precisado los servicios de mentor y monitor del doctor Medrano, servicios que quizás hubieran sido necesarios en otros lugares para prevenir o modificar ciertas situaciones."

Efectivamente, señor Don Ochoteco, esa gran nación que es el Uruguay no ha precisado de mis servicios para construir y perfeccionar sus instituciones democráticas que son orgullo de América. Ellas han sido el producto del esfuerzo de un pueblo noble, inteligente y culto, que a partir de la alborada de 1903, cuando fuera elegido el notable estadista Don José Batle y Ordóñez, ha venido fortaleciendo durante más de sesenta años esas instituciones.

Lo que resulta lastimoso es que después de tanto tiempo y tanto esfuerzo, gobernantes por debajo de su destino y de su historia, vengan a poner la obra en entredicho e incluso a arriesgarla en vergonzosos tajaleos con el más sangriento despotismo que ha padecido América.

En cuanto a su velada insinuación de que tal vez mis

servicios de crítico hubieran sido necesarios en Cuba, debo decirle al señor Don Ochoteco que como estudiante, como abogado y como periodista, he combatido en mi patria todos los regímenes dictatoriales. Que en "Prensa Libre" sostuvimos contra esa pavorosa tiranía castrista más de ocho meses de desigual batalla, denunciando al comunismo combatiéndolo y defendiendo a ultranza la democracia y la libertad. Hasta que caímos peleando, el día que la mentira armada pudo más que la verdad desarmada. Y el periódico fué ocupado por fuerzas militares. Nosotros salvamos la vida asilándonos en la Embajada de Panamá. Claro que todavía podríamos estar en Cuba. Pero, para ello, señor Don Ochoteco, tendríamos que tener su mismo criterio en cuanto a que es posible comerciar y mantener al mismo tiempo las convicciones. Como no pensamos así, es que optamos por sacrificar el periódico de mayor circulación de Cuba el 16 de Mayo de 1960.

Dice usted que Uruguay, como muchas otras naciones de indiscutibles ejecutorias democráticas, separa lo comercial de lo político. Vea usted los peligros de entrar en estos chalaneos. Antes, el Uruguay era un ejemplo. Ahora sus personeros tienen que andar buscando justificaciones en parangón con ciertos países que nunca han alcanzado la estatura democrática y moral del Uruguay.

Usted me trae a la memoria a esos niños que cuando se portan mal y alguien les requiere salen diciendo: ¡Pero si Fulanito lo hace!

No, señor Don Ochoteco. Mal de muchos es consuelo de tontos. Que haya quienes se relacionen con ladrones y asesinos, no es razón para que las personas decentes los imiten. Que haya gobiernos rapaces que se entiendan con tiranos y saquen beneficios del dolor de los pueblos, no

SIN PATRIA, PERO SIN AMO

quiere decir que los gobiernos decentes los remeden.

No, señor Don Ochoteco. No se puede separar lo comercial de lo político, ni de lo moral, Por la misma razón de que no se puede, sin merma de prestigio, condenar un crimen y comerciar con quienes lo cometen. Por andar haciendo tantas distinciones y aceptando tantas justificaciones, es que el comunismo, - doctrina que plantea como cuestión esencial que el fin justifica los medios - avanza sobre sociedades prematuramente decrépitas.

No, señor Don Ochoteco. Es preferible que el Uruguay no venda sus cueros si ha de recibir por ellos dinero manchado con la sangre de niños mártires como Porfirio Ramírez, Alberto Tapia Ruano, Virgilio Campanería Angel, Julio Yebra Suárez y Manolito Guillot. Es preferible que el Uruguay no venda su arroz si ha de venderlo a precios de opresión para otros pueblos. Es mejor que el Uruguay pague más caro el azúcar y rechace las "conveniencias" que usted proclama con tal de no envolver su prestigio en un negocio con los que han arrasado en Cuba con todo vestigio de libertad y dignidad humana y se disponen a hacer lo mismo en el resto de América.

Que comercien otros, señor Don Ochoteco, que especulen otros. Que saquen otros utilidades de la traición y el crimen. En definitiva, todos les conocemos. Todos sabemos que por mucho que presuman de independencia, tienen un precio y se venden al que se los pague.

Pero no el Uruguay. El Uruguay siempre ha sido un ejemplo. El Uruguay tiene un pedestal de admiración y de respeto en los corazones de todos los hombres libres que no debería ceder por todo el oro del mundo. Los miles de hombres, mujeres y niños que lo han perdido todo por un ideal de libertad y de justicia; los miles de hombres, mujeres y niños que están muriendo hoy en Cuba por no claudicar en sus principios y en su fe cristiana, necesitan saber que su sacrificio no ha sido, ni es en vano. Que hay hombres, gobiernos, naciones que, no son capaces de sacar utilidad de su tragedia ni de comerciar con sus verdugos. Que aún quedan limpieza honorable y consecuencia honorable en América Latina. Que aún quedan ejemplos que seguir y que imitar, e ideales por los que vale la pena luchar y morir.

Que aún queda el Uruguay.

Miami, 14 de Julio de 1963.

SIN PATRIA, PERO SIN AMO

LOS "TRUCOS" DEL DR. TRUCCO

El voto del Embajador de Chile ante la OEA, Dr. Manuel Trucco, contra la propuesta del Comité de Seguridad de ese organismo, es tan deprimente como nocivo.

Hemos leído cuidadosamente sus manifestaciones del día de la sesión. A posteriori, hemos hurgado con esmero en sus declaraciones al DIARIO LAS AMERICAS explicando su voto. Anhelábamos, por respeto a Chile, encontrar alguna justificación de su actitud. Confesamos con tristeza que no la encontramos.

Sus razones, puramente formales, evaden la raíz de la cuestión, para quedarse por las ramas del procedimiento y la competencia. E incluso en la arena movediza de las contradicciones.

Esto ha convertido sus razones en excusas. Y con excusas no se respetan las tradiciones democráticas de Chile. Ni se preservan las libertades de este Continente, ni se sirven los sagrados intereses de las naciones que lo integran.

Aparte de que va ya resultando singular que cada vez que se trata de acordar en la OEA alguna medida restrictiva para las actividades subversivas del comunismo en América, siempre surgen jurisperitos tratando de enervarlas. Y sin embargo, a esos jurisperitos que se pasan la vida filtrando jurídicamente toda acción defensiva de la democracia contra la acción corrosiva del comunismo, jamás se les ocurre una fórmula con todas las de la ley, para impedirla.

¿Qué pretendía la debatida resolución? Pretendía, en síntesis, exhortar a los Estados miembros de la Organización de Estados Americanos a aplicar medidas para combatir la subversión comunista en América.

Esas medidas consisten en que los Estados miembros ejerzan estricto control sobre los documentos de viaje: prohiban los viajes a Cuba comunista y suministren a los funcionarios de Inmigración y de fronteras los nombres de los agentes comunistas conocidos.

Consisten tambien en recomendaciones a los gobiernos del Hemisferio para que intercambien informaciones sobre las actividades comunistas en América y para que impongan restricciones a la propaganda comunista, así como severa vigilancia a las misiones comerciales y técnicas de los países del bloque comunista. Nada más. Y nada menos.

Contra esas medidas votó, en nombre de Chile, el Excelentísimo señor Don Manuel Trucco.

Estas son sus razones:

Dice el Dr. Trucco que de ser puestas en práctica las recomendaciones del informe, podrían aprovecharse para restringir las libertades civiles en las naciones del Hemisferio. Que algunas de esas recomendaciones constituían una violación de la constitución chilena. Y que además, cuando la Comisión asesoró al Consejo, estaba violando el mandato de la Resolución del órgano de consulta, para lo cual no se halla facultado dicho organismo.

Eso dijo en la sesión. Posteriormente añadió:

SIN PATRIA, PERO SIN AMO

"Chile mantiene una política ajustada al campo jurídico y de ninguna manera se relaciona con problemas políticos existentes."

Y recordando sus palabras de la sesión, dijo:

"Agregué que la Comisión Especial de Seguridad estaba obrando al margen de su mandato y en violación de la carta de la OEA que consagra entre otros, la inviolabilidad de los Derechos Humanos."

Es decir, que el Dr. Trucco tiene cuatro preocupaciones fundamentales:

1.- Que se cumplan la Carta de la OEA, sus reglamentos y sus resoluciones.

2.- Que se respeten las libertades civiles en el Hemisferio.

3.- Que no se viole la Constitución de Chile.

4.- Que no se violen los Derechos Humanos.

Son altamente conmovedoras las preocupaciones del Dr. Trucco. Pero sería mejor que no las tuviera. O que las tuviera siempre; no solamente cuando surgen medidas que perjudican al comunismo.

Porque quien se preocupa por las atribuciones que tienen o no los órganos de la OEA, debería también preocuparse por el cumplimiento de las bases y principios sobre los que se asienta ese organismo y que recoge el artículo 5to. de su Carta Constitutiva, entre los cuales reza el que sigue:

"La solidaridad de los Estados Americanos requiere el ejercicio efectivo de la democracia representativa."

Sin embargo, su gobierno está quebrando la norma - en su letra y en su espíritu - cuando a través de relaciones comerciales y diplomáticas se hace solidario de una tiranía sangrienta que ha abolido la base de toda democracia representativa: el sufragio universal.

Dignas de aplauso son las preocupaciones del Dr. Trucco con respecto a las libertades civiles. Pero debería tenerlas no solamente cuando se pretende restringir el peligroso tráfico de saboteadores comunistas desde Cuba para toda la América, sino también en el momento mismo que bajo la dictadura comunista, desaparecieron en Cuba todas las libertades.

Respetables en grado sumo resultan sus preocupaciones porque las resoluciones de la OEA no violen la Constitución de Chile. Pero estas preocupaciones debieron asaltarlo también en el instante mismo que su gobierno decidió mantener relaciones con una tiranía que ha abolido la Constitución en su país, comprometido su soberanía y cedido su territorio para el emplazamiento de armas mortíferas a un poder extranjero. Porque estamos seguros de que la Constitución de Chile instituye precisamente todo lo contrario.

Por último, no hay duda que son merecedoras de encomio las preocupaciones del Dr. Trucco por la intangibilidad de los Derechos Humanos. Pero debió tenerlas con parejo fervor, no sólo cuando se trata de restringir la propaganda disolvente del comunismo o de vigilar las actividades de sus misioneros sombríos, sino cada vez que en Cuba un grupo de esbirros se constituye en tribunal en cualquier parte de la Isla y juzga, condena y ejecuta a un ciudadano, para escarnio de todo derecho y de toda dignidad humana.

No, señor Trucco, ya esos trucos cansan. Eso de que Castro asesine hombres y libertades y ustedes se callen; y cuando los demás quieren evitar que esa mala semilla se reproduzca ustedes empiecen a dar alaridos legalistas, es

SIN PATRIA, PERO SIN AMO

algo no sólo deprimente y nocivo, sino vergonzoso.

Porque ni su país puede encerrarse en una campana neumática jurídica como usted quiere, ni usted puede estar apelando a la inviolabilidad de las libertades civiles un día e ignorándolas otro, mientras por defenderlas, hay hombres cayendo ante esa sólida infamia del paredón.

No, Dr. Trucco. Hay que estar a las verdes y a las maduras. Porque cuando la sangre está corriendo no hay trucos legalistas que puedan estancarla. De la misma manera que no hay retórica jurídica capaz de ocultar el crimen que ha cometido en Cuba el Comunismo Internacional, con la complicidad de algunos gobiernos de América.

Miami, 10 de Julio de 1963

UNO DE TANTOS

Eran las once de la mañana en el pobladito de Arroyo Arenas, perteneciente a la provincia de La Habana y situado a unos veinte kilómetros de la Capital. El sol brillaba alto, en el cielo. Sin embargo, en Arroyo Arenas era la hora oscura del terror.

Un automóvil color verdeolivo, con las insignias del G-2, se detuvo frente a una tiendecita de víveres. Un sargento y un soldado, armados con metralletas checas, se bajaron del auto e irrumpieron en el pequeño comercio.

-¡Que nadie salga de aquí! - ordenó el sargento. Y después de pasear la vista por el local, preguntó bruscamente:

-¿Quién es Cuco?

-Yo... -contestó temblando detrás del mostrador un hombre como de unos 30 años.

-¿Y Matías?...

El soldado que estaba a unos pasos del sargento descargó un culatazo sobre un individuo de mediana edad que caminaba hacia la puerta.

-¡Se dijo que nadie saliera...! -gruñó mientras montaba el arma.

-Yo soy Matías,.. -gimió el golpeado llevándose las

SIN PATRIA, PERO SIN AMO

manos al pecho.
　-¡Vengan...! -dijo secamente el sargento.
　-Pero ... ¿qué hemos hecho? -se atrevió a preguntar el llamado Cuco, mientras lo metían a empujones en el asiento trasero.
　-Sube y cállate- terció el miliciano que iba al timón. Y añadió socarronamente:
　-Ustedes los burgueses siempre están haciendo algo malo...
　El automóvil rebasó la salida de Arroyo Arenas y dobló a la izquierda por la carretera del Wajay. Al pasar por el pobladito de el Cano, el sargento comentó ásperamente:
　-Esto es obra de ustedes.
　-¿De nosotros? -preguntó Matías, anhelante. -¡Pero si nosotros no vivimos aquí...!
　-Sí, pero han venido a soliviantar a la gente. Ustedes fueron los que pasaron la consigna del luto...
　Ocurría que el pueblo de El Cano estaba en estado de sitio. 48 horas antes, dos vecinos habían sido asesinados en la calle por miembros del G-2, la policía política castrista. Al día siguiente todos los comercios habían amanecido cerrados y la casi totalidad de las casas ostentaban crespones negros en puertas y ventanas. Fidel Castro se había encolerizado por la protesta unánime y había mandado tropas para ocupar y confiscar el pueblo. Efectivamente, a todo el mundo le quitaron sus casas, sus comercios, sus pequeñas fincas, sus automóviles y sus animales. Hasta los teléfonos particulares fueron arrancados de las paredes. Los comercios fueron abiertos por sus nuevos dueños de uniforme. Las tropas patrullaban las calles y vivaqueaban en la Iglesia. Cumpliendo las órdenes de Fidel Castro, el pueblo de El Cano había sido íntegramente con-

fiscado.

Cuando el automóvil del G-2 rebasó la última posta militar, Cuco gritó angustiado:

¡Es mentira que nosotros pasáramos ninguna consigna ...es más, hace un mes que yo no vengo a El Cano...!

No te agites, gusano - replicó el sargento - guarda las fuerzas, que te van a hacer falta.

El viaje parecía largo. Pasaron el pueblo de El Wajay y siguieron la carretera auxiliar hasta la Calzada de Rancho Boyeros. Por ella doblaron a la derecha, hasta llegar a Santiago de las Vegas. Allí se detuvieron brevemente, frente a una casa ocupada por el "Comité de Vigilancia", y continuaron rumbo a San Antonio de los Baños.

Al llegar a las inmediaciones, abandonaron la carretera y entraron por la portada de una antigua granja que ahora servía de cuartelillo y lugar de entrenamiento a las milicias comunistas. Detrás de la casa vivienda había unas construcciones de cemento, pequeñas, en forma cubicular. Después de un breve interrogatorio en la sala de la casa vivienda, Matías y Cuco fueron separados. Matías quedó en la oficina del teniente del G-2. Cuco fué llevado hasta uno de los pequeños cubículos que había visto al llegar.

Estos cubículos habían sido construídos recientemente. Eran de ladrillos cubiertos de cemento, sin repellar. No tenían ventanas. Una pequeña puerta era la única manera de entrar y salir.

Cuco entró temblando. En el primer paso, el pie se le hundió como si caminara sobre arena. Miró. No vió nada. En ese momento habían cerrado la puerta y estaba rodeado de tinieblas. Dió varios pasos sobre aquel piso blando, tratando de imaginar qué cosa era. En ese instante percibió un ruido de ventiladores. Inmediatamente el aire se enrareció. Se sintió dentro de una densa polvoreda. Comenzó a toser. El piso blando era una capa de polvo fino de un pie de altura que, tan pronto empezaron a girar los ventiladores, comenzó a levantarse, a flotar y llenar los dos metros cúbicos de aire de la habitación.

Cuco sintió como si estuviera respirando vidrio molido. El polvo le obturaba la nariz. Le ardía la garganta, le rasgaba la faringe, le apretaba los pulmones. Tosía desesperadamente. A las dos horas, Cuco sintió sabor a sangre. Se encomendó a Dios. Perdió el conocimiento.

Cuando abrió los ojos estaba tendido en el suelo de una de las habitaciones de la casa vivienda. La luz estaba encendida. El teniente del G-2 sonreía y conversaba en perfecto español con un ruso en mangas de camisa.

Cuco empezó a vomitar. Comida, bilis, pedazos de tejidos.

—No te cojas lástima —gruñó el teniente— por lo menos estás vivo... Mira lo que le pasó a tu socio por no querer hablar...

En un rincón, el cadáver de Matías ya había dejado de sangrar. Estaba boca abajo, con el vientre apoyado sobre las manos. Uno de sus ojos, desorbitado aún por el espanto, parecía mirar a Cuco. El otro se lo habían saltado de un balazo.

—Escoge —dijo el teniente— si hablas y nos dices los nombres de todos los que están comprometidos en el pueblo, tienes la vida y hasta te vamos a regalar aquel traje de miliciano. Si no, —y miró el cadáver de Matías— eso...

Cuco sentía el miedo correrle caliente por las piernas. No había dejado de mirar el cadáver de su amigo. Cambió la vista y miró el traje de miliciano. Sintió repugnancia.

—Prefiero a Matías... —dijo tosiendo y vomitando sangre.

El teniente agarró el brazo del ruso y ambos se retiraron. A los 20 minutos regresó el sargento que había arrestado a Cuco en Arroyo Arenas.

-Vamos -le dijo ayudándolo a levantarse- Dice el teniente que tú estás ya muerto de todas maneras...

Con los primeros claros del día llegaron al Castillo de San Severino. Un amigo de un familiar logró verlo, una vez. Después no se ha sabido más de él.

Hay familiares dispuestos a dar nombres exactos y detalles.

Nosotros nos hemos limitado a relatar la historia de estos cubanos mártires, como un caso ejemplar-, -uno de tantos- para que todo el mundo sepa la clase de gobierno con el que el Senador Fullbright quiere que el pueblo americano se acostumbre a convivir....

Miami, 28 de Junio de 1963.

SIN PATRIA, PERO SIN AMO

EL OCASO DE LOS PRINCIPIOS

Abrimos el periódico y la noticia, escueta, se nos viene encima. Más que verla como una información, la sentimos como una bofetada. Dice así: "Washington. (AP). Las exportaciones canadienses a Cuba se han triplicado en los primeros siete meses del presente año, según informa el Departamento de Agricultura. Dichas exportaciones ascendieron a 18.3 millones de dólares, en comparación con la suma de 5.8 millones que fué la alcanzada en el mismo período del año anterior."

Realmente, los altos intereses comerciales canadienses deben sentirse jubilosos. Esos trece millones de dólares de superávit en sus exportaciones a la Cuba comunista han de ser motivo de gran contentamiento para todo mercader que se respete. Shylock, desde su tumba de oro en Venecia, ha de haberles enviado su bendición.

Es curioso como para algunos hombres y gobiernos la moral política es cuestión de cantidad, no de calidad. Es curioso como los que se negarían a negociar con un solo delincuente y por una pequeña cantidad, negocian con un grupo de delincuentes en gran escala.

Estamos seguros, de que si un asesino se acercara a algunos de esos agricultores, comerciantes o industriales canadienses y les propusiera un negocito, tales honorables señores se pondrían iracundos. Y hasta serían capaces de abofetear al facineroso que hubiera tenido semejante osadía.

Pero éstos, con quienes comercian abiertamente, son unos asesinos que matan oficialmente y disimulan la infamia de sus crímenes tras la investidura de sus cargos públicos. Y eso cambia totalmente el cuadro.

¿Acaso son gangsters domésticos que proponen trapisondas a espaldas de la policía? No, señor. Son gangsters internacionales que comercian con dinero robado, pero legítimo, y que se recibe por los canales bancarios siempre respetables y siempre propicios a servir de puente a toda suma respetable, aunque sea robada, con tal que sea moneda de curso legal.

Además, trece millones son muchos millones. Si un criminal que acaba de asesinar a un transeúnte y robarle, se le acercara a un comerciante canadiense y le dijera:

—Tome estos cinco dólares, no me denuncie- el comerciante asqueado llamaría a la policía.

Pero si se trata de una pandilla de criminales que han asesinado a cuatro mil personas, encarcelado a cien mil y obligado, a estas fechas, a más de doscientas cincuenta mil a abandonar su tierra, pero que ofrecen no cinco, sino muchos millones de dólares, entonces no hay por qué sentir excesivos escrúpulos. No es igual para ciertas conciencias, una trapecería diminuta y barata en la que serían incapaces de incurrir, que una inmensa canallada, bien cubierta y bien pagada, cuyo montante sirve de bálsamo para cualquier tipo de remordimientos.

Nosotros tenemos que confesar que no entendemos eso.

SIN PATRIA, PERO SIN AMO

Tenemos que confesar que no somos lo suficientemente civilizados para encontrarle justificación al comercio con asesinos. En nuestras mentes tal vez demasiado rudimentarias no entra la posibilidad de aceptarle a nadie dinero producto del crimen.

Esos trece millones -suma hermosa que triplica la anteriormente ganada en el mismo período-son trece millones robados al trabajo de un pueblo, a la soberanía de un pueblo. Son trece millones sustraídos a parte de la riqueza acumulada por una nación en muchos años de esfuerzo honesto y creador. Son trece millones de los que pueden disponer los vándalos que se han apoderado de Cuba, porque son parte del precio que les paga un amo extranjero para mandar en la tierra que han traicionado y vendido vilmente.

Entre tanto, las mercancías que esos trece millones han cubierto, han servido para resolverles problemas económicos a los asesinos. Luego no es sólo el dinero manchado en sangre de patriotas y mojado con lágrimas de madres, viudas y huérfanos el único aspecto repugnante de esta negociación. La contrapartida es también nauseabunda. Porque es la parte en que conscientemente se contribuye, por dinero, a mantener en el poder un despotismo sangriento, verdugo de libertades en su patria y representante confeso en nuestro hemisferio de un totalitarismo que aspira a eclipsarlas en el mundo entero.

Repetimos que pueden estar satisfechos los mercaderes canadienses. El negocio con Castro, esclavizador y asesino, es una traición flagrante a los principios sobre los que se basan los Derechos del Hombre, suscritos por su país. Pero no hay la menor duda de que es un negocio redondo.

HUMBERTO MEDRANO

Primero fueron cinco millones ahora, son dieciocho. Pronto llegarán a treinta, para igualar la suma que le pagaron a Judas.

Miami, Diciembre 29 de 1961.

SIN PATRIA, PERO SIN AMO

CARTA ABIERTA A CINCO PRESIDENTES

Señores:
    Jorge Alessandri, Presidente de Chile;
    Carlos Julio Arosemena, Presidente de Ecuador.
    Joao Goulart, Presidente de Brasil;
    Adolfo López Mateos, Presidente de México;
    Víctor Paz Estenssoro, Presidente de Bolivia.

Excelentísimos señores:

En la reciente Conferencia de Cancilleres de Punta del Este, vuestros representantes formaron parte del llamado "grupo abstencionista". También se les llamó el "grupo blando" o de "tratamiento suave". Eran pues los partidarios de abstenerse. Los abanderados del "no hacer".

Sin embargo, esos mismos representantes vuestros votaron el acuerdo que declaraba el gobierno comunista de Fidel Castro "incompatible con el ordenamiento interamericano y factor de ruptura de la unidad continental."

Es decir: mientras por una parte afirmaban que ese régimen, debido a su naturaleza extraña y disolvente no podía pertenecer al ordenamiento democrático de nuestra comunidad, por otra se cruzaban de brazos ante el peligro que su presencia representa para las libertades y la cohesión política del hemisferio.

Para explicar esta contradicción, vuestros cancilleres echaron mano a la tesis de los "escrúpulos jurídicos." "No hay en la Carta de la OEA -decían- disposiciones concretas para el caso." Claro que no pensaron que estaban en una reunión de cancilleres y que en otra reunión similar a a aquélla se plasmó la Carta de la OEA y que el organismo que tiene virtualidad jurídica para hacer un texto legal la tiene también para modificarlo o para cubrir sus omisiones. Pero había que dar una excusa. Muchos no se la explican. Nosotros sí. Nosotros sabemos las razones de esa contradicción y en otra oportunidad vamos a darlas.

Resulta que no estamos ahora frente a un caso que requiera interpretaciones jurídicas. Estamos frente a un caso de barbarie. Y frente a la barbarie no valen subterfugios ni divagaciones teóricas.

Acaba de publicarse el testimonio gráfico de la crueldad castrista. Las fotografías fueron tomadas por el ex teniente del Ejército Rebelde Hiram González, escapado de las mazmorras comunistas de La Cabaña. Ese hombre existe. Está asilado en la Embajada del Brasil.

En esas fotografías se comprueba como trata el régimen comunista a los presos políticos en Cuba. En ellas se ven hombres consumidos, escuálidos, como aquellos horribles esqueletos de Dachau, tirados entre desperdicios, basura y podredumbre. Otros están hacinados en pequeños recintos, durmiendo sobre sus propias excretas. Allí, contagiados de toda clase de enfermedades, sin asistencia médica, muchos mueren de hambre o de alguna epidemia. Entonces abren una zanja y tiran en ella los cadáveres, tapándola después sin ponerle un nombre ni una cruz. Si acaso, como homenaje póstumo del comunismo, las risotadas

SIN PATRIA, PERO SIN AMO

que corean el comentario irreverente de algún esbirro:

—Bien decía Fulano que él no iba a morir en el paredón.

Esto que pasa en la cárcel de la Fortaleza de La Cabaña en La Habana, es una simple muestra de lo que ocurre en las prisiones de Isla de Pinos, Boniato, Pinar del Río, Matanzas; Las Villas, Camagüey; en los calabozos de los cuerpos represivos y en múltiples campos de concentración.

Y ese cuadro de horror es el que se repite en las cárceles de mujeres, donde primero mezclaron las señoras y señoritas con las presas comunes y después libertaron estas últimas dándoles el mando del penal, para que sometieran a toda clase de vejaciones a las mujeres decentes. Entre las reclusas políticas hay inclusive ancianas como la madre del recién fusilado capitán, Isaías Alejandro Iglesias. Tiene 61 años de edad y está condenada a veinte, por haber recibido la visita de su hijo y no haberlo denunciado a la policía.

Pero no son solamente los maltratos, la escasez de alimentos, la tortura física; es también la tortura moral.

A los prisioneros de Playa Girón cada cierto tiempo les suspenden las visitas y últimamente, no sólo les confiscan los alimentos que les llevan sus familiares sino que les han roto y quemado todas las cartas y retratos de sus seres queridos.

¿Qué daño puede hacer un prisionero con la tenencia del retrato de su madre, de su esposa, o de sus hijos? ¿No tienen ese derecho los peores criminales? ¿Por qué? ¿Encima de no tener libertad, tampoco pueden tener el consuelo de mirar de vez en cuando la expresión confortadora de los que son sangre de su sangre?

Sí, a eso llegan. A todo eso.

Y llegan a todo eso, señores Presidentes, porque son

verdugos a sueldo de un totalitarismo insensible y feroz. A todo esto llegan porque representan en América el entronizamiento de una doctrina anticristiana, deshumanizada, para la que el hombre es un objeto al que se utiliza o se destruye.

Y con los que llegan a eso, a todo eso, es con los que vosotros, excelentísimos señores, mantenéis relaciones.

¿Qué vais a hacer ahora después de la publicación de esas fotografías que corroboran todos los relatos de los escapados y respaldan el contenido de las cartas de prisioneros que han logrado burlar la vigilancia de los carceleros?

¿Vais a seguir hablando de "no intervención" y de 'auto-determinación'? ¿Es posible que los que sintieron tantos escrúpulos legales en Punta del Este vayan a seguir manteniendo vínculos con los que vejan, maltratan y asesinan física y moralmente a los presos políticos, hecho que condenan y castigan expresamente todas las leyes penales?

Ya no es lo que provee la Carta de la OEA lo que se discute. Es la flagrante violación de los Derechos del Hombre, es la barbarie, es el crimen de lesa humanidad. Ahora es cuestión de decoro y el decoro no se puede ir a buscar en la Carta de la OEA ni en ninguna Carta. Ante la infamia no pueden cerrar los ojos los gobiernos que se respeten, ni los pueblos libres, ni las personas decentes.

Ante eso no caben más que dos actitudes: la denuncia o la complicidad.

Por respeto a vosotros mismos y por sentido común, es el rompimiento el único camino honorable.

No olvidéis que pueblos como los vuestros, dignos y valientes, no os perdonarían jamás una complicidad que

SIN PATRIA, PERO SIN AMO

equivaldría a traicionarlos en sus principios y en su historia.

Señores Presidentes: tenéis la palabra.

Miami, Febrero 16 de 1962.

HUMBERTO MEDRANO

UN LIBRO DE COMBATE

Editorial Juventud, de Barcelona, España, nos envía un libro recién horneado. Título: Cuba y los Estados Unidos. Tema: La libertad asesinada. Autor: Paul D. Bethel, quien fuera por varios años Attaché de Prensa de la Embajada de los Estados Unidos en la Habana.

No es un libro más. Si lo fuera, daríamos las gracias simplemente, a vuelta de correo. Es un libro áspero, bravo. No se conforma con exponer: juzga, fustiga. Es, en suma, un libro que ruge contra los que balan.

No sólo se aparta del ronroneo siempre melificador del burocratismo reverencial y palabrero: lo denuncia. No sólo se aleja de esa retórica pajiza que últimamente han inventado algunos intelectuales para encontrar la manera más dialéctica de cruzarse de brazos ante el crimen: la condena. No sólo disiente, sino que clava en la picota a esa suerte de laboratoristas a quienes sólo interesa recoger la muestra de la sangre de los pueblos para comprobar cual es su desarrollo cuando el comunismo los tritura.

Bethel se revuelve contra el conformismo que siempre supone trasiego de principios y merma ideales. Bethel considera delito la simple idea de aceptar la convivencia con

SIN PATRIA, PERO SIN AMO

los enemigos de su pueblo, verdugos de Cuba y aspirantes a verdugos de América. Y a quienes lo propugnan, Bethel los pone en evidencia en toda su útil idiotez e incluso en todas sus repudiables coincidencias con los liberticidas. Hay dos capítulos en que los enfoca: "Los Derrotistas" y "Mentes Blandas en Tiempos Duros".

No hace Bethel un examen exhaustivo del drama de Cuba. Pero da una galopada fiera sobre los escombros ardientes aún de la catástrofe. En ella recoge los fragores del sismo, de su violencia aterradora y a veces, el olor de la entraña quemada de Cuba.

Sí, es una voz americana de pecho, no de vientre. No es la única. Pero sí una de las más valerosas y sinceras. Y lo es porque toma partido. Y lo toma abiertamente al lado de los que en Cuba sufren y luchan contra el comunismo. No sólo los menciona: enarbola su coraje. Enseña sus heridas y sus muertes heroicas. Clama por ellos. Y arremete contra quienes los desconocen o los olvidan. Contra los que no los tienen en cuenta cuando tratan el problema de Cuba. Contra los que dejándose llevar por las influencias del marxismo, ponen los resortes de la economía y de la política por encima del hombre y de la justicia que merecen los hombres. Olvidando o soslayando que es en su espíritu donde se hallan las fuerzas que le dan tensión a todos los resortes, las que escriben la historia. Y contra los que ante el dolor humano, deciden meterlo en un tubo de ensayo y examinarlo a la pálida luz de sus inhibiciones o exhibirlo como espantajo, cuando lo que se requiere es la terapéutica del hombro con hombro viril y el pecho fraterno y solidario.

Máxime cuando ese dolor no es un dolor particular ni

aislado. Porque la erupción cubana es el centro hemisférico de la actividad volcánica del comunismo que pugna por abrir nuevos cráteres en el Continente y así desbordar la lava marxista, -aprovechando las pendientes de los consentimientos y las vacilaciones-, sobre todas las libertades en América.

Sí, Bethel no es de los sofisticados que en nombre de la imparcialidad asumen una absurda y vergonzosa equidistancia entre la verdad y la mentira, entre la libertad y la esclavitud, entre la justicia y la infamia. No es tampoco de los que tratan de justificar lo injustificable mientras le buscan nombre a lo que no lo tiene. Bethel no ve más alternativa que la lucha donde la lucha se requiere. Ni acepta las posibilidades del repliegue ante la agresión, porque sabe que no hay más remedio que la fuerza para oponerse al reto de la fuerza. Ni encuentra más caminos para mantener los liderazgos que el apoyo abierto a los que comparten el mismo credo y luchan por los mismos ideales. Ideales cuyo primer mandato es el de que vayamos a luchar junto a los que sufren y mueren sustentándolos.

Hay un capítulo en el libro de Paul D. Bethel que anonada. Se refiere a la represión comunista contra el pueblo de Cuba al pie del desastre de Girón. Se titula "El Terror". Hace vivirlo. Hasta los que conocemos el episodio sentimos el impacto de su minuciosa crueldad.

Fué en los días en que una redada sin precedentes de más de medio millón de cubanos desmentía a las "mentes blandas" que buscaban excusas para el fracaso en un supuesto apoyo popular a la tiranía castrista. Pero cedámosle la palabra a Paul Bethel aunque sea para algunos trazos de su relato espeluznante:

SIN PATRIA, PERO SIN AMO

"...Transcurridos unos momentos empezaron a llegar autobuses y camiones. Los hombres fueron separados de sus esposas, hijas, hermanas, y divididos en pequeños grupos, se les envió a otras cárceles improvisadas. El grupo de L.D. fué trasladado a la prisión de "El Príncipe". Esta prisión tiene antiguos túneles por debajo de los fosos. Allí fueron arrojados el grupo de L.D. y tres mil ochocientas personas más. Los pasajes horadados en la piedra caliza soltaban un polvo fino que se arremolinaba en una nube sofocante bajo los pies de los prisioneros. Las paredes, de más de un metro y medio de espesor, tienen a cada tres o cuatro metros un estrecho hueco enrejado. Aquellos infelices luchaban por aspirar una bocanada de oxígeno. Algunos se desplomaban y otros tenían que ser sostenidos por sus compañeros. Los túneles estaban tan abarrotados, que los prisioneros tenían que estar de pie. Con la espalda encorvada, aspiraban el aire ávidamente. Seis personas murieron asfixiadas el primer día. No se les daba alimento, ni medicinas, ni medios para observar ninguna medida sanitaria. Ante las urgentes demandas de cuatro o cinco médicos presos también, incluído L.D., se cercó un reducido espacio para orinar y defecar. Sin embargo, eran tan enormes las dificultades para recorrer sólo unos pasos, que muchos preferían hacer sus nececidades en el lugar donde estaban. Como médicos, tanto L.D. como sus colegas advertían la terrible amenaza de la muerte por asfixia, ataques al corazón y la tensión mental a que se sometía a aquellos hombres, ya angustiados por la incertidumbre de la suerte que podían haber corrido sus deudos. También les preocupaba la posibilidad de una epidemia, temores que se confirmaron en seguida, pues algunos de los prisioneros empezaron a sufrir de diarrea. L.D. se arrastró como pudo hasta la entrada del túnel y llamó al centinela. Este empuñó su pistola, se acercó y se retiró al punto. L.D. le gritó:

-¡Al fin y al cabo somos cubanos, hombre!¡Venga y vea con sus propios ojos la situación. Cinco tienen diarrea. Puede producirse una epidemia y ustedes serían condenados por el mundo entero. Por favor, llame al capitán!

Poco después llegó un capitán llamado Odoardo, de actitud arrogante. Seis muchachos de quince a dieciocho años de edad cubrieron la entrada con sus metralletas. El capitán ordenó imperiosamente a los prisioneros que retrocedieran. Trató de avanzar por el túnel, pero retrocedió al ver aquella multitud de cuerpos encorvados y caras congestionadas por la tos.

Se le acercó el médico L.D. y exclamó:

-¡Necesitamos medicinas urgentemente, capitán...Necesitamos aire...Si nos obligan a seguir así, pronto moriremos. También puede ocurrir que esta gente, en su desesperación al ver que no puede respirar, se lance hacia la salida. Y entonces ustedes se verán forzados a asesinar a cuatro mil compatriotas...!

Abría los brazos con un gesto de emoción, no se oía el más leve rumor en el túnel. Casi cuatro mil pares de ojos se fijaban en el oficial.

El capitán giró sobre sus talones y salió. Sus hombres retrocedieron lentamente, encañonando con sus armas a aquella masa humana que avanzaba poco a poco. Un prisionero, sin poder contenerse, se apoderó de una piedra del suelo, la levantó y empezó a gritar:

-¡Cobardes, hijos de...yo me basto para enfrentarme

SIN PATRIA, PERO SIN AMO

con ustedes sin mas armas que esta piedra!
Empezó a forcejear, pero fué dominado al fin por sus compañeros.

Un día, pasada la primera semana, se permitió salir a los prisioneros, todos juntos, a respirar un poco de aire fresco. Un hombre debilitado por la diarrea y al que el dolor apenas permitía salir del túnel, miró hacia arriba cuando estuvo fuera, y vió que un miliciano de quince años apuntaba a la multitud con su metralleta y escupía a la vez que gritaba: "¡Por primera vez, con nosotros, hay hombres con dignidad en Cuba"!

El prisionero miró al muchacho. Volvió la cabeza para comprobar una vez más la penosa situación en que estaban sus compañeros de prisión.

Deslumbrado por el sol, levantó la mano a la altura de sus ojos, observando que temblaba a pesar suyo. Fijó su mirada en el excremento que salía por las perneras de sus pantalones, y dijo al centinela, con voz serena pero que se fué elevando por efecto de la indignación:

--¿A esto llamas dignidad? ¿Es dignidad lo que representan tú, tus compañeros comunistas y el cobarde Fidel Castro? ¡Acaba de una vez! ¡Fusílame si quieres! ¡Prefiero morir aquí, sobre mi excremento, que vivir en una sociedad en la que tú representas la dignidad y nosotros sufrimos las consecuencias de ese concepto de lo digno! ¡Vamos, mátame! ¡A que no te atreves...!"

En estos fragmentos, en estas mazmorras, Bethel ha situado como un corte ejemplar, el martirio de un pueblo. Su tormento indecible. Su rebeldía invicta. En ese prisionero tembloroso, rodeado de terror, de opresión, de violencia, de abandono, de excremento, de muerte y, sin embargo, altivo y desafiante, se impersona una nación. Una nación, como aquel prisionero, exangüe y aterrorizada bajo los cañones de las armas rusas, y como él, rodeada de abandono, de excusas, de interpretaciones jurídicas, de reuniones académicas de la OEA, de palabras...y no obstante, como él, erguida y desafiante. Y representada también en el esfuerzo heroico de esos cubanos que Bethel honra en el capítulo "Los Luchadores" y que son prueba del decoro de un pueblo y vergüenza de quienes lo abandonan.

Gracias, Paul Bethel, americano, cubano, hermano. Hermano en el dolor de un pueblo, que es mi pueblo, y que tú defiendes como tuyo. Al fin tú sabes que el sufrimiento no tiene nacionalidad, como no la tienen la lealtad a los principios y el cumplimiento del deber. Yo estrecho tu mano y recomiendo tu libro de combate. Porque ese es mi combate y el de todos los que aman la libertad y la dignidad humana.

Y te digo que tu nombre no estará entre los de aquel grupo escultórico que plantó la bandera americana en Iwo-Jima sobre una montaña de coraje, de patriotismo y de decoro. Pero sí, entre los que están luchando con más vehemencia por mantenerla a la misma altura.

Miami, Febrero 17 de 1963

SIN PATRIA, PERO SIN AMO

LAS VELITAS DE STEVENSON

Rusia ha comunicado oficialmente al gobierno de Estados Unidos que antes del 15 de Marzo próximo, se propone retirar "varios millares" de soldados de su base en este Hemisferio.

La comunicación soviética, notificada por el Embajador Dobrynin al Secretario de Estado Dean Rusk, no especifica cuántos. "Varios", dice. Nada más. De lo que se deduce que el Kremlin no contempla por ahora la posibilidad de una extracción total. Mucho menos, la desmilitarización de Cuba, territorio soviético de América.

Bueno -dirá Stevenson- pero varios millares ya es algo. Y por algo se empieza . . .

Y siguiendo su costumbre de hacer frases lapidarias cada vez que tiene una oportunidad, añadirá:

-Es mejor encender una vela por la extracción de varios millares de soldados rusos, que maldecir la oscuridad de la ocupación militar en Cuba . . .

Muy práctico, este Stevenson. Y muy complaciente. Y dulce. Por eso es tan querido. Nadie puede molestarse con una persona que cuando alguien le pega un manotazo al farol, siempre tiene a mano una velita comprensiva y mansa, para iluminar la escena.

Hace pocos días hablaba precisamente de ese tema de las tropas rusas en Cuba durante un acto en una Universidad. "Las tropas rusas -afirmaba- no resultan un peligro para Estados Unidos". Y agregaba sentencioso: "Tampoco lo son para el resto de la América Latina".

¡Qué alivio-.!¿verdad?...Porque nadie dormía temiendo que esos quince mil soldados rusos que vivaquean en Cuba, decidieran un día invadir el territorio estadounidense iniciando desde aquí una marcha punitiva por toda la carretera Panamericana. Y que al pasar por Washington agarraran a Stevenson y lo hicieran "pupa" con sus botas **defensivas** e irreverentes. Daba horror pensarlo.

Pero ya podemos descansar tranquilos. Stevenson, con su información siempre correcta sobre los planes rusos y su conocida firmeza de criterio, acaba de asegurarnos que tales atrocidades no sucederán: que esas tropas no son un peligro para Estados Unidos ni para ningún otro país de la América Latina. A nosotros se nos ocurre que ya lo son para Cuba. Pero Cuba no pertenece a la América Latina. Cuba está situada exactamente, en la Nebulosa Andrómeda.

Sin embargo, ni eso debe ya preocuparnos. Kruschev. acaba de prometer que muy pronto retirará de Cuba varios millares de sus tropas de ocupación. Y es lógico pensar que en la misma proporción que las retire disminuirá el peligro que esa ocupación representa para la América Latina. Así es de simple la cosa.

Claro que no podemos aspirar a que con la retirada de esos millares de soldados rusos de su base del Caribe, cesen el terrorismo y las rebeliones en Venezuela. Ni que los guerrilleros y agitadores entrenados en Cuba y disemi-

SIN PATRIA, PERO SIN AMO

nados por todos los países latinoamericanos, dejen de repente de recibir instrucciones, armas y dinero de Fidel Castro. Pero con el tiempo y un ganchito; es decir, con la Alianza para el Progreso metiendo millones por un lado y el miedo al castrocomunismo sacándolos por otro, ese peligro también desaparecerá. Y todo será maravilloso. ¿No ven el alivio que representa el hecho de que los rusos hayan sacado de Cuba cuatro docenas de cohetes y ahora saquen varios millares de soldados mientras dejan allí el régimen y el sistema?

Todo esto nos recuerda una anécdota que vamos a relatar a nuestros lectores para su solaz y esparcimiento:

Había un judío tan pobre, que tenía que vivir en una reducidísima cabaña con su mujer y siete hijos. Un día fué a lamentarse de su mísero estado ante el Rabino y a pedirle consejo.

Verás -le dijo el Rabino- vas a mejorar; pero es necesario que antes metas en la choza tus tres cabras-..hazlo y vuelve la próxima semana.

-¡Dios de Israel! -imploró el hebreo- ¡tres cabras además!

-Obedece, si quieres mejorar -le respondió el rabino.

Metió el cuitado las tres cabras y volvió la semana siguiente.

-Ahora mete la burra y las gallinas en la cabaña... No me repliques, y torna dentro de ocho días.

Asombrado y desesperado obedeció también el judío y regreso en el plazo señalado, aguardando con terror las nuevas imposiciones del levita.

-Ahora saca las gallinas, las cabras y la burra y vuelve la semana que viene.

Y cuando regresó le dijo:

-¿Qué tal os encontraís todos ahora?

¡Ah, señor -respondió el pobre- ahora nos encontramos muy felices sin los malditos animales!

Cambien los cohetes y los soldados rusos por las bestias del judío y habrán acertado. Y como premio ganarán una fotografía de Stevenson en las Naciones Unidas, encendiéndole una vela al paraguas de Chamberlain.

Miami 22 de Febrero de 1963

SIN PATRIA, PERO SIN AMO

CARTA A MAGDALENA

(Con motivo de la muerte de la niña venezolana Magdalena Urdaneta, víctima de una balacera provocada por pistoleros castro-comunistas en New York.)

Magdalena:

Esta carta te la escribe un cubano.

Sé que no podrás recibirla. No hay medio material para comunicarse con ese mágico jardín a donde van los niños cuando mueren para reflorecer en capullos de luz. Tal vez te llegue algún afluvio de la sincera emoción con que la escribo.

No obstante te la envío. Quiero depositarla como una flor de desagravio junto a tu cuerpecito balaceado. Como una condenación para los culpables de tu muerte absurda. Y que quede allí, junto a la desolada angustia de tus padres, velando para siempre tu tierna sonrisa asesinada.

Cuando estabas sentada a la mesa de aquel restaurant donde te llevaron tus padres a comer de gran gala como premio por haber pasado al quinto grado, no sabías lo que era la muerte; ni siquiera lo que era una bala. Ni sabías tampoco la infinita crueldad a la que son capaces de llegar los hombres en su ruin forcejeo por las preeminencias políticas.

Sólo sabías de risas, de cantos infantiles, de muñecas polícromas. Y de la inmensa ternura de tu madre cuando te vestía para que fueras a la escuela. De esto sólo sabías. Y de tus sueños pristinos. Y de los besos amorosos de tus padres cuando te arropaban y bendecían al acostarte.

Pero hombres sin principios; hombres sin escrúpulos que son como bestias feroces; hombres que no piensan en los niños más que para utilizarlos en sus ambiciones bastardas, para medrar a costa de ellos; que en su propia patria les ponen uniformes, los obligan a cargar armas de fuego y los enseñan a odiar, se interpusieron en el camino de tus primeros sueños, de tus primeras risas, de tus primeros triunfos escolares.

Y el plomo caliente de su odio indiscriminado, de su violencia, segó tus sueños, asesinó tu risa y te enseñó la muerte, justamente cuando había que enseñarte la vida.

Tal vez alguien piense que por ser cubano debiera estar avergonzado ya que fueron compatriotas míos quienes te asesinaron. Pero no hay que olvidar que eran cubanos comunistas. Eso quiere decir que ya no eran cubanos.

Por eso no me extraña tu muerte. La deploro hondamente, pero no me extraña. El hecho de que un grupo de pandilleros comunistas penetre en un lugar público y comience a disparar sobre sus adversarios políticos sin reparar en que podían matarte, no es nada nuevo para mí. Conozco la siniestra mentalidad de las alimañas que lo hicieron. La he sufrido. Por culpa de ella soy un desterrado. En Cuba han derramado y siguen derramando sangre copiosamente. En Cuba han alentado y siguen alentando odios fraticidas. No hablan más que de muerte. No hablan más que de sangre. Y si en Cuba tratan de separar moralmente los hijos de los padres enseñándolos a abominar de ellos, incluso a denunciarlos cuando no se someten a la tiranía comunista, se explica la indiferencia criminal con que te han separado para siempre de los tuyos, arrebatándote la vida en su propia presencia.

SIN PATRIA, PERO SIN AMO

Quien te escribe tiene dos hijos pequeños. Uno de ellos de tu misma edad. Por eso puedo aquilatar la angustia de tus padres. Su pena inmensa sin consuelo posible. Esos hijos llenan mi vida como tú llenabas la vida de tus padres. Para tí, que has partido definitivamente, han terminado los sufrimientos y las lágrimas. Para tus padres no. Para ellos empieza un calvario interminable: la nostalgia de tu presencia juguetona, la ausencia de tu voz musical como un gorjeo límpido, la soledad de tu cuarto silencioso, la tortura diaria de tu cama vacía.

Tiene que haber un castigo para los que cometen estos crímenes horrendos. Para los que asesinan esperanzas. Para los que dejan a los padres sin hijos.

Tu muerte es irremediable, Magdalena. Pero yo te prometo, en nombre del terror que debes haber sentido cuando caíste herida; en nombre del dolor inextinguible de tus padres, en nombre de mis hijos que esta noche rezarán por tí, que no cejaremos hasta lograr el castigo de los responsables de tu muerte, Fidel Castro el primero.

Y lo que es más importante: te prometo seguir combatiendo el comunismo, esa doctrina feroz que armó las manos de tus asesinos y que aspira a erigir, sobre cadáveres de niños y cadáveres de pueblos, un sistema bestial en el que haya desaparecido todo vestigio de la conciencia humana.

Como yo, pequeña Magdalena, son muchos los que al pie de tu muerte, renovarán sus votos de combate. Así tu muerte, aunque es irremediable, no será estéril.

Y esta noche, junto a mi esposa e hijos, te prometo también rogar a Dios para que se apiade de tus padres, que de ahora en adelante andarán por ahí sin luz en pleno día ...

Miami, Octubre 1 de 1960.

HUMBERTO MEDRANO

¡ESAS NO SON CUBANAS!

Las vemos casi todos los días. Tenemos que verlas cuando hojeamos la prensa turiferaria de Fidel, Porque también estamos obligados a leer esa sentina impresa para responder a sus mentiras y contrarrestar su propaganda infame.

Vemos sus retratos y nos cuesta trabajo creerlo. Sugestivas, picarescas, sonrientes. Viviendo en un limbo de frivolidad mientras corre la sangre. Aspirando a Reinas del Carnaval en 1961 mientras suenan las descargas fratricidas. A veces, en la misma página, al lado de los rostros jocundos, aparece la relación de los últimos condenados a muerte.

¿Son cubanas? Bueno. Han nacido en Cuba. Son hermosas, hablan dulcemente, tienen los ojos como noches incendiadas, tienen la piel de tibio terciopelo... pero no son cubanas. No pueden serlo. No hay criollas de verdad con esa indiferencia ante el dolor. No hay cubanas auténticas con esa frialdad ante el sufrimiento, ante la muerte.

—Es que somos bonitas y debemos de aprovechar la oportunidad de ser Reinas del Carnaval, dirán algunas de ellas con voz de yerba buena y madrugada.

¿De qué carnaval, niña? ¿Del carnaval de chivatazos,

SIN PATRIA, PERO SIN AMO

de torturas, de fusilamientos? ¿Del carnaval de este año 61 que es el Año del Paredón? ¿Qué carnaval infame de odio y fratricidio es éste del que quieres ser reina? Hay más de treinta mil presos políticos. Hay más de cien mil exilados. Ante el despiadado pelotón caen estudiantes, obreros, profesionales, campesinos, revolucionarios, soldados de la Sierra y combatientes de la clandestinidad que se enfrentaron a Batista. Ahí están Porfirio Ramírez, Yebra, Fundora, Le Santé, Casielles, Luis Méndez, Plinio Prieto, Clodomiro Miranda, Sinesio Walsh y tantos otros para atestiguarlo. Ahí están las madres desgarradas, los huérfanos, las familias mutiladas para atestiguarlo.

Y ahí está también el Escambray donde se combate, donde se mata y se muere por la libertad de la Patria. Y ahí está esa Patria enlutada, estremecida, vilipendiada, vendida al extranjero. ¿Qué carnaval macabro es ese, en que quieres participar, teñido de sangre de tus hermanos? ¿Es que la prédica constante del odio y la indiferencia ante la muerte te ha congelado el corazón?

¿Puedes estar alegre entre tantos compatriotas tristes? ¿Puedes reir mientras tantos compatriotas lloran? ¿Puedes pensar en fiestas mientras tantas madres velan junto a las tumbas de sus hijos; mientras tantos hijos pequeños preguntan por sus padres sin que nadie pueda responderles sin llorar? ¿Puedes bailar feliz mientras en la montaña y en el llano un hermano tuyo cae sin vida para que tu puedas seguir bailando en el futuro alegre, perfumada, libre; y no venga un comisario grosero e hirsuto a ponerte un uniforme sucio y a sustituirte el corsage de flores por una metralleta y a cambiarte tu cara de reina tropical por la cara feroz de la adusta y hombruna miliciana?

No, morenita gentil, tostada y sorprendente rubita de los trópicos, no te reconocemos. No podemos reconocer en tí a la clásica cubanita de corazón sensible, entregado, de criollísima fibra sentimental.

No puedo reconocer en tí, en tu pueril coquetería de hoy, la criolla leal a sus principios, firme en sus convicciones, defensora ardiente de su Patria ante el yugo extranjero.

No. Tú no eres cubana, aunque seas linda y musical.

Cubana era Alejandrina Izaguirre que prendió fuego a su casa, la mejor, cuando el incendio de Bayamo.

Cubana era Adriana del Castillo, la lindísima bayamesa que enferma de tifus murió sin permitir que la atendiera un médico de la metrópoli.

Cubana "Cambula", que en vez de asistir a fiestas y carnavales tejió la bandera cubana y expuso su vida guardándola.

Cubana Josefina Figueredo, la hija de Perucho. La que llegó a Camagüey envuelta en la bandera.

Cubana Mariana Grajales, que daba sus hijos formidables a la lucha libertaria pródiga, humilde, silenciosa, como da la rama florecida del "galán de noche" su perfume.

Cubana Isabel Rubio, la mambisa pinareña, que no podía sonreirle más que a los amaneceres independentistas que alumbraban la estrella libertaria prendida en su suave cabellera.

Cubanas las que hoy en campos y ciudades no tienen más preocupación que la de esconder un fugitivo, curar un herido, ayudar como puedan a la nueva emancipación de la Patria.

¡Esas sí son cubanas! Ustedes, no.

Sentimos mucho decirles estas cosas. Somos de esos criollos jóvenes pero chapados a la antigua, que no pueden hablarles duramente a las mujeres. Que siempre las justi-

SIN PATRIA, PERO SIN AMO

fican. Que siempre se rinden ante ellas. Por eso: por frágiles, por femeninas, por mujeres.

Pero si nuestro corazón de hombre siempre se apasiona para admirar, para exaltar a la mujer, nuestro corazón de cubano se acongoja ante este sacrilegio de una risa femenina en medio de un turbión de sangre. ¡De sangre hermana!

No. No podemos creerlo. Es angustioso pensar que el materialismo marxista las haya convertido en muñecas robot que sonríen cuando se les manda, aman cuando se les manda e incluso matan cuando se les manda.

Rompan el maleficio. Vuelvan a ser mujeres. Vuelvan a ser cubanas. Renuncien a esa trivialidad irreverente. No se presten a esa sangrienta pantomima. No le sonrían al invasor extranjero. Muéstrenle su patriótica indignación rechazándoles esas limosnas de efímera alegría mientras Cuba llora y combate.

¡Desprecien a los checos nauseabundos, a los chinos criminales!

¡Vuélvanles las espaldas a los rusos asesinos! Escúpanles el rostro!

Demuéstrenle al vendepatria Fidel Castro y a toda su cipaya ralea que Alejandrina Izaguirre, Adriana del Castillo, Mariana Grajales, "Cambula", Josefina Figueredo, Isabel Rubio, dejaron una digna descendencia!

¡Vuelvan a ser esa cubana hermosa, apasionada, sentimental, ardiente, celosa de su honor personal y su honor patrio que como novia, esposa o madre, todos los cubanos en el destierro, en el combate, incluso ante el pelotón de fusilamiento, llevamos en el corazón!

Miami, Marzo 1 de 1961.

HUMBERTO MEDRANO

FIDEL: LA HISTORIA NO ABSUELVE A LOS ASESINOS

Fidel: el lunes 17 desembarcó en Cuba un grupo de compatriotas para combatirte. No para asesinarte. No para asesinar a tus familiares ni a tu hijo. Sólo para combatirte. Y ni siquiera para combatirte como persona. Sino para combatir lo que tú representas. Para combatir tus ideas y el sistema político que has implantado en Cuba.

Y bajaron en Cuba con las armas en la mano para luchar de frente. Para luchar por sus ideas. El hecho de que esas ideas se opongan a las tuyas no las desmerece ni desmerecen la actitud de quienes las sustentan.

Eran hombres con fé, con un ideal que aunque sea condenado por tí, es una fé, un ideal respetable por la forma en que han arriesgado sus vidas defendiéndolo.

Muchos de ellos cayeron para no levantarse más. Cayeron bajo el fuego de los que te defendían. Y muchos de esos que te defendían también cayeron bajo el fuego de los que iban a combatirte. Fueron cubanos que se mataron unos a otros en esta trágica y absurda guerra civil que has desatado en Cuba con tus ideas comunistas. Pero no es éste el punto que nos mueve a escribirte.

Te escribimos como adversarios, como enemigos irreconciliables. Pero te escribimos hondamente conturbados

SIN PATRIA, PERO SIN AMO

por la sangre cubana vertida a torrentes, por la terrible tragedia que estamos viviendo.

A los que cayeron de una y otra parte ya no podemos devolverles la vida. No hay otro remedio que llorarlos en nuestra angustia y rezarle a Dios por ellos. Pero tus emisoras anuncian hoy que han capturado un crecido número de prisioneros. Trescientos cincuenta, según dicen. Ese sí es el principal motivo de esta carta.

Porque aunque los llamen con los peores epítetos tu sabes que no son mercenarios. Tú sabes que muchos por su profesión, otros por sus capacidades, otros por sus vínculos familiares podían haber vivido cómodamente en el extranjero. A muchos se les ofrecieron puestos importantes en compañías americanas. Otros dejaron, ya ocupándolas, posiciones muy bien retribuídas. Todo lo cambiaron por el uniforme del soldado, por el rifle con el que fueron soñando liberar a su patria y con el que cayeron o fueron capturados como único patrimonio. Es en definitiva el que le queda a los que cumplen lo que estiman su deber. Son, pues, de la flor y nata de nuestra juventud. No por sus apellidos ilustres. Algunos son humildes de cuna y de posibilidades económicas. Son la flor de la juventud cubana, repetimos, porque pudiendo acogerse a la seguridad personal más o menos estrecha o abundante de un exilio, fueron a ofrendar sus vidas por sus creencias religiosas y políticas. Los hombres que caen defendiendo sus ideas merecen por lo menos el respeto de sus adversarios. Todas las leyes de la guerra, incluso las leyes no escritas de los bárbaros, obligaban a respetar la memoria de los guerreros valientes muertos en combate o la vida de esos guerreros valientes cuando eran hechos prisioneros.

Tenemos en nuestro poder una revista "Sierra Maestra" que tus amigos y seguidores editaban aquí en Miami cuando la lucha contra Batista. Esa revista circulaba libremente aquí en Estados Unidos. En el número correspondiente al mes de Mayo de 1958, en la contraportada, aparece una información con dos fotografías en la que se explica la forma que tú tratabas a los prisioneros cuando luchabas en la Sierra. Y aparece la fotografía de un soldado del Ejército sonriente, junto a un soldado rebelde que lo custodiaba.

Si esa era tu mentalidad; si esos eran tus procedimientos cuando no eras más que un combatiente, ¿vas a proscribirlos ahora que eres el jefe omnímodo de un país y tienes en tus manos todos los recursos de la fuerza y del poder? ¿Vas a fusilar a ese grupo de jóvenes que no han cometido otro delito que el de combatir por sus ideas como tú combatiste y combates por las tuyas? ¿Tanto te han podido cambiar las doctrinas que has abrazado que no sientes esa criolla generosidad con el vencido? ¿Tan borracho de sangre estás que no tienen otra obsesión que la del crimen?

Los que has hecho prisioneros fueron a combatirte cara a cara. Te repetimos que más que a tí, al régimen que has entronizado en Cuba. Los que combaten cara a cara, si no mueren en el combate, tienen el derecho moral, reconocido por todos los hombres dignos, de que se les respete la vida.

Soy tu enemigo. Más que tuyo, de tus ideas. Podía ser uno de tus prisioneros o de tus muertos. Si no lo soy, no es por mi voluntad. Hace tiempo estoy inscripto para ir a la lucha. Pero no fuí llamado en la primera hornada. Lamento no estar junto a ellos. Tal vez en un futuro podré estar corriendo los mismos riesgos, porque no cesaré de combatir como pueda el sistema de opresión tiránica que tú representas.

SIN PATRIA, PERO SIN AMO

Pero el caso es que tienes en tus manos la vida de un puñado de jóvenes cubanos que son todo dignidad . No te conviertas en el carnicero sediento de sangre que ordene su sádica ejecución por haber tenido el valor de sostener y defender sus convicciones con las armas en la mano.

No viertas más sangre de manera infame. Lucha, defiéndete, mata en la batalla. Pero no asesines contra un deshonroso paredón a los que han ido a pelear de frente. Recuerda que Batista no te fusiló a pesar de que tú asaltaste un cuartel y en la lucha mataste miembros de su ejército. ¿Con qué derecho podrías después hablar de Batista si cometes en este caso con más de tres centenares de cubanos lo que él no cometió contigo?

Sé hombre. Sé cubano aunque sea por una vez. Los hombres no asesinan. Los cubanos no matan a sus adversarios con las manos atadas a la espalda. El paredón fué una oscura y sangrienta herencia colonial. Basta ya de paredón.

Y si tú no atiendes esta apelación al cubano y al hombre, apelamos a las representaciones diplomáticas de la América Latina para que impidan la masacre. ¿O es que en su pasividad esos gobernantes que tanto hablan de paz van a permitir ese asesinato en masa?

Si lo hacen, sepan que serán tan responsables como los que ordenen el asesinato o los que lo ejecuten.

FIDEL CASTRO: SI FUSILAS A ESOS DIGNOS COMBATIENTES, A TI, A LOS QUE TE SECUNDEN Y A LOS PAISES QUE NO INTERVENGAN PARA IMPEDIRLO, LA HISTORIA JAMAS LOS ABSOLVERA.

Miami, Abril 22 de 1961.

HUMBERTO MEDRANO

QUEDA EL CORAJE

Compatriotas:
Cuando se siente un gran dolor, hablar es muy difícil.

Cuando nos abate una angustia como ésta, lo que deseamos es encerrarnos en nuestra amargura. Quedarnos solos con nuestra pena inmensa. Rezar en silencio. Y nada más. Pero los que tenemos como profesión escribir para el público, comentar los acontecimientos, exponer nuestras opiniones, no podemos abandonarnos al pesar por hondo que éste sea. No podemos dejarnos abatir por el sufrimiento, sea personal o colectivo. Tenemos que reportar el anhelo de los que nos leen o nos escuchan, para orientarse o simplemente para saber.

Y aquí estamos, haciendo de tripas corazón, para cumplir con nuestro deber.

A la hora que escribimos estas líneas, todavía no se conoce toda la magnitud de la tragedia. Nos referimos a la tragedia personal o familiar de los cubanos. Lo que sí se conoce es que estamos bajo el impacto demoledor de saber que nuestra patria sigue esclavizada y que las fuerzas de la opresión y de la violencia; la más fría, la más impiadosa, la más cruel de las violencias que ha conocido la

SIN PATRIA, PERO SIN AMO

historia, siguen asfixiándola y desangrándola.

Algunos cubanos han recibido la alegría de saber que viven sus deudos. Por ese pedacito de tranquilidad para los que lo tengan, damos gracias a Dios. Otros no tenemos siquiera hasta este momento ese rayo de luz entre la lobreguez de la desgracia. Somos estos últimos los que necesitamos más fuerzas para sobreponernos y, ante la duda, incrementar nuestras esperanzas o fortalecer ante las duras realidades, la resignación.

Pero unos y otros necesitamos aferrarnos a una sola palabra, a un solo sentimiento, a una sola actitud: **valor**.

Porque por encima de nuestras desgracias personales está la desgracia colectiva de nuestro país. Está el derrumbe actual de nuestras esperanzas.

Está nuestro honor mancillado. No sólo muchos se han quedado sin hijos, sin hermanos, sin padres, sin esposos. **Todos seguimos sin patria**. Sólo tenemos dolor y destierro. Destierro y dolor.

Pero no podemos dejarnos atrapar entre esas dos mandíbulas. Tenemos que librarnos de su potencia trituradora con todas las fuerzas de nuestro espíritu, de nuestras convicciones, de nuestra decisión, y rasgarle las fauces monstruosas a la derrota y a la desesperación.

Claro que hay muchos extremos que aclarar y muchos pormenores que explicar. Pero con las quejas, las lágrimas y las inculpaciones no les devolveremos la vida a los muertos ni la libertad a la Patria.

Más que nunca se requiere de nosotros coraje. Más que nunca se requiere de nosotros serenidad. La historia que siempre pone a flote los hechos por muchos interesados que haya en ocultarlos, fijará la responsabilidad de cada cual. Mientras tanto tenemos --así, en plena tragedia, en plena amargura, con el corazón desgarrado y el alma hecha pedazos-- tenemos que erguirnos, tenemos que encararnos a la catástrofe con la firme resolución de no rendirnos ante ella. Nuestros muertos, los de antes y los de ahora, no nos perdonarían nunca que hiciéramos estéril su sacrificio, diluyéndolo en la angustia pasiva o la llorona cobardía.

Por ellos tenemos que levantar nuestro ánimo y nuestra fé. No sabemos, nadie sabe todavía como podemos hacer brillar nuevamente esa luz. Pero habrá una manera. Habrá un camino. Habemos muchos dispuestos a morir en nuestra tierra antes que vivir lamentándonos e inculpándonos mutuamente en el extranjero.

Lo hecho, hecho está. La pena está ahí. Honda, sin límites. La sangre está ahí caliente, torrencial. Pero ahí está también nuestro deber de no dejar que esa sangre haya corrido en vano.

Sin precipitaciones, sin histerismos, sin locuras, tenemos que sobreponernos y encontrar un camino. ¿Dónde? ¿Cómo? Ya aparecerá. Ya lo encontraremos. Siempre hay caminos para la dignidad.

Ante el tribunal de buitres mal llamados periodistas, miserables esbirros, en los shows infames que está montando en la Habana el Chacal Rojo con los prisioneros de guerra un cubano --Freyre-- que representa a la verdadera Cuba, se paró entero y reafirmó sus convicciones, arriesgando el paredón. Ese gesto no pueden ahogarlo los sollozos del exilio. Ese gesto repetido por otros cubanos no tiene más que una respuesta: la decisión de ser valientes como lo fuera él.

Hay que limpiar los establos de Augías. Hay que depurar los cuadros. Hay que estar seguros de que no estaremos solos en una guerra que es de todo el Continente donde se asientan la democracia y la libertad amenazadas. Y hay que asegurarse de que los que de verdad sienten el

SIN PATRIA, PERO SIN AMO

dolor de Cuba dirijan las operaciones.

Sí, todo eso hay que hacerlo. Pero no podemos abandonarnos al lamento. Tenemos que ponernos a trabajar desde ahora mismo. Disciplinarnos y recoger la bandera, como la recogió Maceo, como la recogió Martí. Está rota. Pero no mancillada. Hay que enarbolarla de nuevo. Entre las lágrimas. Entre el dolor. Entre la angustia. Sí. Entre todo eso, y a pesar de todo eso, hay que enarbolarla de nuevo. Con ella en alto aunque esté hecha jirones, hay que ponerse en pie.

No estamos solos. Esta vez --ya lo veremos-- no estamos solos.

No estamos convocando a la guerra inmediata ni somos quienes para hacerlo. Estamos convocando a mantener el decoro de nuestra causa y no cambiar por la postración y el descorazonamiento la decisión de rescatar a nuestra Patria y responder al sacrificio de nuestros muertos.

Desde este mismo instante, el que escribe estas líneas declara su decisión inquebrantable de responder presente de nuevo, cuando llegue la hora de empuñar las armas otra vez....

Miami, Abril 26 de 1961.

HUMBERTO MEDRANO

DERROTISMO ES FIDELISMO

Ha sido muy duro el revés que hemos sufrido. Pero no podemos permitir que nos mate la fe. Debemos rezar por los muertos, por los desaparecidos, por los prisioneros de ayer y de hoy. Pero no podemos, sin ofender gravemente la memoria de esos muertos o traicionar los ideales de esos prisioneros, abandonarnos al desánimo y al descreimiento estéril. Tenemos que mantener viva y ardiente la fe en la causa por la que tantos compatriotas han ofrendado la vida.

Todos tendremos que morir algún día. Unos heroicamente como los invasores de Playa Girón, los combatientes del Escambray o los asesinados ante los pelotones de fusilamiento. Otros, sin gloria, en una cama, de alguna vulgar enfermedad. Pero los ideales no deben morir nunca. Esos nobles objetivos por los que el hombre arrostra todos los sacrificios han de permanecer en pie. Y deberán mantenerlo los más jóvenes por eso, por jóvenes, por romanticismo. Los mayores, porque estamos sembrando para nuestros hijos. Pero todos estamos obligados a no apagar la llama moral que hace la vida digna de vivirse e incluso de morir con los ojos iluminados por su resplandor.

Sí, el desastre ha sido tremendo. Y mucho más tremendo por las circunstancias vituperables en que se ha producido.

SIN PATRIA, PERO SIN AMO

Pero esa es la realidad y hay que afrontarla. Para afrontarla hay que marchar hacia adelante. El revisionismo supone estancamiento. Ante la adversidad no caben más que dos actitudes: el desmayo o el valor; la resignación cobarde o el combate. Y no existe el combate cuando los que combaten se dedican a mirar hacia atrás.

Nosotros, que no somos políticos, ni aspiramos a nada ahora ni después; que no tenemos simpatías ni antipatías personales ni de grupo, quisiéramos ver en esta hora aciaga a todos los cubanos estrechando filas con un solo objetivo común: libertar nuestra Patria. El rosario de culpas es largo. No creo que nadie esté exceptuado de que le toque alguna de sus cuentas. Estamos obligados a decidir si el tiempo que tenemos por delante para luchar vamos a dedicarlo al examen minucioso y estéril de cada una de ellas o al fortalecimiento del esfuerzo común. Porque ahora la Patria no es polémica. Es desprendimiento, fervor, valor y abnegación. Y sobre todo, unidad y firmeza en el propósito libertario.

El desánimo y la flojera nos paralizan; la parálisis ayuda a Fidel Castro.

La crítica supernumeraria nos enfrenta; nuestro enfrentamiento ayuda a Fidel Castro.

La desconfianza nos dispersa; la dispersión ayuda a Fidel Castro.

La suspicacia excesiva nos predispone y nos confunde; la confusión ayuda a Fidel Castro.

Las quejas, por mucha razón que se tenga para hacerlas, nos amargan y nos desunen; la desunión y la amargura ayudan a Fidel Castro.

Todo eso, además --parálisis, confusión, desunión, dispersión-- es derrotismo. El derrotismo ayuda a Fidel Castro, el enemigo de la libertad, el enemigo de Dios, el enemigo de todos. El derrotismo, en suma, es fidelismo.

¿Y dónde está la fórmula de la victoria?, preguntarán algunos. ¿Dónde al menos, la que despierta la confianza de todos y aglutina las voluntades y levanta el ánimo después de esta derrota? No la sabemos. Pero lo que sí sabemos es que injuriándonos y poniéndonos zancadillas no aparecerá. De lo que sí estamos seguros es de que si unidos todos y cada cual en sus capacidades contribuye a crear una fuerza homogénea, un impulso unitario, una voluntad de acción, la fórmula vendrá. Y con ella vendrán de nuevo la esperanza y la fé, requisitos indispensables de la acción para la conquista de la libertad.

El que escribe estas líneas no es más que un humilde periodista que expone con sinceridad sus opiniones. Quien sabe muchas veces equivocadamente. A fin de cuenta somos humanos. Por lo tanto no rehuímos las responsabilidades que nos quepan por nuestros errores, ni nos creemos superhombres ni supertalentos a los que hay que seguir ciegamente porque siempre tienen la razón.

Pero entre nuestras escasas virtudes se encuentra la de poder concebir nuestras opiniones desapasionadamente porque no pertenecemos a ningún grupo o bandería aunque las respetemos todas. Y con esa absoluta independencia afirmamos que la hora es de unión. Que no es el momento de estar enarbolando el desastre como arma política. En definitiva, que no es la hora del quítate tú para ponerme yo.

Estamos viviendo una tremenda tragedia. Hay sangre. Hay vidas de por medio. Hay una patria esclavizada de por medio. Hay que trabajar por la victoria. Hay que buscar la victoria. Hay que creer en la victoria.

La victoria es de los que creen. La victoria es de los que luchan. Tenemos que unirnos y confiar. Tenemos que unirnos y pelear. Sólo así ganaremos.

SIN PATRIA, PERO SIN AMO

Nuestras vidas sin patria, sin familiares --desaparecidos o distantes-- ya no tienen objeto. Tiene objeto la lucha. Tiene objeto la libertad. Tiene objeto el ideal por el que tantos han caído.

Lo demás no importa.

No más impaciencias, no más lamentos, no más querellas estériles, no más derrotismo.

El que no crea en esta causa que prepare sus asuntos y se disponga a vivir sin patria en el extranjero.

Y los que crean, que se unan y se dispongan a pelear y a vencer. ¿Cómo? Ya lo sabremos.

Empecemos por tener fe.

La fe es la antesala de la victoria.

Miami, Mayo 11 de 1961.

HUMBERTO MEDRANO

SI NO TIENE FE, "METASE" A MILICIANO

Hay que seguir.
Aunque seguir signifique empezar de nuevo. Aunque parezca imposible, hay que seguir.
Empezar de nuevo no supone recorrer caminos que condujeron al desastre. Seguir no representa reincidir.
Seguir es recomenzar una nueva tarea para alcanzar los viejos ideales. Seguir es mantener la fe en los principios que ha traicionado Fidel Castro. Seguir es recrear la mística, reunir las voluntades dispersas, pasar por sobre la consternación y la tristeza, apartar el sufrimiento o sacar de ese mismo sufrimiento la fuerza y la decisión para seguir combatiendo hasta vencer.
Seguir es, en definitiva y en dos palabras: reconstruir pelear.
Ya sabemos cuán hondo son los dolores. Sabemos como nos desgarran las penas personales y la pena colectiva. Sabemos lo difícil que es convocar a una lucha después de una derrota. Todo eso lo sabemos. Y más: que dicho con todo el respeto que nos merecen los cubanos que hoy dirigen la continuación de la contienda con inteligencia, con buena fé y con voluntad de victoria, no existe ese gran líder, ese gran hombre que a todos infunda confianza y que aglutine a su alrededor al solo conjuro de su presencia o

SIN PATRIA, PERO SIN AMO

su palabra, la decisión firme y unánime de seguirlo donde quiera que vaya.

Pero son los hombres que tenemos. Y están haciendo todo lo que pueden. Tienen ideales y tienen razones muy poderosas para no desmayar ni dejar de rendir el máximo de su capacidad y de su esfuerzo. Cambiarlos, a esta hora, sería retroceder aún más. Hay que marchar con ellos para que puedan contar con la autoridad indispensable a la hora de exigir el cumplimiento de los compromisos y de ratificar las alianzas --hechas con ellos-- en esta hora en que Cuba insumisa y democrática, necesita más que nunca del apoyo de sus aliados frente a la poderosa y siniestra conjunción de fuerzas totalitarias que hoy la esclavizan y la detentan.

No es el momento de quitar, sino de añadir. No es el momento de las simpatías o antipatías personales; es el momento de la acción conjunta y la solidaridad.

Ya dijimos que ésta era una guerra de liberación suigéneris, porque lleva al frente un texto constitucional como único caudillo. Ese es el que debe guiarnos. Vamos a analizar, a fiscalizar, a dar nuestras opiniones. Pero en forma constructiva. Enderezadas a que se hagan las cosas, no a que las haga o nos las haga Fulano.

Si alguna crítica dura tenemos que hacer. Si algo que está pasando nos disgusta o nos preocupa al punto que sentimos la necesidad de intervenir y de alertar, hagámoslo respetuosamente y en sentido positivo. O acerquémonos a los hombres que hoy dirigen y hagámosles saber nuestras opiniones. Pero no utilicemos el palenque público para obstaculizar o demoler. Porque una lucha como la que nos espera no podrá librarse con intrigas, zancadillas, resentimientos o inculpándonos mutuamente.

Sí, ya sabemos que Fulano dijo tal cosa, que Mengano "vió claro", que Zutano **lo advirtió**. Pero se trata de tumbar a Fidel Castro no al profesor Carbell. Los que se conformen con la demostración de su clarividencia que lo hagan. Pero no crean que con ella van a volver a Cuba.

Estamos enfrascados en una batalla tremenda. Estamos luchando contra el comunismo que es la fuerza política mejor organizada del mundo. Y lo demuestran los siguientes hechos: **Primero:** han encontrado la fórmula de convertir las mentiras en verdades y que mucha gente se las trague sin pestañear. (Véase como se llaman a sí mismos "democracias populares" y al mismo tiempo establecen por escrito en sus textos constitucionales que son "dictaduras del proletariado".) **Segundo:** han logrado que se acuse a otros de los crímenes y las transgresiones que ellos han cometido, verbigracia: truenan contra los "ingerencistas yanquis" y se tragaron a Hungría después de aplastarla bajo sus tanques; han conseguido que naciones del propio continente americano se revuelvan airadas contra los Estados Unidos advirtiéndoles que no pueden intervenir en Cuba, mientras nada dicen del hecho que Rusia, un poder extracontinental, haya intervenido ya en Cuba con hombres, armas, dinero e influencia política, convirtiéndola en cabeza de playa de sus planes subversivos en el Hemisferio. **Tercero:** todos los días amenazan con destruir nuestro sistema democrático y han logrado que muchos de los que hoy lo disfrutan en los propios Estados Unidos les hagan el juego y pidan que los dejen tranquilos conspirar contra ese régimen de vida que les reconoce y protege sus libertades. (Recuérdese el "Fair Play Committee", los profesores de Harvard, los Chamberlain del "New York Times", etc.) Y **cuarto:** le han metido miedo a todo el mundo con unos cohetes atómicos que no van a lanzar jamás, porque saben que los americanos también los tienen, y los comunistas son capaces del crimen pero no del suicidio.

SIN PATRIA, PERO SIN AMO

¿No les parece a todos los gruñones, que frente a un poder de esa categoría no podemos pelear ni mucho menos ganar si no nos unimos de verdad; si no echamos mano a todas nuestras fuerzas de cohesión y las impulsamos contra ese monstruo multicéfalo que por donde menos esperamos saca la cabeza?

No hay duda que la lucha es dura, terrible. Y por eso más necesitamos de nuestra inteligencia y de nuestro coraje. Con el forcejeo de ambiciones cuenta el enemigo para vencernos. Con nuestra flojera y nuestro pesimismo cuenta para aplastarnos definitivamente.

Luego no queda más remedio que unirse y empezar de nuevo a luchar. No queda otro remedio que cimentar un frente sólido y agruparnos alrededor de lo que tenemos para presentar batalla. Vamos, pues, a trabajar cada cual como pueda y a olvidarnos de esa tonada que ya cansa de "que malos son" y "que bueno hubiera sido". Con lo que pasó no vamos a resolver lo que va a pasar. Sobran los pescadores en río revuelto y los pesimistas.

No importa lo ingente del esfuerzo. La fé transporta montes.

Y el que no tenga fe, que se "meta" a miliciano.

Miami, Mayo 16 de 1961.

HUMBERTO MEDRANO

CARTA A CAROLINE KENNEDY

Pequeña Caroline:
Esta carta te la escribe un cubano desterrado.
Tú no sabes qué cosa es un desterrado. Y yo le pido a Dios que no lo sepas nunca. Podría intentar explicártelo. Pero no quiero. Esta no debe ser para tí una carta triste, ya que es una carta de felicitación.
Te preguntarás por qué te escribo una carta de felicitación si no te conozco, ni es tu cumpleaños. En cuanto a lo primero te diré que sí te conozco aunque tú no me conozcas ni sepas quién soy. He visto muchas veces tu retrato y en ocasiones he leído sobre tus travesuras.
Por los retratos me has parecido siempre muy linda. No porque seas la hija del Presidente. Si te llamaras Carolina Pérez o Caroline Smith, seguirías siendo linda. Recuerda siempre que tu belleza, tanto exterior como interior, jamás dependerá de tu nombre sino de cómo seas tú misma y cómo te comportes para con los demás. En cuanto a tus travesuras... bueno, por eso te escribo esta carta de felicitación.
He leído que mientras tu papá atendía una ceremonia oficial en honor de Ben Bella, tú estropeaste casi la ceremonia con interrupciones embarazosas. La ceremonia consistía en veintiún cañonazos que se disparan usualmente

SIN PATRIA, PERO SIN AMO

cuando se recibe a un jefe de estado. Yo no sé si tú sabes qué es un Jefe de Estado. Yo te diría que por lo general es un señor que manda, hace discursos, viaja, se retrata y trabaja mucho para no tener que trabajar.

Pero la diferencia principal entre tú papá y el jefe de estado que vino el día de tu travesura, es que tú papá llegó a la jefatura del estado por mayoría de votos y el señor aquél por mayoría de armas. Sin embargo, esa diferencia no importaba para que se le rindieran los mismos honores que a un jefe de estado producto de una elección. Como no importaba tampoco que aquel señor de mirada torva fuera amigo declarado de los enemigos declarados de tu país y de tu papá. Había que saludarlo de aquel modo porque así lo manda el protocolo diplomático y el rejuego político.

Sospecho que tú no sabes qué cosa es el protocolo diplomático. Confórmate con saber que es una cosa muy importante que no sirve para nada. Y en cuanto al rejuego político es una cosa que las niñas no deben saber.

Pero el caso es que mientras sonaban los cañonazos y todos estaban muy serios y solemnes, tú y las amiguitas que jugaban contigo en el Kindergarten de Casa Blanca, comenzaron a gritar entre cañonazo y cañonazo:

pum...! pum...! pum...!

Este remedo irrespetuoso se oía perfectamente donde se encontraban el señor Ben Bella, tu padre y los demás asistentes. Eso provocó que algunos perdieran la compostura y cundiera la sensación de que tú, la hija del Presidente nada menos, estabas saboteando la ceremonia y menospreciando de paso al invitado de honor.

Yo no creo en el sabotaje de tu parte. Eres muy pequeña para saber tanto y ser tan oportuna. Fué una travesura candorosa. Nada más. Pero por el significado que tuvo yo te felicito, Caroline, de todo corazón.

HUMBERTO MEDRANO

No dudo que alguien al regañarte te haya dicho que lo que hiciste no sólo resultó una descortesía sino que con ello pusiste en un aprieto a tu propio padre ante el señor Ben Bella, que es un hombre muy importante. Tú habrás callado y habrás hecho bien. Las niñas no contestan a las personas mayores. Pero si te volvieran con la misma cantilena, dí que en peores aprietos ha puesto a tu padre el señor Ben Bella con su visita a Fidel Castro y sus declaraciones sobre la Base de Guantánamo, después de recibir tantos millones de dólares de ayuda y andar buscando más. Y que además lo puso en aprietos ante la opinión pública del mundo libre, que es más importante que la del señor Ben Bella. Pero dilo suave y sonriente para evitar más problemas.

Aunque creo que los problemas ya te los has buscado y en grande. Porque no sólo te han regañado sino mandado a mudar. Ya el Kindergarten lo han trasladado adonde tú y tus amiguitas no puedan volver a interrumpir ceremonias solemnes con visitantes importantes. Imagínate si en lugar de Ben Bella, que no es más que un sirviente, se te hubiera ocurrido hacer la travesura estando presente Khruschev, que es el amo de Ben Bella. Habría sido una catástrofe de cincuenta megatones, como las bombas que estalla de vez en cuando el señor Khruschev y luego acusa a tu padre diciéndole cosas feas cuando tu padre estalla alguna de un solo megatón. (En cuanto a esto de los megatones, te ruego no me preguntes qué son, porque yo tampoco lo sé.)

En definitiva, Caroline, has sido regañada, mudada y tal vez castigada por tu travesura. Incluso quizás el castigo ha sido excesivo, obligándote a oir las explicaciones que dan algunos de los brillantes consejeros de tu padre tratando de demostrar que el comunismo que se ha posesionado de Cuba no representa ningún peligro para Estados Unidos, esta hermosa tierra donde tú tienes tu familia, tu casa,

SIN PATRIA, PERO SIN AMO

tu escuela, tus juguetes y donde nadie puede separarte de tus padres, ni de las amiguitas con quienes sueles jugar. Sin explicarte, claro -ni a tí ni a nadie- por qué ellos se preocupan solamente de lo que pueda pasar aquí y no **de lo que ya pasó allí,** en Cuba, donde hay muchas niñas como tú que han tenido que alejarse de sus familias, de sus casas, de sus escuelas, de sus juguetes y de sus amiguitas para vivir en orfanatos e instituciones en el extranjero; o que han sido separadas definitivamente de sus padres porque Fidel Castro los ha encarcelado o los ha llevado al **paredón,** que es un lugar muy malo de donde los que van no regresan más.

Pero en fin, esas son cosas que es mejor que tú no sepas para que no hables de ellas, aunque los que sí las saben hablen de ellas como si no las supieran.

Lo importante ahora es que hiciste la travesura y eso te costó reprimendas y molestias. Claro que esas reprimendas no significan nada en definitiva. Tus padres te quieren mucho. Yo estoy seguro que por muy "bravos" que se hayan puesto contigo, apenas tú les hayas sonreído deben haber sentido como si por dentro les saliera el sol.

Yo, sin embargo, a trueque de malcriarte un poco te diré, aquí, en secreto, sin que nadie se entere, que estuviste magistral.

Y si me preguntas que cosa es magistral, te diré que es el instante preciso en que Caperucita estropea una ceremonia inexplicable en honor del Lobo Feroz.

Miami, Octubre 21, 1962.

HUMBERTO MEDRANO

¿CUANTO VALE UNA ISLA?

Depende. En el Pacífico las hay que se arriendan por unos cuantos miles. Son islas de recreo. Otras se venden un poco más caras. Pero el precio incluye monos saltarines y nativos que danzan con plumas y trapos de colores. En ellas el propietario y los invitados gozan sus vacacio- de lo lindo. Hay inclusive gangas: islas en miniatura, donde de vez en cuando recalan pequeños barcos mercantes para dejar víveres. Estos montoncitos de tierra --hamaca, cocoteros, soledad, playazos picoteados de garzas--sirven para los que ya están hartos de la guerra fría, de la caliente, de los discursos de Fidel Castro, de la "neutralidad" latinoamericana, de los forcejeos del exilio y de las invasiones que los "Castros foes" realizan casi a diario en la prensa y la radio americanas.

Pero yo me imagino que usted no se refiere en su pregunta a ninguna isla de esas. Usted quiere saber lo que vale una isla poblada, urbanizada, con ciudades hermosas, tierras fértiles y grandes recursos naturales. Usted tiene in mente una isla con historia, con un pueblo laborioso, libre; con un pasado heroico y un futuro tangible de progreso.

SIN PATRIA, PERO SIN AMO

Eso ya es otra cosa. Porque entonces usted no se está refiriendo solamente a una isla. Usted se está refiriendo concretamente a una nación. Y el valor de una nación es incalculable. Para los egoístas vale lo que produzcan en ella sus inversiones. Para los que tienen a orgullo haber nacido en ella; para los que saben que tener una patria es como tener una madre; para los que sueñan con tener un hogar en esa patria y ver nacer y crecer sus hijos en esa tierra cargada de tradición y de esperanza; para los que quieren invertir en ella todo lo que tienen --mucho o poco-- para engrandecerla y asegurar su bienestar y el de sus descendientes; para los que aspiran a vivir en una nación grande por sus virtudes, fuerte por su riqueza, libre y soberana por su decoro; para aquéllos que tienen como supremo objetivo material y moral convivir en un país donde para todos por igual haya justicia, respeto y bienestar; para esos, esa isla, esa nación, vale la vida misma.

¿Pero existe esa isla...?

Sí, existe. No es una entelequia. Existe y está ahí, al doblar de la esquina salitrosa del Gulf Stream. Se llama Cuba.

Claro que hoy no llena aquellos requisitos. Está sojuzgada, escarnecida. Está en manos de un país extranjero --Rusia-- que la esclaviza y la explota a través de lacayos traidores a su suelo y a su historia. Está pobre, triste y desangrada.

Pero esta isla, esta nación saqueada, esta tierra sin libertades, puede volver a ser un esplendoroso país independiente. Puede volver a ser un hogar acogedor para los que nacieron en ella; una patria para todos sus hijos.

Sólo es preciso libertarla primero y honrarla después.

Dos cosas difíciles pero no imposibles. Porque sólo se requiere, para rescatarla, imitar el esfuerzo mambí. Y para honrarla, no **medir** su valor sino **sentirlo**. Saber la diferencia entre **rendimiento** y **renacimiento**. Que es la misma entre **corazón** y **caja contadora**, entre **billete** y **bandera**.

Tal vez a estas alturas habrá quien piense que soy un tremebundo radical. Un "fidelista sin fidel". A lo peor, un comunista tapiñado. ¡Tendría gracia!

Porque a lo mejor el que así piensa, estuvo estrechándole la mano a Mikoyan en algún ágape, mientras nosotros atacábamos bajo nuestra firma su procedencia, sus ideas, sus intenciones, sus planes y sus desplantes por la televisión. No. No hay razón para tales erizamientos.

Somos defensores y lo hemos probado, de la democracia más pura, de la Constitución, de la propiedad privada y de la libre empresa. Y cuando un Cristo nos parece Cristo le rezamos. Y cuando nos ha parecido miliciano le hemos apuntado a la boina.

Creemos que sólo con la libre empresa es posible lograr el progreso de un país. Sólo los que producen bajo el amparo de las leyes, los que luchan por los frutos de su capacidad y de su ingenio, son los que levantan y consolidan la riqueza de un país.

Pero estamos, estuvimos y estaremos contra los voraces, contra los insaciables, contra los que quieren seguir en Cuba una política de arrasamiento, contra los que creen que una nación es un feudo privado y cada ciudadano un siervo que debe vivir trabajando para ellos sin derecho a tener una vida decorosa, un bienestar asegurado para él y para su familia y sin que los hijos de ese siervo tengan la oportunidad de educarse y ascender por sus méritos a las más altas posiciones económicas y políticas.

Lo que estamos es en contra de los que antes despreciaron al guajiro y ahora lo odian porque el miserable de Fidel Castro los ha cogido de instrumento. De esos que

SIN PATRIA, PERO SIN AMO

no diferenciaban un hombre de una vaca, una besana de maíz, un campo de yuca o un arado. De esos que chillan justamente por sus tierras, pero a quienes nunca les importó que hubiera en ellas un índice de un 99 por ciento de parásitos y de analfabetismo entre los niños campesinos.

Lo que estamos y estaremos siempre es en contra de los que discriminan a un hombre por su color o por su posición social y no les importa rellenar sus harturas con lo que en otros es hambre y sacrificio.

Lo que estamos y estaremos siempre, porque somos cristianos fervientes, es contra esa doblez de los fariseos que rezan y comulgan, echan pesos en los cepillos y se hacen cruces en la frente con agua bendita y cuando salen de la iglesia perforan los diez mandamientos desde el primero hasta el último, y rematan su hipocresía faltando diariamente a la caridad con el prójimo. Caridad que no consiste en darle una limosna a un mendigo, sino en procurar que no los haya.

Estamos, en fin, y estaremos siempre, con la verdad y con la generosidad. Y como hoy la patria es la desheredada; como es verdad su sufrimiento y fueron verdad sus sufrimientos anteriores por los egoísmos y los excesos; como es más que nunca necesaria esa generosidad para libertarla primero y salvarla después, es por lo que estamos remachando sobre el tema de que todos debemos volver para entregarle **generosa** y **verdaderamente** todo nuestro esfuerzo y todo nuestro sacrificio.

Es así y únicamente así, cuando sabremos lo que vale una isla que se llama Cuba. Y que algunos, en el destierro, hemos confirmado que no podemos vivir lejos de ella.

Aunque nos regalaran el Empire State.

Miami, Abril 13 de 1961.

HUMBERTO MEDRANO

YA ESTAN FUSILANDO A LOS HUMILDES

Acaban de caer tres nuevas víctimas. Tres fusilados más por esta revolución "generosa". No sabemos cual es el concepto que tiene Fidel Castro de esa palabra, si es que tiene alguno. Quizás él estima que ha sido generosa porque al bajar de la Sierra no ordenó pasar a cuchillo a toda la población cubana.

Pero ese es el hecho. Mientras Fidel Castro proclama la generosidad de su revolución, manda a fusilar a todo el que se le opone, a todo el que discrepa, a todo el que no obedece ciegamente los úkases del Partido.

Y eso es lo más repugnante de su régimen vandálico: el cinismo. La desfachatez con que mienten y el insolente desparpajo con el que quieren obligar a todo el mundo a tragarse las mentiras. Eso, y la forma perversa con que subvierten las palabras y los hechos. Así se rebajan los salarios y se despiden obreros en nombre del **bienestar proletario**. Se roba y malversa el tesoro público en nombre de la **honestidad administrativa**. Se condena a un inocente en nombre de la **Justicia**. Y se fusila en nombre del **humanismo y la generosidad**.

"La revolución nunca ha golpeado a nadie, ni ha tocado jamás a un detenido"; ha proclamado Fidel Castro

SIN PATRIA, PERO SIN AMO

con voz transida de emoción. Y los presos de La Cabaña eran levantados a las tres de la mañana y obligados a desfilar desnudos a la intemperie y les propinaban manguerazos helados y les clavaban las bayonetas en la región glútea.

De estos desafueros que denunció PRENSA LIBRE cuando era **prensa** y era **libre** hay constancia oficial por actas que levantara el doctor Alabau Trelles --entonces Magistrado del Tribunal Supremo-- que inició causa contra los custodios y los jefes del penal. Pero Alabau Trelles tuvo que escapar de Cuba antes de que lo encarcelaran a pesar de su alta magistratura, la causa ha sido archivada, los custodios y jefes siguen en sus puestos y los maltratos y vejaciones continúan. Sólo que ahora no se conocen porque no hay prensa libre que lo publique.

Entretanto, Fidel Castro sigue repitiendo que la revolución no ha tocado un prisionero y que la revolución es generosa. Y sus palabras son coreadas por los aplausos estruendosos de las turbas amaestradas y por las descargas ensordecedoras de los fusilamientos.

En la noche del miércoles volvió a funcionar en La Cabaña la **generosidad** de Fidel Castro. Y tres obreros del sector eléctrico fueron fusilados bajo potentes reflectores para que se viera bien la forma humanitaria y generosa con que la Hiena de Birán acribilla a balazos a unos obreros por el crimen de haber desfilado frente a Palacio gritando: ¡Cuba, sí, Rusia no!

La opinión pública debe tomar nota, con estos nuevos fusilamientos, de lo piadoso que es el humanismo de Fidel y de lo generosa que es su revolución.

Pero además debe advertir otro aspecto bien significativo:

No se están fusilando criminales de guerra. No se es-

tán fusilando asesinos. **No se están fusilando latifundistas alzados ni monopolistas yanquis.**

Están fusilando obreros. Fíjense bien: OBREROS. Antes se había fusilado campesinos. Por ejemplo: Sinesio Walsh. Es decir: el llamado "gobierno de los obreros y campesinos" está fusilando **campesinos y obreros.**

A Sinesio por rebelarse contra el régimen tiránico con las armas en la mano. La muerte de Sinesio violó todas las leyes de la guerra que prohiben fusilar prisioneros.

A los tres obreros eléctricos de ahora, como a Gerardo Fundora hace dos meses, acusados de terrorismo y atentados. Claro que no hubo tal terrorismo ni hubieron tales atentados. Ocurría que no eran comunistas; que no aceptaban la coyunda comunista y que se manifestaron abiertamente contra la opresión comunista en los sindicatos y en la República toda.

Por eso y sólo por eso, este gobierno llamado "de los humildes y para los humildes" ha fusilado y sigue fusilando humildes, aunque sean humildes, porque no son sometidos.

Guillermo Le Santé, Julio Casielles Amigó y Horlirio Méndez Pérez eran tres obreros. Tres obreros cubanos que amaban la libertad. Tres obreros cubanos que no querían perderla en manos de una dictadura extranjera.

Por eso murieron. Por eso los fusilaron. Por eso fueron asesinados contra el infame paredón.

Ante esos tres cadáveres humildes de tres hombres humildes pero heroicos, vela no sólo la angustia infinita de sus familiares. Vela el respeto consternado de todos los hombres dignos. Vela Cuba

Sus nombres, con los del campesino Sinesio, del estudiante Porfirio Ramírez, y de tantos otros, ya están latiendo en el corazón de un pueblo ejemplar que llora pero

SIN PATRIA, PERO SIN AMO

combate. Y su memoria ha de ser venerada porque fueron obreros, campesinos y estudiantes que murieron para que en Cuba no se sigan matando estudiantes, campesinos y obreros. Porque fueron cubanos que murieron para que los rusos y los chinos no sigan gobernando a los cubanos. Para que algún día desaparezcan de una vez estos mercenarios que se ocultaron tras la bandera cubana para traicionar la Patria y asesinar su libertad...!

Miami, Enero 22 de 1961.

HUMBERTO MEDRANO

UN DIA COMO HOY

La mañana se había levantado temprano para no perderse un detalle de la escena.

Un sol madrugador doraba las copas de las majaguas y las ceibas. Desde la rama de un ateje, un sinsonte calentaba sus primeros trinos. Abajo, la yerba húmeda aún se aplastaba de pisadas. Eran hombres, con pisadas de hombre.

Uno de ellos, de ademán resuelto, se acercó a la campana que en el batey de La Demajagua había sonado a veces para convocar a fiestas y comilonas. Hoy sonaría distinto. Cuando el hombre de ademán resuelto sacudió el badajo, la campana sonó como un clarín. Su voz alta y penetrante retumbó a todo lo largo del camino real que iba de Manzanillo a Campechuela.

Acto seguido el hombre se volvió hacia los otros hombres. Su voz resonó potente y límpida como la voz de la campana:

—¡Ciudadanos.. ese sol que véis alzarse por encima de la Sierra Maestra, viene a alumbrar con su gloria el primer día de libertad e independencia para Cuba...!

Voces y machetes en alto respondieron:

—¡Viva Cuba Libre!

Un viento fino bajado de la cordillera recogía trémulo de emoción los ecos de las voces. Entre ellas las de Barto-

SIN PATRIA, PERO SIN AMO

lomé Masó y los Brigadieres Jaime Santiesteban y Manuel de Jesús Calvar.

La voz de la patria naciente, rebelde e indómita, había resonado no sólo en el bronce de la campana, sino en la fibra peleadora de sus hijos.

Poco después partían para atacar el poblado de Yara.

Tras ellos quedaba, abrazado a las palmas, un silencio imponente respirando bravura.

Era el 10 de Octubre de 1868 y había comenzado en Cuba la larga y cruenta lucha por la independencia con la Guerra de los Diez Años.

Cuando los insurrectos llegaron a Yara, fueron diezmados por fuerzas superiores en una emboscada. Alguien dijo con amargura:

—¡Todo se ha perdido...!

La voz del hombre que había convocado a la guerra resonó de nuevo:

—¡Con los hombres que quedan basta para hacer la independencia de Cuba!

Apenas la acerada convicción de aquella frase de Carlos Manuel de Céspedes había fulgurado sobre las sombras del primer revés, Luis Marcano se les unía con trescientos patriotas en la sabana de Cabagán. Y un tiempo después, otro puñado de patriotas alzados en Las Mangas con Perucho Figueredo, engrosaba las filas insurrectas. Y los brotes de sublevación se multiplicaban en la zona de Bayamo, en Tunas, Holguín y Jiguaní. En ellos el fervor patriótico de Francisco Vicente Aguilera, Donato Mármol, Francisco Rubalcaba, Julio Grave de Peralta, Calixto García y tantos otros, se hacía tajante y mambí en el filo de los machetes.

Claro que no fué entonces cuando se manifestara por primera vez la rebeldía cubana. Opresión y rebeldía marchaban juntas hacía tiempo.

HUMBERTO MEDRANO

Ya el 19 de mayo de 1850, la bandera cubana, diseñada por Miguel Teurbe Tolón y reproducida en Cuba por Emilia Teurbe Tolón había ondeado por primera vez en suelo patrio durante doce horas en Cárdenas, ocupada brevemente por Narciso López y los expedicionarios del Creole.

Ya el 4 de julio de 1851, Joaquín de Agüero, camagüeyano férreo, junto con cuarenta y cuatro cubanos más, se había alzado en armas contra España en San Francisco del Jucaral. Y coetáneamente, se alzaban en Trinidad los patriotas José Isidoro Armenteros, Hernández Echerri y Rafael de Jesús Arcís. Y ese mismo año, en una nueva intentona, Narcisco López desembarca cerca de Bahía Honda, se interna y gana los encuentros de Las Pozas y el Cafetal de Frías. Acosado por fuerzas abrumadoras es hecho prisionero. De cuatrocientos, ya no le quedaban más de siete hombres. Cuando murió en La Punta, en el garrote vil, dijo:

—Mi muerte no cambiará los destinos de Cuba...

En igual patíbulo había muerto anteriormente Isidoro Armenteros. A Joaquín de Agüero, capturado después de un mes de lucha, lo fusilaron en el paredón.

Las mujeres camagüeyanas, como protesta, se cortaron sus lindas cabelleras. Una cuarteta prohibida por las autoridades compelía a la demostración diciendo:

"Aquella camagüeyana
que no se cortase el pelo,
no es digna que en nuestro suelo
la miremos como hermana..."

Sí, cuando sonó el campanazo de La Demajagua ya hacía tiempo que la heroica rebeldía cubana brotaba en llamaradas redentoras. Por esa rebeldía habían sido ejecutados también antes del 68, Eduardo Facciolo, Francisco Estrampes y Ramón Pintó.

Pero la Guerra de los Diez Años la recogió crujiente y

SIN PATRIA, PERO SIN AMO

denodada. Ella fué la que impulsó a Ignacio Agramonte, el Bayardo camagüeyano a quien Martí llamara "un diamante con alma de beso", a rescatar con sólo treinta y seis jinetes, de manos de una columna española que lo había hecho prisionero, al Brigadier Sanguily. Esta hombrada habría de sobrevivir para siempre a aquel hombre de leyes que por la Patria empuñó la espada y ofrendó su vida. Todavía resplandencía como un lucero en la sien que le trizara una bala en el encuentro de Jimaguayú.

Y fué esa rebeldía, fragua del amor patrio y del espíritu de sacrificio, la que hizo a Carlos Manuel de Céspedes rendir su espada ante la majestad augusta de la ley. Y la que redujo a cenizas a Bayamo. Y la que puso en Baraguá un no rotundo en la boca de Maceo frente a la poda de ideales que significaba en el 78 la Paz del Zanjón.

Y fué la que siguió inflamando los afanes independentistas de la Guerra Chiquita en la década de los ochenta. Y la que lanzó en Baire la embestida de la Guerra del 95 donde cayeron Martí, Maceo, Gómez Toro, pero de la que emergieron vivos y ardientes sus ideales, los viejos ideales mambises, que izaran al fin el 20 de mayo de 1902 en el Castillo del Morro, sola y esplendorosa, la enseña de la estrella solitaria.

Sí, de lejos nos viene esta rebeldía tan honda, tan firme, tan caliente, que mantuvo crepitando el fervor independentista por casi medio siglo.

Esa rebeldía que un día como hoy, hace noventa y cuatro años, convocara en La Demajagua a combatir por ideales de emancipación. La misma que hoy nos convoca de nuevo a la lucha, por los mismos ideales.

Sí, tenemos que luchar por conquistar la misma independencia que hoy nos niega como antes una potencia extranjera. Con una diferencia: que aquella potencia, España, que nos aprisionaba, nos había engendrado; nos había dado vida y carácter, idioma y espíritu. Junto con las cadenas nos insufló el valor y el tesón gallardo e indomable de la raza para romperlas. Pero hoy Rusia, bárbara, mongólica, ininteligible, ha venido sin vínculos históricos, sin sangre antecesora, a ponernos una coyunda de fríos y extraños hierros siberianos.

Y con el agravante de que los que entonces nos querían mantener atados a un poder colonialista, de él venían. Pero quien quiere hoy mantener a Cuba sometida a una potencia imperialista, nació en Cuba. Y al traicionar y vender a su propia patria a esa potencia extraña, traicionó y vendió vilmente a aquellos cincuenta años de lucha, aquel esfuerzo sagrado, aquellas muertes heróicas, aquella rebeldía que vibró en La Demajagua, resonó en Baire, tronó en Palo Seco con Máximo Gómez, acompañó a Maceo en la invasión de Oriente a Occidente e izó en el Morro la bandera de nuestra soberanía.

Soberanía que hemos perdido de nuevo en manos de un renegado.

Soberanía e independencia que un día como hoy tenemos que jurar volver a conquistar.

Nada debe ni puede detenernos. Y a los que piensen demasiado en el poder bélico de Rusia o en sus cohetes y amenazas truculentas, recordémosles la frase con la que Carlos Manuel de Céspedes terminó su discurso en la asamblea de patriotas celebrada el 4 de agosto de 1868 en San Miguel de Rompe a dos meses del Grito de Yara:

-Señores: la hora es solemne y decisiva. Si el poder de España nos parece fuerte y grande aún, es porque hace tres siglos que lo contemplamos de rodillas.¡Levantémonos!

Miami, 10 de Octubre de 1962.

SIN PATRIA, PERO SIN AMO

LA OPERACION "PITIRRE"

El "pitirre" es un pajarito cubano, chiquito, pero **guapo** como él sólo. Apenas tiene el tamaño de un gorrión, pero lo mismo se "faja" con un "aura-tiñosa" que con un gavilán. Cuando la **tiñosa** invade sus dominios y se acerca al nido, el **pitirre** diminuto y bravo, le sale al encuentro y evadiendo como puede sus aletazos, le picotea la cabeza pelona y colorada hasta ponerla en fuga. Por eso es que vamos a bautizar la acción de los estudiantes del Directorio con el nombre de "Operación Pitirre". Y vamos a proclamar nuestra absoluta adhesión a ella. Siempre estaremos junto al **pitirre** cuando se "prende" con la **tiñosa**.

Porque ya estamos cansados de loros y de lechuzas. Se ha pensado bastante y se ha hablado demasiado. No dudamos que sobre el tapete de la estrategia internacional hayan cartas de triunfo. Pero mientras se ponen en juego, en Cuba se sufre y se muere. Y Cuba, para algunos, será un experimento. Pero para nosotros es la Patria adolorida y sangrante. Por lo tanto, si los cóndores al sur del Río Grande miran indiferentes o indecisos, y el águila majestuosa no cree llegado el momento aún de abrir sus alas, es hora de soltar el **pitirre**. ¡Y ya verán ustedes como pelea ese pajarito cubano, chiquito y guapo como él sólo!

Yo no sé si eso fué locura o precipitación. Por mí le pueden poner el nombre que quieran. Para mí, se llamará siempre patriotismo.

¿Qué hemos hecho hasta ahora desparramando por el mundo la verdad de nuestro martirio? ¿Qué hemos conseguido explicándoles a los pueblos del orbe, especialmente de la América Latina, nuestra inmensa desgracia? ¿Qué hemos logrado mostrándoles el peligro que el caso de Cuba encierra inclusive para sus libertades y su propia seguridad? Poco. Muy poco. Algunos gestos de comprensión. Algunas adhesiones políticas. Promesas. Nada más. Y aún eso se ha visto opacado por la aviesa interferencia de los mercaderes de libertades, que han tratado y siguen tratando de cubrir con los subterfugios de la "no-intervención" y la "auto-determinación" sus chalaneos políticos y económicos con nuestros verdugos.

Por otra parte, nuestras verdades apenas llegan a los pueblos de América. Y cuando llegan, las deforma la propaganda comunista, que tiene servidores donde menos se piensa. Si cuatro pescadores cubanos escapan con sus familias en un bote porque no pueden soportar el hambre y la opresión, ya alguien se encargará de que en la mayor parte de los países del Hemisferio se diga que "un grupo de desertores contrarrevolucionarios abandonó a su Patria para irse a vivir a los Estados Unidos". Si la Gestapo comunista captura a un puñado de patriotas y los fusila sin juicio, sin tener en cuenta los más elementales derechos humanos, ya la potente emisora Radio-Habana y sus ramificaciones continentales se encargarán de propalar que "la revolución ajustició a un grupo mercenarios del imperia-

SIN PATRIA, PERO SIN AMO

lismo yanqui" A estas alturas, con todos los periódicos cubanos independientes ocupados y confiscados por la fuerza; con las maquinarias de algunos de ellos robadas y enviadas a países comunistas, el "New York Times" tiene el tupé de decir en un editorial publicado el día 27 de los corrientes, que si el gobierno cubano concediera permiso a "algunos periodistas de reputación" para visitar el país, "verían como las cosas mejoraban", porque "se publicarían las cosas malas, pero también las **cosas buenas** de la revolución.

(¿Podrá el "New York Times" beberse toda la sangre que las cubre para encontrarlas?)

Nada de lo que pasa, pues, trasciende en sus justas proporciones. Y si no se conocen las salvajadas y se ocultan los sacrificios de los que se paran a combatirlas ¿cómo se quiere que los pueblos latinoamericanos reaccionen a nuestro lado? Cuando se les habla de la tiranía comunista, preguntan: ¿Y por qué no pelean los cubanos contra esa tiranía? Y esa pregunta injusta, pero explicable, estará ignorando los miles de cubanos que se pudren en las cárceles y en los campos de concentración y los que mueren diariamente en el monte o en el llano combatiendo precisamente contra esa tiranía.

Por lo tanto no queda mas camino que el de los cañonazos. Desgraciadamente, son los cañonazos los que escriben la historia. Los dieciseis que dispararon los estudiantes cubanos contra la guarida de los invasores extranjeros en Cuba, estamos seguros que han hecho más porque se conozcan los esfuerzos que se hacen por nuestra causa, que todas las monsergas habladas o escritas que han recorrido el Continente.

Sí, eso es lo que hay que hacer. Eso es lo que hubiera hecho Martí. Eso es lo que hubiera hecho Maceo. Nosotros no tenemos ni su talento ni su bravura. Pero somos los hijos de su esfuerzo y algo parece que se nos ha quedado enredado en las entretelas.

Los invasores extranjeros y sus títeres mercenarios nos han derrotado algunas veces, pero la última página de esta guerra de liberación no se ha escrito todavía. La potencia bélica del enemigo es tremenda, pero nosotros tenemos lo que no se puede importar de ningún país, ni se puede comprar en ninguna armería: coraje. Habrá quienes analicen fríamente el caso de Cuba y quieran esperar y hasta transar, pero nosotros ni lo podemos analizar fríamente, ni podemos esperar ni transar con la esclavitud y con el crimen.

Este humilde periodista, saluda con orgullo cubano a esos veintitrés compatriotas que sin pensarlo tanto zarparon para Cuba y le entraron a cañonazos al cubil de los opresores extranjeros. Sí, ese es el camino. Hay que seguirlo. Tenemos lo principal: hombres. Lo demás se conconsigue. Porque los que quieran volver a Cuba, tienen que ayudar a libertarla o no van a volver.

Cuba, amada patria, aunque muchos te abandonen, no estás sola. Eres una isla pequeñita, pero tienes hijos, adentro y afuera, para los que nada hay más grande que tú. Lo estás comprobando todos los días con el heroísmo de los que se trepan en las cumbres o se van al monte para defender tu independencia. Acabas de verlo la noche del 25 cuando un puñado de tus hijos desafió el poderío de las armas rusas en Cuba y le sonó dieciséis cañonazos en las mismas barbas mugrientas a Fidel. Por esta acción no es-

SIN PATRIA, PERO SIN AMO

tás en deuda con ellos. Cumplir un deber no es nada extraordinario aunque se cumpla heroicamente. Todos nosotros somos los que estamos en deuda moral irrevocable de romper tus cadenas.

Y puedes estar segura que así será, porque ya lo dice el refrán guajiro:

"Por mucho que el aura vuele
siempre el pitirre la pica".

Miami, Agosto 29, 1962

HUMBERTO MEDRANO

SE VENDE UN CAÑON DE SEGUNDA

Decía hace poco Sidney J. Harris, brillante columnista del "Miami Herald", que "la compasión es una flor que crece solamente en el jardín del sufrimiento propio." Yo diría que lo mismo pasa con las flores de la comprensión y la solidaridad humana. Por eso, en la cercanía del sufrimiento cubano que los contagia y los implica, periodistas como Hal Hendrix y periódicos como el "Miami Herald", han entendido todo lo que tienen de heróico y de patriótica desesperación los cañonazos cubanos que dispararon estudiantes cubanos contra la guarida de los invasores extranjeros en Cuba.

Mientras tanto, periódicos y columnistas situados a tanta distancia de nuestra tragedia como del concepto de la dignidad humana, examinan el hecho y lo censuran. Así lo hacen el "Daily Herald" y un columnista del "Daily Mirror" de Londres. El columnista de este periódico dice que "es asombroso que el Presidente Kennedy haya permitido que esos ataques se preparen y planeen en suelo americano", ¿Y quién le ha dicho a ese señor columnista que el Presidente Kennedy permitió nada o supo de nada sobre el ataque? ¿Y de dónde saca el sabihondo columnista que el ataque fué planeado y preparado en tierra americana? ¿Tiene pruebas? Si las tiene ¿por qué no las exhibió en su colum-

SIN PATRIA, PERO SIN AMO

na? Si no las tiene ¿por qué afirma lo que no sabe ni puede probar?

Claro que estas cosas no son de extrañar. En esa fauna literatoide que le ha salido últimamente a Inglaterra como sale un forúnculo en el cuello, abundan los cerebros en los que no se sabe donde terminan los efectos de la ginebra y empiezan las instrucciones del "Partido". Pero sería mejor que los columnistas del "Daily Mirror" y del "Daily Herald" se preocuparan en aclarar por qué Inglaterra fué acusada de vender combustible a la China comunista, cuando la guerra de Korea, a través de Hong Kong. Porque con ese suministro tro los aviones de la China Roja mataban también soldados ingleses con combustible inglés. O que investigaran por qué Inglaterra vendió y compró mercancías en el último año al gobierno comunista de Castro por valor de veintiún millones de dólares, rompiendo así el bloqueo económico decretado por sus aliados los Estados Unidos. Tal vez tras estos oscuros beneficios económicos descanse la razón de de sus censuras.

Desgraciadamente, sin embargo, estas no son las únicas. Las ha habido un poco más cerca geográficamente, pero igualmente lejos en lo moral de la tragedia cubana.

En Washington algunos funcionarios del Departamento de Estado que no dan su nombre -voceros se llaman usualmente, aunque se pudieran llamar de otra manera- dijeron: "Estamos un poquito apenados con todo esto. Los estudiantes no han ayudado con su actitud en este asunto. En su lugar, le han dado a Castro una maravillosa oportunidad de incrementar su propaganda."

En primer lugar, nos gustaría saber si la política del Ministerio de Estado, la dirige Dean Rusk o el "New York Times." Por que esas palabras son casi la repetición textual de las que aparecen en un editorial de ese periódico de fecha 27 de los corrientes.

En segundo lugar yo le preguntaría al señor vocero del Departamento de Estado quienes son los que le dan verdaderamente a Castro los medios de incrementar su propaganda: si los estudiantes cubanos que arriesgan su vida combatiendo o los burocrátas que con su incapacidad, sus debilidades y su inclinación por la política de coexistencia pacífica, han permitido y siguen permitiendo que Castro se mantenga en el poder fortaleciendo y fortificando cada vez más a Cuba como base de propaganda comunista en todo el Hemisferio.

Por último, yo le sugeriría a estos funcionarios que no se sintieran tan apenados porque un puñado de cubanos, solos, sin contar con el gobierno de Estados Unidos y más bien contraviniendo sus disposiciones, haya lanzado un ataque contra un cubil donde se guarecen extranjeros comunistas enemigos de Cuba, de los Estados Unidos y de la libertad y la decencia humana. Que tal vez lo que debería apenarlos es que en la defensa de esas libertades que a todos nos incumben, seamos los cubanos los que estamos poniendo los riesgos, el dolor y la sangre y ciertos burócratas, las críticas.

En definitiva, que nadie crea que los estudiantes cubanos están solos. Somos muchos lo que estamos junto a ellos, dentro y fuera de los Estados Unidos y que vamos a ripostar golpe por golpe a quienes traten de desmerecer o condenar su patriótica acción. Y si en definitiva los juzgaran y los condenaran, sugeriríamos vender en pública subasta, para pagar la multa, el cañón de uso que dispararon en la "Operación Pitirre", con el siguiente texto para anunciarlo:

Se vende un cañón de segunda, usado por hombres de

SIN PATRIA, PERO SIN AMO

primera, para poder libertar a los que han sido condenados por el delito de defender las libertades que gozan algunos hombres de tercera.

Miami, 1 de Septiembre de 1962.

HUMBERTO MEDRANO

LA ENSEÑANZA DE ESTA NOCHEBUENA

Aquella noche, perfumada de mirra y áloe, nacía en un pesebre el que habría de morir en una cruz.

Desde la hora de los ángeles, un aire de amores peinaba la llanura de Esdrelón.

Para aquel nacimiento no había pañales bordados, pero el heno abría su cóncava y rumorosa suavidad.

No había calor de alcoba, pero las bestias del establo brindaban al milagro, pequeño y aterido, su calor animal.

No había luces, pero sobre las colinas en cuyas faldas dormitaba el pobladito de Nazaret, resplandecía el fulgor de una estrella votiva, que desde remotas galaxias acercaba su su luz para guiar la triple ofrenda de sumisos monarcas peregrinos...

Fué en ese instante que el universo entero cupo en Galilea.

Allí brotaba la espiga de la semilla cósmica cuando el Dios inmenso de la Creación se reprodujo diminuto, en el llanto de un recién nacido.

Allí nació la vida para explicar la muerte, que escogería la muerte para explicar la vida.

De allí saldría la verdad hecha hombre a derramarse sobre el mundo.

A enseñarnos a todos, buenos y malos, poderosos y hu-

SIN PATRIA, PERO SIN AMO

mildes, el camino de la redención.
Ese es el camino del amor, del perdón, de la justicia.
Es simple: no requiere complicados estudios encontrarlo.
No se necesitan para seguirlo, inmensos sacrificios.
Sólo es preciso que no querramos tener más que los demás.
Que no nos creamos mejores que los demás.
Que no hagamos a los demás lo que no queremos que los demás nos hagan.
Sin embargo, la humanidad no aprende. Pocos son los que llegan. Menos los que lo siguen.
Y mucho los que se confunden y confunden a los demás.
Porque no se puede amar estimulando el odio.
Ni se puede perdonar ejerciendo la venganza.
Ni se puede ser justo desposeyendo a los demás.
De esa confusión nacen las tinieblas que nos envuelven, las desventuras que nos alcanzan, el mal que rebota.
La cosecha del dolor, de las miserias, viene de esa siembra mefítica.
Porque hablamos de Dios, pero lo vemos en la ambición desmedida, en la ira desbordada, en el sórdido egoísmo.
Hablamos a Dios y rezamos a Dios, pero le hablamos de nuestros intereses minúsculos y le rezamos por la satisfacción de nuestros más superfluos apetitos. Cuando no, de nuestras más bajas pasiones.
Hablamos de Dios, pero lo situamos en la riqueza, en el poder, en la vanidad, en el hartazgo, en lo mezquino.
Y no nos acordamos que Cristo hecho hombre fué generoso, frugal, sacrificado.
Nos olvidamos que Dios hecho Cristo, "entró en el mundo por un pesebre y salió por una cruz."
¿Cómo podemos reclamarle si lo hemos olvidado?
Es por eso que hoy, en esta Nochebuena que es para

nosotros, que debe ser noche de recuento y penitencia, he querido recordar estas cosas para los que se desesperan porque no les abunda lo que otros no tienen, porque han perdido lo que jamás tuvieron otros, lo que Cristo que naciera un día como hoy, nunca tuvo.

Ojalá nos sirva para ser mejores.

Para encontrar el camino del amor, del perdón, de la justicia.

Para seguirlo cuando lo hayamos encontrado.

Ojalá nos sirva para merecernos volver a Cuba y no perderla jamás.

Recuperar a Cristo será recuperar la patria.

Porque será no pensar en nosotros, ni en el esfuerzo que nos requiera, ni en los sacrificios que nos cueste.

Cuando estemos dispuestos a darlo todo, lo tendremos todo.

Dar es la manera de recibir.

Miami, Diciembre 24 de 1962.

SIN PATRIA, PERO SIN AMO

EL ANALFABETO MORAL

Al fín se abrió el melón.
Rasgó la corteza verde y enseñó la entraña traidora, roja, cínica.
Ya no es más melón.. Ahora es remolacha. Y lo otro.
Ya todo el mundo sabe a qué atenerse. Nadie puede llamarse a engaño. El que esté con Fidel está con el comunismo. Es decir: está con los enemigos acérrimos de la libertad.
Ya se acabó el cuento del nacionalismo. Y aquel otro cuento de la redención de los humildes. Se ha declarado totalitario, imperialista, sojuzgador de pueblos.
Ya no puede hablar más de que viene a respetar los derechos de todos. Viene a imponerle a todos una sola militancia y la coyunda de una obediencia estricta. Viene a representar por estas tierras libres y generosas de América, una extraña doctrina de odio y sumisión. Es la hoz segadora del martillo marxista. El abanderado de la bomba de cincuenta megatones.
¿Dónde quedó el caudillo de los desposeídos; aquel que vino hablando un idioma de comprensión y amor?¿Dónde, el que se proclamó portavoz de nuestros anhelos, apóstol latinoamericano de nuestras esperanzas de redención?
Quedó donde se situó el mismo: a las plantas de un

amo extranjero. Haciendo las mismas piruetas que el resto de los títeres del imperialismo soviético. Así, sin autoridad, sin decoro, sin patria.

¡Y quería ser Bolívar! ¡Y quería ser Martí! ¡Qué lejos estuvo siempre de ellos! Posaba de paladín. Pero era muy poca cosa para serlo. Barba, insolencia, mugre, falta de escrúpulos, audacia gangsteriri, nada más.

Con eso engañó un poco de tiempo. Pero no se puede vivir perennemente en la mentira. No se viene a redimir esclavizando. No se viene a hacer justicia creando nuevos y peores privilegios. No se viene a distribuir con equidad despojando a todo el mundo. No se puede hablar de hermandad fomentando rencores. No se puede restituir la paz, asesinando. No se puede ser patriota y al mismo tiempo ser lacayo.

Por eso estalló la farsa. No el sábado cuando confesó la militancia comunista con su habitual descaro. Estalló cuando empezó a copar las posiciones claves con los elementos comunistas; cuando empezó a hacer de la insolencia y del despojo su forma de gobierno; cuando empezó a saquear a Cuba para entregarsela a los rusos; cuando reinstauró el paredón -esa lacra colonial- para asesinar a todos sus adversarios.

Sí, su fétida mentira estalló cuando abrió las cárceles y multiplicó los cementerios mientras clausuraba las libertades y decapitaba la soberanía.

Pero Cuba es una islita lejana para muchos que en esta América tan deteriorada por la demagogia, se titulan hermanos. Es un territorio que muchos desconocen y otros envidian. Por eso a pesar de toda la sangrante realidad de la traición castrista, algunos han cerrado los ojos ante la ignominia. Otros, hasta la han justificado.

Vamos a ver que dicen ahora. Vamos a ver si siguen

SIN PATRIA, PERO SIN AMO

repitiendo que Fidel Castro no es comunista. Vamos a ver si ante la desfachatada declaración del cipayo Khruschev, siguen poniendo el disco de la auto-determinación y la no-intervención.

Precisará tenerse muy poco respeto para decir que el pueblo cubano ha escogido por propia determinación el camino del comunismo. Se necesitará ser tan desvergonzado como Fidel Castro para decir, después de los últimos cinco fusilamientos en Matanzas -con los cuales ya pasan oficialmente de mil- que ese pueblo, que se alza en armas sabiendo que si lo capturan no le espera otra pena que el paredón, se ha dado ese régimen despótico por propia voluntad. Entonces habría que preguntarles cuándo y en que forma legítima la ha expresado. En qué plebiscito. En qué elecciones.

Porque un pueblo que tiene más de doscientos mil exilados, más de cien mil presos políticos y que constantemente se va al monte para derramar su sangre por derrocar al régimen que lo oprime, es un pueblo que la única determinación que ha expresado es la de recobrar la libertad o morir en la demanda.

Y serán como salivazos sobre la huesa de nuestros muertos y sobre las cenizas de todos los próceres que han ofrendado la vida por la libertad de América, las palabras blandengues de los ruines y los comprometidos que a éstas alturas pretendan alegar ignorancia y plantear infames justificaciones.

Ya está el toro en la plaza. Es decir, el cerdo nikitero. Veremos quienes aspiran a revolcarse con él y a revolcar a América en el mismo chiquero.

"Cuando entré en la Universidad -dijo la Hiena marxista del Caribe el día que se soltó la trenza- era un analfabeto político."

Sigue siéndolo. Pero eso no es lo peor. Lo peor es que es analfabeto moral. Porque el que asesina una patria y la fe de un pueblo, no sabe lo que son los deberes del hombre ni siquiera tiene conciencia de lo que es un ser humano.

Pero ya le queda poco. Los melones abiertos se pudren enseguida..

Miami, Diciembre 8 de 1962.

SIN PATRIA, PERO SIN AMO

UN CADAVER INCOSTEABLE

Dicen que cerró "Prensa Libre" en Cuba Roja. Lo informa el cable. Lo ladran en Cuba las emisoras milicianas. Dan detalles. Dicen que era un gasto excesivo de plomo, tinta y papel, que los **países socialistas** no podían suministrar. Lógico. Era un gasto inútil Material desperdiciado en un periódico que ya no se vendía al público porque sus usurpadores lo habían vendido al gobierno
La noticia fué dada escuetamente en el programa de "Kuchilán Te-Ve". Nombre por cierto, omiso. Debería ser: Kuchilán Te-Ve, Te-Halaga y Te-Traiciona.
Pero la noticia es falsa. No porque "Prensa Libre" vaya a seguir editándose. Sino porque "Prensa Libre" dejó de publicarse hace ya mucho tiempo. Exactamente, el mismo día que los esbirros uniformados se lo apropiaron por la fuerza. Ese día, 16 de mayo de 1960, "Prensa Libre" dejó de existir como periódico.
Unas hojas macilentas, arrodilladas, siguieron saliénso a la calle. Llevaban el nombre de "Prensa Libre." Pero ya ni eran prensa, ni eran libres. No podía ser "Prensa Libre" sin la firma de Sergio Carbó. No podía ser "Prensa Libre" sin los que bajo su dirección y su ejemplo, junto a él hacíamos un órgano de opinión vibrante, digno, irre-

ductible en su independencia y su decoro. Cuando el despotismo armado venció a la verdad desarmada, se acabó el periódico. En su lugar quedó un montoncito de papel desairado, bastardo. Hijo del desafuero y la traición. Un periodiquito sumiso, desleal, resentido, aplastadito, como el que llegó a ser su Director sin ejercer la dirección, trepando barbas y dando chupadas serviles a tabacos ensalivados por el "máximo líder."

Fué entonces que empezó la tragedia. La terrible tragedia de los que se imaginan que un periódico es tan solo papel, tinta, plomo y subvención oficial. De aquéllos que se creen que el prestigio se improvisa o que no es necesario el prestigio para que el público lo compre. De aquéllos que suponen que cualquiera puede encaramarse en la dirección de una empresa periodística apoyándose en la bajeza, y desde allí regirla con el favor de los que mandan. De aquéllos que se figuran que para ser un periodista basta convertir una columna de chismes en un editorial agrandando los párrafos a gusto del que paga.

Pero la realidad es bien distinta. Ni los periodistas se improvisan, ni los prestigios se integran de repente, ni los periódicos se acreditan al amparo de las armas. El público exige conducta, solera, decencia reiterada. El oportunismo es cosa fea. La deslealtad es cosa repugnante. El público sabe distinguir. Premia y castiga. Hay siempre un peldaño roto para desgracia de cada trepador. Y una horca, voluntaria o no, esperando a cada Judas.

Cuando la dignidad se fué de "Prensa Libre" se fueron con ella los lectores. Cada día eran menos los que lo compraban La suscripción se fué reduciendo por millares. Sin el prestigio y la independencia de antes, su enorme circulación se vino abajo. Se fueron sus mejores periodistas, sus mejores empleados, dejando atrás aquel nido de

SIN PATRIA, PERO SIN AMO

víboras. Sólo quedó en pie su edificio mancillado por la presencia de los usurpadores, y unas páginas abyectas, impresas por la traición.

En el acto comenzó la agonía. Y el bastardo "Prensa Libre," junto con el resto de la prole ilegítima, fué colocado en cámara de oxígeno No porque quisieran salvarlo. Sino para prolongar lo más posible esa agonía. Querían salvar la cara con los traidorzuelos de adentro y los confusos de afuera.

Así el Consejo de Ministros apropió un millón de pesos para la prensa esclava. Así obligaron a los sindicatos a suscribirse. Así una delegación de los bancarios recorrió la Isla haciendo suscripciones. Pero ya no había remedio. El público que se suscribía hoy, se daba de baja mañana. La vergüenza del pueblo había condenado a muerte aquel engendro.

Y un buen día, los jerarcas comunistas miraron con desprecio al cadáver y lo declararon incosteable. Lo amortajaron y lo enterraron. Y despidieron al duelo espantando a las tiñosas para que se posaran sobre otros cadáveres.

Por todo esto decimos que "Prensa Libre" el verdadero "Prensa Libre", no murió ayer. El que murió fué una impostura. Una sombra chinesca. El verdadero "Prensa Libre" cayó peleando cuando lo ocuparon los fusiles y lo usurparon los tránsfugas. Pero resucitó con sus mejores hombres en el destierro. "Prensa Libre" no podía morir aunque cayera, después de aquel combate. Un periódico que sabe luchar y caer como luchara y cayera "Prensa Libre", es algo más que un periódico: es una bandera. Y esa bandera la trajimos al exilio. No podíamos dejarla en manos sumisas que sólo sabrían deshonrarla.

Y aquí está "Prensa Libre", vivo, ardiente. Aquí está combatiendo como siempre. Aquí está, como siempre, tremolando su bandera. Con Sergio Carbó, su bravo capitán, en el puente de mando Con sus mártires, con sus héroes, Con su espíritu de lucha intacto. Con su inquebrantable voluntad de vencer.

No. "Prensa Libre" no ha muerto. No muere el coraje. No mueren las banderas. Lo que se asfixió de indignidad ayer en la Cuba soviética de Fidel Castro no era un periódico, era una felonía. "Prensa Libre" sigue vibrando hoy en la Cuba del destierro y del combate.

Mañana, en la patria redimida, abrirá de nuevo sus páginas insobornables al sol de la libertad.

Miami, Noviembre 4 de 1961.

SIN PATRIA, PERO SIN AMO

CRECEN LAS FILAS
DE LA DIGNIDAD

Se esperaba el rompimiento. No por esperado menos importante. Ni menos digno. Venezuela no es una nación más en este Continente. Es, Venezuela: entraña paridora de guerreros y poetas. "Tierra de horizontes abiertos" donde nació Bolívar. Llanura crecida en el esfuerzo de hombres que aman la libertad por sobre todas las cosas. Cierto que también ha sido cuna de tiranos. Pero también lo ha sido de quienes han sabido derrocarlos.

Su prestigio, pues, arranca de su historia. De los hombres que la han hecho. Y de los que la están haciendo. En los mandos se encuentran quienes han llegado a ellos por la voluntad del pueblo. Voluntad libre y legítimamente expresada. Cosa que ha de dolerle mucho a todos los que han tomado el poder por asalto y lo mantienen por el terror. Léase Khruschev, amo. O Fidel Castro, títere.

Es, pues, Venezuela una democracia genuina. Por eso recalcamos que a su prestigio histórico se une su prestigio político.

Y es esa democracia intachable la que acaba de romper con la tiranía de Fidel Castro. Huelgan las voces que tratan aún de presentar la satrapía fidelista como "un gobierno revolucionario que ha venido a restablecer en Cuba la libertad y la verdadera democracia." Porque las **verdaderas democracias** como Venezuela, Costa Rica y Perú han roto ya con el régimen castrista precisamente por ser éste un régimen que niega la democracia y ahoga en sangre la libertad.

Al romper relaciones con Castro, Don Rómulo Betancourt, Presidente constitucional de Venezuela, declaró entre otras cosas:

"Ningún país tiene derecho a matar y perseguir con saña a sus enemigos e invocar el derecho de la no-intervención."

Efectivamente: no se puede aceptar que un gobierno asesine y torture a diestra y siniestra y apenas alguien rehuse cohonestar los crímenes con su silencio, salga ese gobierno asesino a decir cínicamente que ningún país tiene derecho a inmiscuirse en los problemas internos de otro.

Porque no pueden ser problemas internos la barbarie y el crimen. Porque nadie puede alegar derecho de impunidad para vejar y matar a su antojo. Porque no es posible que una pandilla de criminales y aventureros pagados por un gobierno extranjero asfixie en su tierra todas las libertades, pisotee todas las leyes, viole todos los derechos y llegue a todos los excesos de crueldad y de violencia y nadie pueda no sólo impedírselo, sino tan siquiera protestar de todo ese salvajismo y denunciarlo.

No. Una cosa es un pueblo dándose un gobierno de cualquier matiz por los métodos legítimos y otra por imposición de un régimen despótico sobre ese pueblo, por el imperio de las armas. Lo primero tiene que respetarse. Lo segundo tiene que condenarse. Y quienes no lo hagan no tienen derecho a hablar de libertad, ni de derechos, ni de dignidad humana.

SIN PATRIA, PERO SIN AMO

Es por eso que nadie puede creer en esas protestas de auto-determinación y de no intervención, tras de las que muchos gobiernos y gobernantes de Latinoamérica tratan, en el caso de Cuba, de ocultar sus complicidades, sus entreguismos cobardes y sus compromisos politiqueros.

Porque el hombre de la calle razona así: ningún pueblo puede autodeterminarse cuando tiene como única alternativa la sumisión al amo o el destierro, la cárcel y el **paredón**. Y ningún gobierno como el de Fidel Castro puede alegar tampoco el principio de la no-intervención. Solo puede invocar las reglas quienes las respetan. Los principios que consagran la inviolabilidad de la soberanía política han de aplicarse exclusivamente a quienes los tienen en cuenta respecto a los demás. Y Fidel Castro se ha cansado de intervenir con sus intrigas y sus agentes subversivos disfrazados de diplomáticos en todos los países de la América Latina. Que haya algunos gobiernos que se hagan de la vista gorda y le aguanten al barbudo insolente sus desplantes y sus entrometimientos, no quiere decir que el títere soviético no se haya mantenido interfiriendo y conspirando a todo lo ancho y largo del Continente.

Este pobrecito Continente escogido por Rusia para sembrar el germen de la subversión comunista, que dará ineluctablemente su sombría cosecha de esclavitud para todos los pueblos si los llamados a hacerlo no escarban a tiempo la tierra del Caribe para sacar la semilla maldita.

En buena hora, pues, ha roto Venezuela sus relaciones con el cipayo de Moscú. Su actitud, por venir de quien viene, debe servir de ejemplo para los que todavía andan titubeando o zafando el cuerpo a deberes inesquivables.

Estamos esperando por el resto de los gobiernos democráticos de América. No para que manden soldados a Cuba, sino para que demuestren su decoro.

Aunque algunos, por los beneficios que les está reportando la redistribución de la cuota azucarera cubana, anden asiéndose a todo género de tecnicismos leguleyistas para prolongar, con ausencia de toda moral política y toda dignidad humana, el disfrute de su parte en el botín.

Frente a estos zopilotes, ¡qué majestuoso luce el cóndor venezolano!

Miami, Noviembre 16 de 1961.

SIN PATRIA, PERO SIN AMO

CUBA LLORA Y COMBATE

En el Escambray la Patria se ha puesto de pie.
En esas cumbres sureñas-trinitarias, spirituanas, altastremolan sus pendones.
Pero no sólo se ha erguido la Patria en la montaña. También se ha empinado--sigue empinándose-- en el llano. En las calles de pueblos y ciudades. Donde quiera que un cubano indomable grita su fe o lucha por la libertad, la justicia y el decoro.
Desgraciadamente, la Patria ha sido también abatida muchas veces. En la montaña y en el llano. En las ciudades y los pueblos. Donde quiera que por defender sus principios ha caído, insumiso, un cubano.
Hay un lugar infame donde la Patria ha muerto muchas veces: el paredón.
En los fosos de La Cabaña; en aquellas siniestras oquedades que recuerdan el oprobio colonial; contra esos muros sombríos donde los Capitanes Generales fusilaban a la Patria naciente, allí cae Cuba otra vez, fusilada hoy por los crueles pretores de un nuevo yugo colonial.
Como cayó también asesinada en el Hoyo de Manicaragua, cuando los pelotones fraticidas de Fidel fusilaron al estudiante Porfirio Ramírez, al revolucionario Plinio Prieto, al campesino Sinesio y al obrero Fundora.

HUMBERTO MEDRANO

No es de extrañar la angustia de un pueblo consternado. Otra vez nos gobierna un país extranjero. Por lo tanto, hay de nuevo opresión. Hay de nuevo injusticia. Hay crímenes de nuevo. Por eso hay dolor. Por eso hay lágrimas. La Patria es un cuerpo común que yace en todos los cuerpos de sus hijos derribados por la opresión y la injusticia. Es un inmenso espíritu abatido en cada espíritu contrito. Sufre con cada preso. Llora con cada madre. Muere con cada mártir.

Pero nuestra Patria es como Anteo, el héroe mitológico. La tierra le devuelve el vigor y la vida. Mucho más la tierra cubana abonada con la sangre recia de Maceo y la sangre luminosa de Martí.

Y como Anteo, en cada caída vuelve a levantarse con más valor, con más decisión, con más energía.

Por eso está ya resonando en campos y ciudades su grito libertario. Por eso su espíritu siempre resucitado, arma los brazos, tiempla las almas, calienta de fervor los corazones. Por eso su denuedo vuelve a incendiar cañaverales. Para que iluminen como antorchas gigantescas nuevas jornadas independentistas que como antes son heroicas porque son cubanas.

Por eso truenan otra vez los fusiles. Y vuelven a escucharse las clarinadas bayamesas. Y en cada amanecer el sol refulge en los troncos de las caobas y en los penachos despeinados de las palmas con nuevos destellos del machete mambí.

Si, la Patria ha caído muchas veces. Pero no hay que temer. Siempre vuelve a erguirse digna, brava, sola.

Cayó el 78 en el Zanjón. Pero el 95 volvió a alzarse esplendorosa en Yara.

Cayó en la Cordillera de los Organos cuando los mercenarios hirieron y capturaron al capitán rebelde, al capi-

SIN PATRIA, PERO SIN AMO

tán guajiro Clodomiro Miranda. Pero se ha levantado con nuevos ímpetus en el Escambray con los Duque, los Pérez, los Ramírez, los Rodríguez Puerta, los Quesada....
Allí está la Patria. En esas serranías cuya cumbre más alta es el decoro. En el coraje de estos nuevos insurrectos. En la entereza de un pueblo que nunca se ha resignado a ser esclavo.
La Guerra Emancipadora ha empezado de nuevo.
Una vez más en la montaña y en el llano, empinándose sobre los sufrimientos, Cuba llora y combate.

P.S. Terminadas estas líneas nos enteramos que el capitán rebelde; el capitán guajiro Clodomiro Miranda ha sido fusilado en su heroica tierra pinareña. Clodomiro Miranda fué herido y capturado en la Cordillera de los Organos cuando alzado contra Rusia, se enfrentó con un puñado de valientes a seis mil milicianos en cuyos mandos habían numerosos mercenarios checos.

Descansa en paz, bravo guajiro, comprovinciano, hermano. Tu muerte no puede ser lamento porque tú la escogiste. La preferiste antes que la vida arrodillada. Tu muerte tampoco es acabamiento. Porque tu memoria vibrará en cada lágrima y en cada oración. Y tu espíritu resonará en cada disparo libertario. No te importe haber muerto en un infame paredón. Así murió también fusilado por un despotismo extranjero, el poeta Juan Clemente Zenea. En Cuba, cuando la libertad se eclipsa, guajiros y poetas saben morir igual.

Miami, Enero 26 de 1961.

HUMBERTO MEDRANO

LA "PACHANGA" DEL MELAO

Ya sabemos como el comunismo tergiversa las cosas. Como se alimenta y prospera en la simulación y en la mentira. Pero siempre merece la pena de observar, por lo curioso y por lo cínico, el espectáculo de sus escamoteos.
La imposición del sistema comunista siempre supone atraso, miseria. La producción se daña, los artículos de primera necesidad escasean, los servicios públicos se entorpecen. Es que la nueva clase burocrática causa muchos problemas para aprender. Y aún después. Porque la maquinaria estatal se traba en manos inexpertas desde un principio y sigue funcionando siempre mal. El sistema centralizado y tiránico impide a todo el mundo pensar por sí mismo y actuar con independencia. El terror y la improvisación todo lo dificultan desde la producción agrícola hasta el horario de los trenes.
Pero bajo estos regímenes hay que hacer algo más que explicar y justificar los errores. Porque el comunismo es perfecto y no puede tenerlos. Sin embargo, los errores no es posible taparlos así como así, ya que los palpa todo el mundo. Entonces es cuando se muestra en toda su desnudez el cinismo comunista. Ante la imposibilidad de ocultar el error o de negarlo, lo exhiben. Pero disfrazado de acierto. Fíjense bien: **de acierto.**

SIN PATRIA, PERO SIN AMO

El año pasado fué mala en la China Roja la cosecha de arroz. Se han pasado diez años robándose tierras, fusilando campesinos, desarticulándolo todo. Resultado: la cosecha de arroz fué insuficiente. Entonces, y mientras castigaban por bajo cuerda a unos cuantos comisarios de la producción agrícola, anunciaron la escasez y dijeron que esta debía servir para demostrar el patriotismo del pueblo.

Y comenzaron los slogans: "Coma menos arroz y ame más a su patria"; "Una dieta reducida es un patriotismo aumentado"; "Coma menos este año para comer más el que viene", etc. Y al hambre la convirtieron, contando con esa ingenuidad congénita en las masas populares tan impresionables, en una nueva "operación" revolucionaria victoriosa.

En la misma China, los ferrocarriles son pésimos. Se atrasan terriblemente. Los equipos son malos, el personal incompetente y las vías no se reparan bien. Ante esa realidad, el gobierno ha mandado a poner, en todos los lugares donde los trenes tienen que detenerse varios minutos por el mal estado de las vías, unos carteles que dicen más o menos: "Los ferrocarriles del pueblo se detienen para que los pasajeros tengan oportunidad de ver a ese pueblo trabajando en la reconstrucción de la patria." Y tan campantes

Ahora en Cuba, calco chapucero de los totalitarismos asiáticos, han aplicado el mismo sistema con la zafra. La zafra se ha entorpecido por varias razones: los despojos, el éxodo de los técnicos y obreros especializados; el abandono de las labores de aporque y limpieza; la confusión introducida por nuevos capataces improvisados nombrados solamente por ser comunistas. Pero fundamentalmente, porque todos los obreros agrícolas han sido convertidos en soldados. Les han sustituído la "mocha" por el rifle. Y el rifle sirve para matar, no para cortar caña. Aparte de que es mejor para ellos --y por eso no acuden a la zafra-- andar por ahí atorranteando de uniforme, comiendo sin pagar en las fondas de las poblaciones,

Por eso faltan brazos para la producción azucarera. Unos están gozando con Fidel en la retaguardia; otros muriendo por Rusia. Triste carne de cañón del comunismo internacional.

Y como esto es una realidad, los bonzos chinos y rusos que mandan en Cuba han ordenado aplicar el mismo cínico sistema que en Asia para escamotear los hechos, tan negativos.

Y han organizado una nueva "operación", una nueva "batalla" en la que convocan una o dos veces a la semana a todo el mundo a cortar caña.

La llaman "zafra del pueblo". Y todos los sábados y domingos salen desde distintos lugares públicos camiones atestados de hombres y mujeres llamados propiamente "voluntarios " --como los del tiempo de la colonia-- que van supuestamente a "tumbar" caña en una significativa promiscuidad vociferante. Así se trasladan a algún central de las cercanías. Claro que no saben cortar caña ni son útiles, ni rinden nada. Por el contrario, estorban a los obreros profesionales. Y su payasada encarece enormemente la producción, por la gasolina que hay que pagar para trasladarlos en camiones y rastras desde las ciudades a los campos.

Sin embargo, hay que verlos como cantan y gritan enarbolando las "mochas" que ni saben ni sabrán nunca manejar. Lo cual no importa. Eso es lo de menos. Lo importante es la "operación zafra del pueblo", es decir, la "pachanga del melao." Lo que se busca es convertir el fracaso de la zafra --sin brazos para el corte por tenerlos sos-

SIN PATRIA, PERO SIN AMO

teniendo los fusiles o sosteniendo vasos de aguardiente-- en un acierto más.

Mientras tanto, el jolgorio es tremendo. Las caravanas de camiones engalanados desfilan con estruendo. Los repletan con cuanta escoria fidelista se presta a la mojiganga. Y por el piso de las carrocerías ruedan los cantos, las risas, las "guámparas" las botellas de ron y algún otro cigarrito de marihuana para darse ánimo entre "corte" y "tiro"

Las citas que antes se hacían para el Panchín y algún que otro lugar recoleto, ahora se hacen para los cañaverales. Allí, los sábados y domingos, hay pachanga y "tumbadera" de caña en nombre de la "libertad".

Y mientras estos monitos antillanos gozan y fusilan, bailan y asesinan,"chivatean" y se divierten en las guardarrayas, el férreo Politburó chino-soviético sonríe complacido.

Para ellos estos nuevos cipayos son animalitos fáciles de manejar. Les gusta la sangre y el ron.

Pero como la mayoría del pueblo cubano es digno, noble y celoso de su prestigio, abomina de esta morralla comunista. Sabe que los crímenes, ni las estupideces, ni las traiciones, ni la sangre, podrán disimularse con estas canallescas mascaradas.

Pero los "ñángaras" oficiales y los voceros de la infamia sí las exaltan. Dicen, en pleno delirio demagógico, que darle una mocha a un magistrado es dignificar a la patria. A lo mejor tienen razón. Si ya no hay leyes ¿para qué sirve un magistrado?

Además, ellos no vinieron a mejorar a los de abajo; es decir, a elevarlos al nivel de los de arriba. Vinieron a rebajarlos a todos. A fundirlos en una sola clase: la de los esclavos.

Su ideal es una república de cortadores de caña para poder vivir a sus anchas robándolos y explotándolos toda la vida.

Miami, Febrero 5 de 1961.

SIN PATRIA, PERO SIN AMO

EUDOCIO RAVINES: CIUDADANO DE LA DIGNIDAD DE AMERICA

Conocíamos a Eudocio Ravines a través de sus libros. Su tajante y vigorosa denuncia de "La Gran Estafa" había sido un evangelio para los cubanos. En sus páginas, radiografía estricta de la falacia comunista en acción, latía la entraña de nuestra propia tragedia. Muchos cubanos, a medida que avanzaba la dictadura castrista, teníamos la sensación de que estábamos siendo estafados. Don Eudocio, en su libro, nos decía cómo y por qué.

Ahora hemos tenido el privilegio de conocerlo personalmente. De acercarnos al acervo inapreciable de su experiencia y su cultura, de oirlo, de estrecharle la mano.

Es vibrante, enjuto, categórico. Viéndolo tan pequeño y con un talento tan grande; conociendo su historia de luchas y de erguida lealtad a sus principios, uno llega a pensar que el material destinado para confeccionar a este magro gladiador se empleó casi todo en el cerebro y en el corazón.

Y en el acto escribimos mentalmente su ficha:

Don Eudocio Ravines, peruano, escritor libre, nativo de la verdad; ciudadano de la dignidad de América.

Don Eudocio, la noche del 24 de febrero, en el Auditorium del Miami Senior High School, lanzó al ruedo continental verdades mastodónticas. Esas verdades cayeron con todo su peso y solidez sobre esa cháchara falaz y cobardona con que los oportunistas y los trepadores de Latinoamérica pretenden ir estirando sus jugosas asignaciones presupuestales o ir poniéndolas al alcance de su voracidad politiquera.

A esos regalones del tajaleo político y a esos fariseos de la ambición desorejada, disimulados bajo el disfraz de una austera imparcialidad, les cargó la mano Don Eudocio. Sobre ellos cayó el latigazo de su denuncia viril, de su palabra sin compromiso. Y a todo ese verbalismo acoquinado y embustero que recorre la América Latina hablando de "no intervención" mientras la garra soviética se cierra sobre Cuba y escarba voraz el subsuelo hemisférico; a ese lenguaje negativo y absurdo que postula una imposible equidistancia entre la verdad y la mentira, entre la libertad y la opresión; a esas posturas cínicas que plantean componendas amistosas mientras en Cuba se pelea contra la invasión extranjera y contra los despiadados asesinos que desangran a sus víctimas antes de mandarlas al infame paredón; a toda esa escoria continental, protocolar y espesa, Don Eudocio la llamó por su nombre; deshonestidad y cobardía.

Ya antes había hecho Don Eudocio Ravines similares planteamientos. En "La Gran Estafa" los cincela cuando dice: "En América Latina falta clarividencia en los gobiernos para ponderar y adquirir una clara visión de la verdadera magnitud del peligro comunista. Falta voluntad de resistencia, sobran actitudes interesadas, complacientes y culpables. Falta la combatividad que se ha hecho ya imprescindible, para hacer frente en forma total y con recursos totales al más grande peligro que haya amenazado a la humanidad desde que salió de la húmeda oscuridad de

SIN PATRIA, PERO SIN AMO

las cavernas. Faltan limpieza honorable y consecuencia honorable en la América Latina..."

La noche de su valiente discurso en el Auditorium de Miami, el mismo índice, con similar firmeza, señaló los mismos déficits morales en esta América nuestra tan venida a menos, donde a pesar del tiempo transcurrido desde la muerte de Sarmiento, Juárez, Bolívar, es ahora cuando se están efectuando sus funerales.

Mucho consoló nuestra tristeza de desterrados y mucho estimuló nuestra actividad de combatientes oir en los labios insellables de Don Eudocio Ravines la misma tesis y los mismos calificativos que al enjuiciar la inercia culpable de Latinoamérica, hemos venido empleando en nuestro humilde quehacer de periodistas libres. Ya en varias ocasiones hemos dicho inclusive, que no sabemos, mirando la actitud de algunos gobiernos y gobernantes latinoamericanos, donde termina la cobardía y empieza la complicidad. Es para nosotros más que una satisfacción, un honor, haber coincidido con Don Eudocio Ravines, ese luchador eternamente en pugna contra las fuerzas regresivas y eternamente joven en su impulso libertario.

Sí, aquella noche Don Eudocio Ravines puso el dedo en la llaga. Planteó el dilema inmediato, con la crudeza del que no tiene compromiso de tapar la despensa con solemnes divagaciones. Y el dilema es éste: o la democracia combate frontalmente y destruye al comunismo o el comunismo destruye la democracia y la libertad. No puede hablarse de coexistencia pacífica porque los comunistas no la conciben como una meta de convivencia sino como una tregua para ir preparando una nueva agresión. Esto afirmó Eudocio Ravines, que tiene que conocer al monstruo por haber vivido en sus entrañas. No queda, pues, otro recurso que pelear. Pelear ahora, aquí en América, antes que sea tarde para salvar nuestro hemisferio y la humanidad.

Los que no entiendan o aparenten no entender estos clarísimos planteamientos, despertarán muy tarde cuando los saquen a puntapiés de su limbo retórico. Los que se hacen los desentendidos porque quieren prolongar un poco más su **ración de ubre** o utilizar su "tolerancia" y su "comprensión" con la barbarie como instrumento para poder sentarse en la banqueta del "ordeño", se verán un día sin banqueta y sin vaca. Porque las nuevas hordas de Gengis Khan los desalojarán de sus banquetas no para ordeñar la vaca sino para comérsela.

Voces autorizadas y leales no han faltado para prevenirlos. La de Eudocio Ravines es una de ellas. Un clarín que nadie podrá alegar no haber oído a tiempo en esta América nuestra, atónita y reumática, donde están faltando los hombres de buena fe y sobrando las celestinas y las sanguijuelas.

Pero al menos, Don Eudocio, tenga usted la satisfacción de que sus palabras han sido escuchadas más que con atención, con devoción por estos cubanos que están dispuestos a luchar hasta la muerte antes que traicionar los principios de nuestro José Martí que puso por sobre todas las cosas la "dignidad plena del hombre."

Y mientras se da en Cuba el episodio final de la batalla de América; mientras como usted bien dijo, Cuba se convierte en la tumba del comunismo internacional, sepa que su visita nos ha hecho mucho bien. No sólo porque nos arrobara la candente transparencia de su palabra. Sino porque la llama de su afecto, de su adhesión sincera, nos hizo sentirnos menos solos y vino, en estos fríos del destierro, a calentarnos el corazón aterido de ausencias...

Miami, Marzo 3 de 1961.

SIN PATRIA, PERO SIN AMO

HERMANO VILLEDA: ¡AQUI ESTA CUBA!

Por primera vez alguien viene a traernos algo más que palabras.

Por primera vez alguien que es alguien en América; que tiene que perder mucho en América, viene con armas y bagajes a librar junto a Cuba la batalla de América, ¡Hondureño tenía que ser!

Hasta ahora, salvo excepciones que todos conocemos, nuestra tragedia recibía condolencias protocolares y nuestra causa, remotos alientos. Sobrenadando en los torrentes de sangre del holocausto cubano, venían el silencio de los indiferentes o las excusas de los comprometidos. Un coro de evasivas leguleyescas trataba de imponerse al eco de las descargas fraticidas.

A despecho de romper los tímpanos de la dignidad continental, los latiguillos de la no-intervención y la autodeterminación se repetían --se siguen repitiendo-- mientras Fidel ha impuesto a fuerza de paredón su despotismo a un pueblo intervenido y sojuzgado por la Unión Soviética.

Cuando se alzó el escándalo de los cohetes rusos emplazados en Cuba, América entera pareció despertar. Voces hubo calladas hasta entonces ante la infamia, o lo que es peor, justificadoras de la infamia, que pusieron su grito en el cielo de Washington apoyando la acción defensiva que Estados Unidos emprendió valientemente para preservar la seguridad de este Hemisferio.

Pero una vez que el oso moscovita cogido con las zarpas en la masa continental no tuvo mas remedio que capitular, y que los bosques sombríos de la agresión se transformaron en los prados floridos de las concesiones diplomáticas, las voces volvieron a desengavetar los viejos subterfugios o a acoquinarse en sus silencios cómplices.

Al acabarse los cohetes, se acabó la amenaza. Y se acabó el interés en Cuba, cuyo martirio sin cohetes no es martirio, sino "auto-determinación".

De pronto, un caballero sin miedo y sin tacha salta al ruedo con la espada desnuda. Para él la amenaza no está solamente en las armas nucleares. Está en el olvido de los principios, en el abandono de un pueblo hermano a su desgracia, en las transacciones cobardes con el enemigo. Para él, el peligro está en hablar de los derechos del hombre mientras se tienen en cuenta solamente los de algunos hombres. Para él, el peligro real está en ver un crimen en paz --que como dijera Martí-- equivale a cometerlo.

Para él, por Cuba y por América, hay que pelear ahora.

Y esta es la trascendencia del gesto de Villeda Morales: que rompe la capa de helado conformismo, de vituperable resignación que se ha querido echar sobre el dolor de un pueblo. Su gallarda actitud deja atrás la recién estrenada indolencia de la etapa post-cohetera para iniciar otra nueva, que es cruzada de solidaridad y acción continental en apoyo de la libertad de Cuba y afirmación de la

SIN PATRIA, PERO SIN AMO

seguridad de América.

Villeda Morales no habla de cohetes, habla de derechos conculcados en Cuba. Villeda Morales no habla de bombarderos, habla de un pueblo opreso al que hay que librar sus cadenas. Villeda Morales no habla de neutralizar, ni de enquistar la dictadura de Fidel Castro, sino de los miles de cubanos que caen asesinados bajo ella. Villeda Morales no habla de la salvación de la paz en este hemisferio por la retirada de las armas nucleares soviéticas de Cuba, sino de la obligación moral de América de correr en auxilio de un pueblo hermano que agoniza bajo una sangrienta tiranía.

Esta postura de Villeda Morales tiene la virtud de reintegrar el conflicto cubano a sus justos términos: no se puede hablar de convivencia, ni de derechos, ni de libertades, ni de democracia, ni de solidaridad en este hemisferio mientras haya un pueblo dentro de él que no las tenga. Tanto menos cuando miramos impasibles a los que en ese pueblo luchan y mueren por recuperarlas. Y muchísimo menos cuando quienes esclavizan a ese pueblo conspiran contra las libertades y derechos de todos los demás.

Villeda Morales cinceló esa actitud cuando dijo:

"Cuba es objeto en estos momentos de la más salvaje de las agresiones. Cuba llora la pérdida de sus libertades, pero ennoblece su llanto convirtiendo cada una de sus lágrimas en un cimiento de heroísmo. Cuba es despedazada ante nuestras miradas y ofrecida en holocausto al Moloch siberiano...Cuba comunizada es una responsabilidad del mundo libre, una responsabilidad de América, una responsabilidad de todos los hombres que creen en los derechos humanos y se consideran obligados a defenderlos".

Y la hizo refulgente al afirmar:

"El 24 de Octubre de este año dije al pueblo hondureño que era imprescindible librar y ganar la Batalla de Cuba. La Batalla de Cuba, que es la Batalla de América, porque si el destino quiso que fuera carne cubana la que resistiera la dentellada feroz del despotismo comunista, es el corazón de América el que sangra y es el alma de América la que sufre. La Batalla de Cuba, que hemos de librar por y para los cubanos, por y para los americanos todos. La Batalla de Cuba que no debe terminar con el retroceso de las naves soviéticas ni con el retiro de las bases de cohetes soviéticos. La Batalla de Cuba debe terminar con el retorno de los millares de cubanos cuya vida es incompatible con la presencia en su patria opresa de armas ofensivas a la dignidad de América".

No. No estamos solos. La onda de este David erguido se une a las nuestras para hendir la frente del Goliat estepario. Cuando lo oímos hablar anoche, desde nuestra silla innominada de hombre de pueblo, de simple cubano, no solo le aplaudimos, le gritamos: ¡hermano!

Hermano Villeda, así, sin protocolos que puedan alejarlo de nuestro corazón agradecido. Hermano Villeda, así, con franqueza cubana capaz de corresponder a la espontaneidad hondureña con que este gladiador ha desenvainado su espada a nuestro lado. Viniste hasta nosotros, hermano Villeda, hasta Cuba, en la plenitud de nuestro sufrimiento. No viniste a traernos un bálsamo que no nos hace falta. Viniste a traernos tu brazo para la acción, que es lo que necesitamos. Aquí tienes a Cuba. La del dolor, pero también la que lleva el corazón por fuera para los hombres como tú.

No. No estamos solos. Ya el pueblo cubano, entre el

SIN PATRIA, PERO SIN AMO

destierro y el combate, puede levantar su voz para recitar el verso sencillo de Martí:

"Tiene el leopardo un abrigo
en el monte seco y pardo;
yo tengo más que el leopardo,
porque tengo un buen amigo".

Miami, Diciembre 5 de 1962.

HUMBERTO MEDRANO

LLEGO UN NIÑO DE CUBA

Era la una de la tarde cuando el niño cubano, recién bajado del avión, tomó su taxi en el aeropuerto. Iba hasta su nueva casa en Hialeah. Venía con la madre y con la abuela. Tendría unos trece años, tal vez catorce. Pero no sonreía. Era un niño serio. No creo que pueda haber nada más triste.

Mientras los mayores se acomodaban en el taxi, el niño miraba a todas partes sin asombro. Es obvio que Miami, aunque es una bella ciudad, no es nada del otro mundo, pero era la primera vez que el niño la veía. Y se supone que el encanto de lo inédito ponga en los ojos de un niño cierto fulgor.

Pero este niño venía de Cuba. De Cuba Comunista. Y allí los niños no ríen. Allí los niños viven con los rifles o bajo los rifles. Frente a esa alternativa de vivir. para la violencia o para la servidumbre moral, es que sus familiares se apresuran a traerlos antes de que los maten o los pudran.

Este niño no estaba contaminado. Pero si pesaroso. Se le veía bajo el impacto de un dolor demasiado grande y demasiado prematuro. Dejaba a su patria. Y la dejaba en manos extranjeras. Sabiendo que en esa patria, ni él ni sus

SIN PATRIA, PERO SIN AMO

familiares más allegados, pueden vivir a pesar de haber nacido en ella.

Pero su pesar se traslucía sobre todo, porque un niño no puede vivir bajo la fuerza opresiva del odio, sin que la angustia le robe la sonrisa y le oscurezca la mirada.

Mientras los mayores intercambiaban impresiones, el niño permanecía silencioso. El no tenía más que una sola impresión. Se le subió de pronto a los labios:

—Ayer fusilaron a dos muchachos arrodillados... (Su voz sonaba árida, lejana; no parecía la voz de un niño....) Estaban rezando cuando los acribillaron... los acusaban de haber dado candela en la Shell...

Calló el niño. Todos callaron. Allí estaba la tragedia seca, genuina, lacerante. No la de los últimos fusilamientos. Al cabo, esa va siendo una tragedia cotidiana. Me refiero a la otra. A la de aquellos labios infantiles hablando de crueldad y de muerte. Al drama de aquel niño abatido por una pavorosa obsesión: dos muchachos arrodillados, rezando, y de pronto de bruces sobre el polvo, vomitando sangre, con cinco agujeros en la espalda por donde entrara ardiendo el fratricidio.

Largo tiempo pasará antes de que se borre de su mente esta imagen brutal.

Cuando bajó del taxi, el niño seguía silencioso, ausente. Atrás quedaba su hogar sin familia. Su colegio sin maestros. Sus campos de juego sin alegría, donde marchan otros niños uniformados. Sus antiguos amigos, muchos de los cuales ya no lo eran, y otros a los que ya no verá más.

Por eso estaba tan callado, tan afligido. No puede explicarse por qué están pasando esas cosas terribles, pero le duelen, aunque no las entienda. Y quizás por eso le duelen más.

Ahora empezará una nueva etapa en su adolescencia.

HUMBERTO MEDRANO

Y se adaptará, porque los niños se adaptan a todo. Y tal vez no sienta ese incurable malestar que sentimos los mayores de que Cuba se llame "Quiuba" y que las palmas reales no crezcan silvestres en el campo, sino en los parques y los viveros de Miami.

Pero no hay duda de que siempre se sentirá ajeno e inestable. Un poco desnudo: a la manera de esos arbolitos que arrancan de un lugar para sembrarlos en otro y los transportan con las raíces afuera... Y que por eso a veces se malogran.

No sabemos si la sombría realidad de esos niños cubanos uniformados de odio o la de esos otros desarraigados y dispersos, serán capaces de impresionar a algunas mentalidades --digamos... jurídicas-- que debatirán próximamente en la OEA la tragedia de Cuba.

Pero no sería ocioso que al menos la pensaran un poco.

Porque ellos también tienen hijos. Y esos hijos --Dios los ampare-- están amenazados por la misma fuerza tenebrosa que ha ensombrecido tan temprano los ojos de los nuestros.

Miami, Enero 10 de 1962.

SIN PATRIA, PERO SIN AMO

UNA VELA PARA LA "OEA"

Cuando comience la próxima conferencia de la OEA en Punta del Este, el golpe del mallete presidencial declarando abierta la sesión, será un golpe discreto. Apenas podrá escucharse, apagado por el ronroneo de las cortesías o simplemente ignorado por el intercambio de saludos y sonrisas.

Bien distinto será el estruendo que ensangrentó el patio de la embajada de Ecuador en Cuba el 11 de diciembre de 1961.

Lo importante, sin embargo, no radicará en la diferencia de sonidos. Sino en las consecuencias. El golpe del mallete señalará el comienzo de un debate civilizado en que se hablará de leyes y derechos.

El estruendo que estremeció aquel amanecer cubano bajo la bandera ecuatoriana, fué un horrísono tableteo de ametralladoras. Y el lenguaje de las armas siempre deja una cosecha de sangre y muerte contraria al imperio de las leyes, de los derechos humanos y de la civilización.

Aquel estallido de violencia dejó también la suya: siete cubanos más caídos bajo el plomo comunista.

Su delito: haber penetrado en el patio de la embajada del Ecuador tripulando un camión, desarmados, para pedir asilo.

Su castigo : ser acribillados por la espalda.
Su verdugo: Fidel Castro.

Eran las seis y treinta de la mañana cuando el camión rompió el muro de ladrillos y penetró en la sede de la cancillería ecuatoriana. Los ocho tripulantes se lanzaron del vehículo, Al mismo tiempo, los milicianos que montan guardia en la embajada comenzaron a disparar sobre ellos.

Cuando sonó el último disparo, siete hombres habían sido derribados. Tres de ellos muertos. El que menos, presentaba veinte perforaciones de balas. Sólo uno logró salvarse.

En esos instantes, en la cancillería ecuatoriana había más de cien asilados. Entre ellos nueve mujeres y varios niños. Todos se agolparon aterrorizados junto a los caídos. Una hora después llegaba el embajador. Un poco más tarde, el propio Fidel Castro.

El embajador, ecuánime, demasiado ecuánime. Fidel Castro, colérico. Intentó llevarse los muertos y los heridos. No lo logró. Los asilados se opusieron firmemente. Algunos embajadores que acudieron convencieron a Fidel Castro de que no insistiera porque agravaría la situación. Castro desistió y se marchó, no sin antes proferir soeces insultos contra las cancillerias y la OEA.

Los heridos fueron trasladados a los hospitales bajo la protección de algunas sedes diplomáticas entre ellas, las del Nuncio Apostólico. Los muertos permanecieron insepultos varias horas. José Rodríguez Borrego, de bruces, junto a la rueda derecha del vehículo, Raúl Borrego y "El Morito", un joven de color hijo de una obrera despalilladora de tabaco de Güira de Melena, en el lugar donde caye-

SIN PATRIA, PERO SIN AMO

ron: uno junto al otro, sobre la misma cama del camión. Alguien consiguió una vela. La colocaron junto a los cadáveres. Su llama marcaba el sitio donde la tiranía castrista había cometido su enésimo crimen de lesa humanidad.

¿Cuántas velas más como esa hacen falta para que la tragedia cubana alumbre y arda en el corazón de América?

Miami, Enero 12 de 1962.

HUMBERTO MEDRANO

DON VELASCO ... ¿Y AHORA QUE?

El Excelentísimo señor Don José María Velasco Ibarra, Presidente del Ecuador, recibió un cable del doctor Miró Cardona, exhortándolo a interponer sus buenos oficios para evitar los nuevos y recientes fusilamientos en Cuba.

El Excelentísimo señor Don José María Velasco Ibarra, con toda la autoridad de que está investido, respondió campanudamente:

"Estoy informado que no habrá fusilamientos en Cuba con motivo de los enjuiciamientos que van a iniciarse."

Pocas horas después caían asesinados ante el paredón cinco prisioneros de guerra.

Tres días después de este tremendo "papelazo", no hemos sabido que el Excelentísimo señor Don José María Velasco Ibarra haya roto relaciones con su carnal Fidel; ni siquiera que en un gesto de pudor haya renunciado.

Nada de eso. El Excelentísimo señor Don José María Velasco Ibarra, que aseguró enfáticamente estar informado de que no habría fusilamientos, sigue ahí: con sus cinco fusilados a cuestas, impertérrito, aguantón, mal informado.

¡Qué Vel asco ...!

Pero como vemos lo mal informado que está el Excelentísimo señor Don José María Velasco Ibarra, vamos a

SIN PATRIA, PERO SIN AMO

informarle debidamente hasta qué límites sangrientos ha llegado su ridículo.

Uno de los fusilados, Roberto Pérez Cruzata, no fué juzgado por criminal de guerra, ni por batistiano. Roberto Pérez Cruzata fué sargento del Ejército Rebelde y combatió en la Sierra Maestra.

A la caída de Batista se le asignó a la Sección Radiomotorizada de la Policía de la Habana. En los calabozos de esa Sección policíaca, situados en las faldas del Castillo de Atarés, estaba preso a la sazón, acusado de criminal de guerra batistiano, el señor Rafael ("Cuchifeo") Escalona Almeyda.

Dentro de los calabozos hubo una balacera y "Cuchifeo" Escalona resultó muerto. Fueron acusados de su muerte el sargento Pérez Cruzata y otro compañero. Fueron arrestados, juzgados y sentenciados. A Pérez Cruzata lo condenaron a veinte años de prisión. Estos hechos ocurrieron en el mes de enero de 1959.

Meses después, Pérez Cruzata y su compañero se fugaban de la prisión militar de La Cabaña.

Pérez Cruzata --ya en el extranjero-- se alistó en la brigada de expedicionarios que desembarcó en Bahía de Cochinos. Allí fué hecho prisionero.

Ahora un tribunal de dedo acaba de juzgarlo. No por el desembarco en Bahía de Cochinos, sino **por el mismo delito por el que ya había sido juzgado y condenado por los propios tribunales revolucionarios**

Aquella vez lo condenaron a veinte años.

Esta vez lo condenaron a muerte y lo fusilaron.

Y al único testigo que se permitió deponer en el juicio fué al señor Arnaldo Escalona Almeyda, hermano de "Cuchifeo" y miembro activo del Partido Comunista.

¿Qué le parece al Excelentísimo señor Don José María

Velasco Ibarra este hecho denigratorio de todo principio jurídico, de toda ley, de toda justicia humana?

¿Qué le parece como se comportan sus amiguitos fidelistas?

¿Ha medido el Excelentísimo señor el alcance de su corresponsabilización histórica con los que perpetraron esos fusilamientos infames que el Excelentísimo señor Don José María Velasco Ibarra afirmó tan categóricamente estar informado de que no se producirían?

Tal vez piense que está relevado de esa responsabilidad porque según Fidel Castro algunos de los condenados eran miembros de la policía represiva de Batista.

Si así piensa, se equivoca el Excelentísimo Señor. Aunque lo fueran, nadie tiene derecho a matarlos sin que los juzgue un tribunal competente donde se aportaran las pruebas necesarias y donde se le dieran al acusado todas las oportunidades judiciales de defenderse. Esos son principios inalienables del Derecho. Por establecer esos principios, porque se respeten esos principios, está luchando el hombre desde la Edad de Piedra. Olvidarlos o violarlos impunemente es regresar a las cavernas, al derecho del más fuerte, a la sangrienta cachiporra.

Lo justo es la aplicación estricta de la ley. Lo fundamental es que esa aplicación se haga a todos por igual. Lo demás es arbitrario, bárbaro Lo demás significa legitimar el crimen.

Con todo esto está corresponsabilizado el Excelentísimo señor Don José María Velasco Ibarra, mientras no demuestre lo contrario.

Por no corresponsabilizarse con todo ese vandalismo, rompió con el régimen criminal de Fidel Castro la democracia ejemplar de Costa Rica.

Pero parece que el Excelentísimo señor Don José Ma-

SIN PATRIA, PERO SIN AMO

ría Velasco Ibarra está confuso o está comprometido.

Si fuera lo primero --lo segundo no tiene remedio-- le aconsejamos que recuerde las actitudes diáfanas y valientes del héroe nacional ecuatoriano, Don Eugenio de Santa Cruz Espejo.

Mírese en ese "Espejo", don Velasco.

Aunque no sabemos si tendrá fuerzas para hacerlo después de los fusilamientos y de su inefable cablegrama, pequeño en el texto como una gota de sangre; largo en su trascendencia como un rabo histórico.

Miami, Septiembre 14 de 1961

HUMBERTO MEDRANO

INJURIAN A LOS PUEBLOS LOS QUE RESPALDAN A SUS VERDUGOS

"Ver un crimen en paz es cometerlo"
José Martí.

En su edición del domingo, el DIARIO LAS AMERICAS publicó la siguiente carta:

"Washington, Septiembre 14, 1961.

"Sr. Don Horacio Aguirre,
Director de DIARIO LAS AMERICAS,
Miami, Fla.

"Señor Director:

"Me veo obligado a molestar su atención con el contenido de esta carta, por el artículo que aparece publicado en la edición de hoy en el diario de su dirección y suscrito por Humberto Medrano.
"En el expresado artículo quien lo suscribe emplea un lenguaje ofensivo para el primer mandatario de mi país, que se merece todo respeto y consideración, no sólo por ser el representante genuino de un pueblo noble y digno,

SIN PATRIA, PERO SIN AMO

sino por la calidad moral de la persona. Si se pretende enjuiciar una actitud del primer mandatario ecuatoriano, no hay necesidad de recurrir a la ofensa, ni a la injuria ni al tono despectivo. Esto, permítame que le diga Sr. Director, no es el ejercicio legítimo de la libertad de imprenta, ni se explica que un diario, prestigiado bajo su dirección, acepte publicaciones reñidas con elementales principios de consideración y cultura.

"Protesto y rechazo como Representante del Ecuador las groserías y ofensas que se pretende irrogar al Primer Mandatario de mi patria.

Atentamente,

Dr. Alejandro T. Ponce L.,
Embajador."

He aquí nuestra respuesta:

Sólo son acreedores de respeto los que empiezan por respetarse a sí mismos y respetar a los demás.

Al Presidente, señor Velasco Ibarra, apeló el Presidente del Consejo Revolucionario de Cuba, doctor Miró Cardona, para que intercediera con la dictadura castrista en evitación del fusilamiento de un grupo de prisioneros de guerra

En lugar de hacerlo, el Excelentísimo Sr. Don José María Velasco Ibarra contestó al doctor Miró Cardona un cablegrama concebido en los siguientes términos:

"Estoy informado que no habrá fusilamientos en Cuba con motivo de los enjuiciamientos que van a iniciarse."

Horas más tarde, los esbirros castristas fusilaban cinco prisioneros.

Era concebible que el Sr. Velasco Ibarra hubiera sido

engañado. Pero era inconcebible que después de comprobarlo y recibir tan sangrienta desmentida no denunciara el engaño y condenara el crimen.

Los fusilamientos tuvieron lugar el 8 de septiembre. Esperamos seis días por la reacción del Sr. Velasco Ibarra. La reacción no se produjo. Un silencio otorgador y vergonzoso coronó el desafuero.

Con esa actitud, el Sr. Velasco Ibarra estaba faltándose el respeto a sí mismo, a su investidura y a la confianza y el dolor de los que a él acudieron en un momento de suprema angustia.

Fué entonces, 14 de septiembre, y ya sin esperanzas de reacción alguna por parte del Sr. Velasco Ibarra, que escribimos el artículo que tanto ha molestado al señor Alejandro Ponce. Ignoramos si al Sr. Ponce le molestará igualmente saber que mientras él puede devolvernos nuestros ataques en nombre de su Presidente, nadie, en nombre de nada, puede devolverles la vida a los que murieron ante ese mutismo resignado del Sr. Velasco Ibarra.

Dice el Sr. Ponce que "no hay necesidad de recurrir a la ofensa, a la injuria, al tono despectivo, para enjuiciar la actitud del Primer Mandatario Ecuatoriano."

Permítasenos afirmar que nosotros ni ofendemos, ni injuriamos. Defendemos la verdad y la justicia. Defendemos el decoro de un pueblo que lucha heroicamente por su libertad. En su defensa nos tienen sin cuidado las personas. Sólo nos importan las actitudes Y cuando esas actitudes tratan de entorpecer o denigrar esa lucha, las denunciamos, vengan de quien vengan, llamándole a las cosas por su nombre.

Injurian y ofenden a un pueblo que lucha y muere por rescatar sus derechos los que con actitudes sibilinas o abiertamente consentidoras respaldan a sus opresores.

SIN PATRIA, PERO SIN AMO

Injurian y ofenden a un pueblo que sufre en el destierro, muere en las cárceles o ante los pelotones de fusilamiento, sin derecho a la defensa, los que afirman que ese pueblo ha aceptado voluntariamente su status actual. Los que hacen eso son los que injurian y ofenden, llámense como se llamen y sean Primeros Mandatarios de donde sean.

Dice el Sr. Ponce, refiriéndose a nuestro trabajo, que no se explica que un diario prestigiado bajo la dirección del doctor Horacio Aguirre "acepte publicaciones reñidas con elementales principios de consideración y cultura."

No sabemos el concepto que tiene el Sr. Ponce de la prosa que refleja cultura. Tal vez como diplomático, estime considerada y culta esa prosa protocolar y espesa, tan llena de retórica banal y de maquillaje como vacía de ideas y de sinceridad. Pero esto no vamos a discutirlo. Vamos a aceptar que yo ando a las greñas con la cultura. Pero si mis trabajos están reñidos con principios elementales de la consideración y la cultura, las actitudes del Sr. Velasco Ibarra, hasta el presente, están reñidas con principios elementales de la dignidad humana, de la Declaración de los Derechos del Hombre, de los Tratados Internacionales y de la civilización.

Finalmente dice el Sr. Ponce:

"Protesto y rechazo como Representante del Ecuador por las groserías y ofensas que se pretende irrogar al Primer Mandatario de mi patria."

Y yo, como periodista y como cubano, protesto y rechazo las groserías y las ofensas que se han hecho a la memoria de mis compatriotas muertos por parte de los que justifican y mantienen relaciones diplomáticas con sus verdugos.

Y además, protesto y rechazo como periodista y como

cubano, la injuria sangrienta hecha a las madres de los cinco prisioneros de guerra fusilados y de los otros seis cubanos que acaban de fusilar, por parte de los que calorizan la vigencia política y aceptan en silencio los desmanes de sus asesinos.

Por último, vamos a referirnos a la pequeña lección de moral periodística que pretende darle el Sr. Ponce al Director de este Diario, cuando afirma --apuntando a la publicación de mi trabajo, según él cargado de injurias y de ofensas-- que ese "no es el ejercicio legítimo de la libertad de imprenta."

Lástima que el Sr. Ponce sienta esos escrúpulos tardíos.

Nos hubiera gustado mucho haberlo visto condenado a la tiranía castrista cuando ésta, con la injuria soez y la violencia armada, coaccionó y se robó en Cuba todos los periódicos independientes.

Miami, Septiembre 19 de 1961.

SIN PATRIA, PERO SIN AMO

Respuesta a un Cónsul Velasquista

LAS NOMINAS Y LAS LIBERTADES

Como en un espectacular "relevo australiano", al inefable señor Alejandro Ponce le ha sucedido en el uso del botafumeiro velasquista un señor José Rubén Chiriboga, Cónsul de Ecuador en Miami. Es realmente conmovedora esta hermandad burocrática. Está visto que la solidaridad que no logra la tragedia cubana en ciertos funcionarios latinoamericanos, la alcanza con creces el disfrute común de un presupuesto.

Dice este señor —que se ufana de haber adquirido educación y buenas maneras en su casa y en la escuela, pero que por la forma en que se expresa demuestra que en ambos lugares perdieron lastimosamente el tiempo— que no tiene intenciones de polemizar.

Por supuesto, que él preferiría decir sus pesadeces y que todo quedará en calma. Una calma similar a la que siente su Presidente Velasco Ibarra ante los doce últimos fusilamientos después de afirmar que no los habría.

Pero con nosotros la cosa no es tan fácil. No estamos defendiendo un empeño particular, sino la causa de todo un pueblo. En este terreno no vamos a retroceder un palmo. No cedimos antes, frente a la furia de la jauría castrista.

No vamos a ceder ahora ante dos bombines obligados a chillar para defender sus emolumentos diplomáticos.

Sin embargo, examinemos sus razones. Son curiosas.

Este Chiriboga --ajeno al otro Chiriboga, el digno, el ilustre ex Canciller que se apartó de la nómina por no apartarse de sus principios democráticos-- dice que "difícilmente podría entender un lenguaje sereno y desapasionado quien mastica la amargura del destierro."

Y yo le respondo que difícilmente podrían entender y aquilatar el lenguaje de los que defienden las libertades democráticas, los que mastican a dos carrillos --un bocado de Washington y otro de Moscú-- y facilitan la deglución de tan explosiva mezcla con algún que otro sorbo de sangre de paredón castrista.

Hay algo muy significativo en las cartas de estos dos funcionarios jubilables: se apartan totalmente del motivo central de mi trabajo, hurtando el cuerpo al fondo para salirse por la tangente de la forma.

Ponce ni lo roza. Chiriboga lo evade, dando una oblicua explicación de que su Presidente ha sido injuriado, "por el delito de pensar con independencia."

¿Y quién le ha dicho al señor Chiriboga que hemos hablado en ningún momento de si el señor Velasco Ibarra piensa con independencia o no? Nada de eso. No hemos hablado siquiera de si piensa.

Lo que nos preocupa, nos duele y le duele al pueblo que en la lucha por sus libertades ve caer diariamente nuevas víctimas, es que al señor Velasco Ibarra le tenga sin cuidado ese heroico sacrificio. Lo que nos conturba y nos avergüenza como latinoamericanos es que haya mandatarios que mantengan relaciones de amistad con los verdugos insaciables de ese pueblo. Lo que nos indigna es que haya hombres públicos que por justificar relaciones con tiranías

SIN PATRIA, PERO SIN AMO

sangrientas, aseguren estar informados de que esa tiranía no va a seguir matando y luego se queden muy calladitos cuando un nuevo borbotón de sangre les salpica la cara. No. No es la independencia de pensamiento del señor Velasco Ibarra lo que nos atañe, señor Chiriboga; es su reiterada indiferencia frente al crimen.

Que el señor Velasco Ibarra piense con la independencia que quiera o pueda. Es su derecho. Nos alegramos que lo ejercite. Por defender ese derecho --triturado en Cuba-- es que "estamos masticando la amargura del destierro."

Pero nos parece que no es mucha la independencia de su pensamiento, cuando afirmando tener noticias de que un hecho vituperable no va a producirse, este hecho se produce y él ni siquiera lo condena.

Porque a lo mejor él piensa que los fusilamientos están mal --¿ o piensa que están bien--? pero no se atreve a decirlo para no disgustar tal vez a las hordas bermejas de su país. Y esto sí que no luce ya independencia de criterio. Lo que luce es sumisión a los gritones y a los perturbadores. Aunque el que se calle haya sido elegido cuatro veces para la posición que ocupa.

Confesamos que al leer la carta del señor Chiriboga nos intrigó la afirmación de que "en Ecuador los Presidentes ya no se eligen a sí mismos; los elige el pueblo." No sabíamos de primer momento a que venía aquéllo a colación. Después caímos en cuenta que era una indirecta a los cubanos porque en Cuba no gozábamos de esos derechos y deberes electivos.

Aquí sí que el señor Chiriboga se ha lucido. Porque esa banderilla no se la puede clavar a un pueblo que al perder esos derechos peleó antes y sigue peleando hoy con evidente gallardía por recobrarlos. Esa banderilla se la ha clavado a su inefable Presidente que no se cansa de repetir que en Cuba no se puede intervenir --¿ni siquiera para condenar los asesinatos, Don Velasco?-- porque hay que respetar la "auto-determinación" de los pueblos.

Sin embargo, el señor Velasco Ibarra sabe que en Cuba no puede haber autodeterminación porque ha sido abolido el sufragio y que por abolirse este derecho básico y democrático, es por lo que sobrevinieron las persecuciones, el exilio, las cárceles y el paredón.

Hágale pues, esa observación a su dilecto jefe, que disfruta de los derechos democráticos pero se los niega a los demás. Y dígale que si en Ecuador existe el sistema de la libre elección para darse los gobernantes, nos alegramos mucho. Eso es lo que prescribe la democracia y lo que merece el noble y esforzado pueblo ecuatoriano. Y dígale también que si en Cuba se lucha y se muere ante los pelotones de fusilamiento o ante las descargas de los esbirros en las calles, es precisamente por recobrar los derechos sobre los que se asienta ese sistema. Y dígale que si es tan demócrata, para qué anda coqueteando tanto con los comunistas. Que acabe de tirar de la manta y ponerse al lado de los que pelean por esos principios y no se cubra más de ludibrio buscándole justificativos o cohonestando con su silencio la barbarie de los asesinos que asuelan la patria de Martí.

Hay una frase en la carta del señor Chiriboga que quizás sea la clave de toda esta efervescencia epistolar. Es aquélla en que afirma que nosotros hemos injuriado al señor Velasco Ibarra --segundo término de la alternativa-- "por no haber renunciado, como **incesantemente** reclama el Sr. Medrano."

Ahí puede estar la madre del cordero. Nada asusta tanto a un burócrata como que alguien hable de renuncia. Ya están nerviosos. Ya están descontrolados. Ya ven has-

SIN PATRIA, PERO SIN AMO

ta un pedimento **incesante** en una insinuación. Ya ven sustituciones en el Servicio Exterior. Y la emprenden contra el que incurre en esos siniestros presagios, mucho más terribles para ellos, que la muerte abominable de los estudiantes, campesinos, obreros y profesionales que caen diariamente en Cuba ante el infame paredón o se pudren en las cárceles, donde Castro no deja entrar a la Cruz Roja Internacional.

Que sepamos, esto no ha perturbado en lo más mínimo el ánimo de estos representantes diplomáticos. Sobre este tema comprometedor que requiere, más que un delgado barniz de educación, fortaleza de carácter y arraigados principios, no han escrito una sola carta ni han dicho una sola palabra.

¡Ah, nóminas interminables de la burocracia latinoamericana... como conspirais contra el decoro y la libertad de América!

Miami, Septiembre 23 de 1961.

HUMBERTO MEDRANO

OTRO ... Y VAN TRES

Velasco Ibarra estará debilitado por la presión comunista, pero hay que convenir que tiene en un puño a toda la empleomanía del Servicio Exterior.

A una voz de mando, se ponen todos en fila para defender al jefe. Aunque sea uno solo el adversario. Exigente que es el patrón.

Conste que esto nos complace. Estamos acostumbrados a librar solos estos "duelos grupales." Así nos atacaban los fidelistas. Y necesitaron los rifles para quitarnos la tribuna, no para callarnos. Allí combatimos hasta el fin y marchamos al exilio para seguir combatiendo.

--Son tantos los soldados de los Jerjes --dijeron a Leónidas-- que sus flechas oscurecerán el sol.

--Mejor-- respondió Leónidas --así pelearemos a la sombra.

Yo le prometo a mis lectores responder hasta al más humilde ujier del más pequeño consulado velasquista. El que, seguramente, empleará un lenguaje más correcto que el de algunos cónsules y embajadores.

Pero debemos reconocer que el nuevo contendiente es distinto. Es todo un caballero. Expone, no denigra. Va al debate con razones, sobrio, sin petulancias. Trata de fijar

SIN PATRIA, PERO SIN AMO

una tesis, no de presumir de educación y de cultura. Cosa que, por otra parte, nos hace recordar el viejo refrán: "Dime de lo que presumes y te diré de lo que careces."

Por lo tanto, declaramos el más cumplido respeto por el Encargado de Negocios del Ecuador en Washington, Don Eduardo Arosemena, nuestro más reciente contradictor. Y lo decimos previamente, porque vamos a discrepar de él. Es decir, vamos a discrepar de los criterios de su Presidente, que lamentablemente para nosotros él respalda y suscribe.

Nuestra discrepancia con los planteamientos del señor Velasco Ibarra no se producen, señor Arosamena, porque tengamos nada personal con su Presidente. Estamos apartados, aunque no ajenos, de las luchas políticas de su país. Por lo tanto, mal podían alentar nuestra postura discrepante, simpatías o antipatías personales. Discrepamos pues, de su política exterior y esencialmente, de los planteamientos contenidos en su mensaje al Honorable Congreso Ecuatoriano. Porque esos planteamientos, a nuestro entender, son inconsistentes, falsos, palabreros. Y además, porque representan un peligro para la defensa y preservación en nuestro Continente de las libertades democráticas.

Son inconsistentes, porque se basan en informes interesados y mendaces. Tan mendaces, como los que le aseguraron al señor Velasco Ibarra que no habría fusilamientos.

Son palabreros, porque decir que "el problema de Cuba debe ser estudiado con serenidad, con preocupación por la verdad y la justicia, con sano deseo de acertar, teniendo en cuenta no la satisfacción momentánea de un odio doctrinario sino la trascendencia de la política que se propugne o se adopte en el futuro del Continente", sólo puede admitirse como fórmula retórica para llenar un expediente tribunicio o para cosechar aplausos ante un areópago, congresional a mil millas del dolor de un pueblo.

Porque quisiéramos que alguien nos explicara si esa parrafada grandilocuente y gélida, es la que cabe para enjuiciar la tragedia de ese pueblo que ha perdido todas sus libertades y que está desangrándose por recobrarlas.

Medite un poco el señor Arosemena y dígase a sí mismo --no le exigimos más-- si son éstas las palabras justas para abordar el hecho gravísimo de la penetración de un totalitarismo extraño en América a través de un país del propio Hemisferio, escogido como base de operaciones para perturbar desde allí el ordenamiento jurídico, político, económico y social del Continente.

Le rogamos al señor Arosemena que piense también si esa lingada de palabras --puro decorado verbal-- es la que puede decirse como una explicación o como un bálsamo a todas las madres y a todas las viudas que ven a sus hijos y esposos morir día tras día en las calles, en los campos, en las cárceles o en el ignominioso, paredón, mientras el señor Velasco Ibarra proclama ante toda la América que el problema de Cuba "es un problema que debe ser estudiado con serenidad y con sano deseo de acertar..."

Plantea el señor Velasco Ibarra en su mensaje que "una cosa es el aspecto nacional de una reforma social y política, realizada por un Estado dentro de sus fronteras en pleno uso de su soberanía y otra muy distinta las posibles repercusiones diplomáticas de esa reforma." Para hacer esta afirmación el señor Velasco Ibarra parte de una falsedad.

Las llamadas reformas sociales y políticas del castrismo, que en definitiva no fueron otra cosa que actos de vandalismo y de pillaje, no fueron hechas por un Estado soberano. No puede llamarse Estado a la voluntad omnímoda de

SIN PATRIA, PERO SIN AMO

una oligarquía armada que incluso desconoce y viola sus propias pragmáticas.

Un ejemplo: la Reforma Agraria. Se disponía un máximo de treinta caballerías de extensión para las tierras cultivables e incluso de cien en los casos que la explotación agrícola lo requiriera. Asímismo se disponía la creación y funcionamiento de los Tribunales de Tierras para atender toda litis entre los propietarios y el gobierno con motivo de cualquier error o exceso en la aplicación de la ley.

Sin embargo, desde los primeros instantes fueron ocupadas sucesivamente todas las propiedades rurales, aún las que tenían una sola caballería. A la sazón, el Fiscal **de dedo** del Tribunal Supremo, que lo era el comunista militante doctor Santiago Cubas, invalidaba los Tribunales de Tierras declarando que el juez que aceptara cualquier reclamación de particulares sería considerado un **contrarrevolucionario**. Estas declaraciones salieron en todos los periódicos, los oficiales y los independientes. Estos últimos habrían de desaparecer más tarde confiscados en su totalidad.

Debo significarle, señor Arosemena que quien relata estos hechos no fué afectado por la Reforma Agraria, porque no poseía un solo palmo de tierra cultivable.

Pero fundamentalmente denunciamos la falsedad de ese aserto sobre un "Estado soberano dándose reformas sociales y políticas," porque a menos que se trate de un estado de caos, la palabra Estado, supone un Estado de Derecho. Para restablecer ese estado de derecho se hizo la revolución contra la dictadura de Batista, pero ese estado jamás fué restablecido. Y la revolución en que se luchó para restablecerlo, fué mixtificada y traicionada vilmente.

En lugar de ese estado de derecho, se pisoteó la Constitución, se abolieron todos los derechos políticos e individuales, se canceló la libertad de expresión, se militarizó el país, se persiguió, vejó, encarceló y fusiló a los que discrepaban, y se instauró una nueva y sangrienta tiranía que entregó los destinos del país a un totalitarismo extranjero.

Fué enconces que pasaron a ser **contrarrevolucionarios** y **conspiradores** todos los que reclamaron el primado de la Constitución y la aplicación estricta de las leyes. Y se convirtieron en "vendidos al oro yanqui" y "enemigos de la patria", todos los que pedíamos que hubiera señalamiento de elecciones para que hubiera un Congreso --augusta Casa de las Leyes-- y se eligieran los gobernantes por la libre emisión de la voluntad ciudadana, sin coacciones ni interferencias.

En lugar de eso, se impuso por la confusión, la perfidia, y el terror, un mandón de barbas mugrientas que llamó a un grupo de extranjeros para gobernar y armó a la canalla para que lo ayudara a robarle las tierras a los campesinos, las industrias a los empresarios, el salario a los obreros, las mareas a los pescadores, los ahorros a los trabajadores manuales e intelectuales, los periódicos a los periodistas, los niños a las madres, el culto a los creyentes y la dignidad y la vida a todo el que osara protestar.

¿Acaso a eso se le puede llamar Estado?

¿Es a ese aquelarre espantoso a lo que puede llamarse Revolución Cubana y decir como dice textualmente el señor Velasco Ibarra que "dejada a sí misma encontrará su cauce"?

¿Es que puede ser cauce un lodazal, un charco de sangre, una cárcel, una sepultura?

¿Cómo puede auspiciarse el desarrollo de un despotismo estulto y feroz que en lo económico ha sumido al país en la miseria; en lo político ha arrasado con todos los de-

SIN PATRIA, PERO SIN AMO

rechos; que ha creado e instigado los más violentos odios de clase en lo social y en lo moral ha elevado la delación y el fratricidio a la categoría de deberes cívicos?

¿Cómo puede pedirse seriamente, humanamente, que se permita crecer y progresar un monstruo al que el doctor Pablo Kinder Bornhausen, Vicepresidente de la Misión Comercial brasileña, a su regreso de haber vivido en sus entrañas, acaba de calificar como un estado de "violencia, corrupción y mentira?"

Otra de las afirmaciones del señor Velasco Ibarra en ese Mensaje es la de que "desgraciadamente en este momento hay un enojo, una tensión internacional entre Estados Unidos y Cuba que impide la espontánea actuación de las fuerzas sociales y morales que producirían oportunos equilibrios evitando errores peligrosos."

¿Se ha visto nada más falso, más tergiversado, más absurdo que esa afirmación?

¿Qué tienen que ver los Estados Unidos con los doscientos mil exilados cubanos, con los miles de cubanos muertos por los esbirros de Fidel Castro, con el cuarto de millón de cubanos encarcelados transitoriamente después de la invasión y los cincuenta mil cubanos presos condenados en su mayoría a treinta años por el delito de no aceptar un régimen comunista?

Castro podrá tener sus diferencias con Estados Unidos. Es lógico que las tenga. Y no por las confiscaciones. Lo obliga su condición de títere soviético. Pero el conflicto cubano, la tragedia cubana, es esencialmente cubana y por encima de todo, la lucha eterna entre la libertad y la esclavitud; entre la opresión y la dignidad plena del hombre que quería Martí; entre la democracia y el totalitarismo, importado esta vez del Asia para subyugar a América.

HUMBERTO MEDRANO

Son muchos, señor Arosemena los puntos de ese mensaje que reflejan un total desconocimiento del problema cubano --lo cual es grave para un Presidente que tiene no sólo que opinar; sino señalar rumbos en la política exterior de su país-- o que reflejan algo más grave aún: una peligrosísima coincidencia con las tesis de la Unión Soviética y de todos los que le hacen el juego.

No nos extendemos ahora en ese tópico, porque este artículo tiene que terminar alguna vez. Si usted desea, puedo hacerlo en próximos artículos.

Mientras tanto, vea usted que cuando atacamos la posición del señor Velasco Ibarra, no lo hacemos por gusto ni por crítica apasionada, como usted ha querido verlo.

Es que su Presidente, en la crisis de Cuba, que es la crisis de América, o está al lado de los que ignoran totalmente la verdad, o está al lado de nuestros enemigos.

Y en cualquiera de los casos, nos vemos en la obligación de denunciarlo en defensa de nuestra patria y de la seguridad de nuestras libertades hemisféricas.

Aunque al hacerlo nos tropecemos unas veces con la insolencia. ante la que nos es imposible doblegarnos, y otras, como en su caso, con el amable y correcto disentimiento, que no titubeamos en reconocer y respetar.

Miami, Septiembre 24 de 1961.

SIN PATRIA, PERO SIN AMO

HABLEMOS DE "PELOTA"

Cuando terminó la Serie Mundial todos leímos: "Los Yanquis apabullaron a los Rojos." Pero una cosa es el Yankee Stadium y otra el salón de sesiones de la ONU Los "yanquis" no 'juegan" lo mismo cuando se enfrentan a los "rojos" en el terreno de pelota que en el terreno de la política internacional. En ese terreno de la política internacional hasta ahora -y ojalá no sea por mucho tiempo- los que están perdiendo son los "yanquis"

Porque en el **ataque** y la **defensa** hay una enorme diferencia entre Roger Maris o Whitey Ford y Stevenson o Bowles.

Stevenson, sobre todo, es una calamidad en el "terreno". Coge, pero no batea. A veces "catchea" hasta sin careta y recibe todo lo que le tiran. Pero cuando se para a batear le tiene miedo a los 'dead balls" y siempre lo ponchan con bolas por la cabeza. Hasta Raúl Roa, que no tiene para durarle un inning a nadie, no deja a Stevenson sacar la bola del cuadro.

El último encuentro fué desolador,

Roa vociferó sus denuncias contra Estados Unidos. Tronó contra el "imperialismo". Se desgañitó hablando de una fantástica red de centros de entrenamiento diseminados por Norte, Centroamérica y el Caribe, en los que los "imperialistas" preparan una nueva y terrible agresión contra su gobierno.

¿A qué venía ese tremendo escándalo de Roa denunciando tremebundas invasiones yanquis en el palenque mundial de las Naciones Unidas sin presentar una sola prueba de sus afirmaciones?

No tenía más que un propósito: dar un "show" espectacular para evitar que se hablara en la ONU de las atrocidades que se están cometiendo en Cuba.

Ante esa jugarreta, Stevenson debió pararse a pelear como es debido.

Claro que tenía que negar los falsos cargos que se le hacían a su país. Pero debió poner a Roa en su sitio.

Debió preguntarle con qué derecho hacía interpelaciones y denuncias ante esa Asamblea el representante de una tiranía sangrienta que está fusilando sin piedad a todo el que se le opone.

Debió preguntarle con qué derecho inquieren sobre la actitud de los demás los que no permiten que fiscalicen la suya; los que inclusive impiden a la Cruz Roja Internacional entrar en Cuba para que no compruebe el trato inhumano que le dan a los presos políticos.

Debió preguntarle con qué moral levantan la voz para hablar de derechos aquéllos que los han suprimido todos en su país; los que no permiten elecciones libres, los que no permiten libertad de expresión; los que no permiten libertad de culto; los que encarcelan sin Habeas Corpus y matan a sus adversarios sin permitirles ejercer el derecho de defensa.

Debió preguntarle con qué moral habla de que los pueblos deben ser dejados escoger en paz su forma de gobierno, quien representa a los que han perseguido, despojado,

SIN PATRIA, PERO SIN AMO

encarcelado y asesinado al suyo propio porque se niega a vivir bajo un régimen comunista.

Debió preguntarle con qué derecho hablan de agresiones internacionales los que con dinero de Rusia están pagando agentes perturbadores en toda la América para que subviertan los regímenes democráticos del Continente.

Debió preguntarle con qué derecho hablan de soberanía los que han puesto a Cuba bajo el yugo de la Unión Soviética, han hipotecado sus destinos y la han sumido en la miseria a cambio de recibir dinero y armas de Rusia para sofocar las rebeliones internas y fomentarlas en el extranjero.

Debió preguntarle si no le daba vergüenza haber atacado antes en sus artículos al comunismo y estar defendiéndolo ahora por una paga de Canciller.

Y debió preguntarle con qué derecho se ponía de pie para hablar de libertad quien para subsistir como burócrata tenía que mantenerse de rodillas ante un tirano.

Sí, eso es lo que debió preguntarle Stevenson a Roa.

Y algo más: Debió enseñarle las pruebas de los crímenes y robos de la tiranía Castrista, que Stevenson las tiene. Y debió mostrarle las pruebas de la enorme cantidad de rusos, checos y chinos, espías y miembros de la policía represiva del comunismo internacional que han entrado en Cuba, porque Stevenson debe tenerlas. Y debió por lo menos leerle el nombre de uno de los últimos fusilados y el de su esposa condenada a treinta años a pesar de estar embarazada, para demostrar ante el mundo la forma en que se castiga en Cuba, en la Cuba de ese Roa plegadizo e insolente, el delito de discrepar del régimen comunista.

Y por último, debió terminar diciéndole que no tiene derecho ni moral para acusar a una democracia legítima el representante de un gobierno bastardo, despótico y criminal, que se mantiene en el poder por el terror y la sangre; y por el vergonzoso consentimiento de los gobiernos venales y acobardados de América y de los diplomáticos blandengues y comprometidos de la OEA y la ONU.

Pero en lugar de eso, Stevenson balbuceó unas disculpas. Negó las acusaciones. Dijo que el gobierno de Castro estaba contra la voluntad del pueblo y que había **limitado** la libertad de expresión.

Si el apoderamiento de todos los periódicos independientes por medio del acoso, la estrangulación y la ocupación armada, lo llama Stevenson **limitación** de la libertad de expresión, para llamarle **supresión total** -que es lo que hubo en Cuba- parece que Stevenson necesitaba el degüello de todos los periodistas.

No, Stevenson no entró en debate. No quiso. O no sabe. O no puede. Le da "penita". No tiene punch. Y si lo lo tiene, parece que lo emplea solamente para frenar la acción a la hora cero.

A lo más que llegó fué a afirmar que el pueblo de Cuba conquistaría su libertad. Gracias, pero eso ya lo sabíamos. Como sabemos también lo difícil que nos sería alcanzarla si dependiera exclusivamente de hombres como -Stevenson, que a última hora se les pierde el acelerador y no encuentran más que el freno.

¡-Mi reino por un caballo!-dijo Ricardo III en un momento difícil-

Stevenson diría:

¡-Cuba por una sonrisa de Gromyko...!

Es que la historia cambia, como cambia el empuje de los **yanquis** cuando les cambian el uniforme.

SIN PATRIA, PERO SIN AMO

Con el de **franela a rayas** dan "palos" en todas direcciones. Con el chaqué los cogen.

Ojalá algún día se decidan por usar el kaki.

Esperamos que ese día le pongan a Stevenson un pijama y lo acuesten temprano.

Miami, Octubre 13, 1961.

HUMBERTO MEDRANO

HOY NO SE ROMPE; MAÑANA SI

Aunque ustedes no lo crean, la OEA sesiona. Tiene Comisiones y Sub-Comisiones que deliberan. Incluso celebra de vez en cuando asambleas generales donde se toman acuerdos que tienen aparentemente enorme trascendencia.

Ello no obsta para que una sorda herrumbre cubra esos acuerdos, que pasan a ser decorativas piezas de museo.

Los Cancilleres que representan la política exterior de de las naciones americanas, cuidan de ser verbosos y elocuentes en esas reuniones donde se fijan los criterios políticos de sus gobiernos respectivos. Pero sobre todo, se esfuerzan en proclamar de manera firme y concluyente el respeto que sienten sus gobiernos por los principios democráticos. Y por supuesto, no falta nunca una declaración tajante sobre la absoluta inviolabilidad de los Derechos Humanos.

Pero cuando esos principios se desconocen y esos derechos se violan, los Cancilleres, juntos o separados, se apresuran a buscar justificaciones para hacerse de la vista gorda.

Hay ingenuos que se imaginan que los acuerdos de estos organismos son para aplicarse. Deliran. Son para la tribuna política, para la galería. Son acuerdos hechos de pala-

SIN PATRIA, PERO SIN AMO

bras. Y de ese mismo material están hechas las disculpas con que se llena el espacio reservado a la acción. Tanto más, cuando esa acción supone romper pactos políticos y otras misceláneas que permiten el disfrute tranquilo y reiterado de las nóminas.

Por eso, aunque en la IX Conferencia de Bogotá en 1948 se declaró "que por su naturaleza anti-democrática y por su tendencia intervencionista, la acción política del comunismo internacional o de cualquier totalitarismo, es incompatible con la concepción de la libertad americana, la cual descansa en dos postulados incontestables: la dignidad del hombre como persona y la soberanía de la nación como Estado", ese acuerdo, en la práctica, tiene la misma efectividad que la carabina de Ambrosio.

Porque en la Cuba de Castro se ha producido ya la **acción política intervencionista del comunismo internacional** y esa acción intervencionista ya se ha extendido a través de sus Embajadas a casi todos los países de América.

Porque en la Cuba de Fidel Castro, al no existir el derecho a la vida, a la libertad de palabra y de expresión, a la libertad religiosa, a la libertad de reunión y asociación, a la libertad de relaciones familiares; al haber desaparecido el derecho de protección contra la prisión arbitraria, a proceso regular, el derecho de educación, el derecho de propiedad, el derecho al trabajo, el de igualdad ante la ley y el derecho al sufragio; y al actuar el gobierno castrista en la práctica como un títere de la Unión Soviética, con la que proclama su afinidad y de la que recibe respaldo bélico y político, no hay duda alguna que existe en Cuba un **totalitarismo** y que allí se han violado esos **postulados incontestables: la dignidad del hombre como persona y la soberanía de la nación como Estado.**

Sin embargo, el famoso acuerdo de Bogotá no se aplica. La OEA tiene delante de sus ojos las transgresiones flagrantes a sus postulados y doctrinas. Pero los Cancilleres, con las honrosas excepciones de rigor, empiezan a hablar de "no-intervención", y de "auto-determinación", cada vez que alguien toca el espinoso tema.

Es decir: tapan con unas palabras, otras palabras. Tan falsas e inconsistentes las unas como las otras. ¿Por qué?

Porque en esos países hay infiltración comunista. Y esa infiltración constituye partidos políticos con un nombre cual quiera, los cuales cuentan con un número equis de votantes. Y los candidatos oficiales u oficiosos, no están dispuestos a perder un apoyo electoral que puede resultar decisivo para su aspiración política, porque en alguna nación se estén violando los principios democráticos o los derechos humanos. Esas son bagatelas. Para cierta clase de hombres nada hay más importante que una sinecura.

Así hemos llegado al colmo del cinismo en la declaración del Canciller brasileño, señor Santiago Dantas, que dijo no ser partidario su gobierno de que se produjera la Conferencia Interamericana de Quito, mientras subsistiera la 'situación cubana'.

Esa 'situación cubana', para el señor Dantas, como para Joao (que tiene rima con Mao), no debe ser abordada. No debe ser considerada, ni tratada. No debe ser ni siquiera tocada. Si lo fuera, ¿qué diría y que haría el poderoso Partido Comunista brasileño? Sería una catástrofe. Mejor es hurtarle el cuerpo a la 'situación cubana'. Aunque esa situación esté poniendo roja de sangre las aguas del Caribe y de vergüenza el rostro de los que han creído y siguen creyendo en la democracia, en la OEA y en la dignidad humana.

Suerte que mientras los Goulart, los Frondizi y los Ve-

SIN PATRIA, PERO SIN AMO

lasco Ibarra hacen sus vergonzosas cabriolas, la Cancillería del Perú - aún quedan cóndores en la América Latina - secundada por la de Costa Rica y de otros dignos países de Centroamérica, están pidiendo urgentemente una reunión para encarar de una vez la terrible tragedia de Cuba.

Veremos lo que pasa. Veremos si la OEA va a honrar sus acuerdos o si va a dejarlos podrir junto a las libertades y la dignidad de todo un Continente.

¡Veremos si los países de ese Continente, llamados grandes por su extensión y población, demuestran que también lo son por su decoro!

Veremos si se produce la indispensable condenación y ruptura con un despotismo sangriento instaurado en América para servir los intereses de un totalitarismo extraño.

O si, primando el ciego egoísmo y la politiquería, se dan largas al asunto y se compromete el honor y la seguridad de América, colgando a la puerta de la OEA el cartelito trapalón: "HOY NO SE ROMPE; MAÑANA SI".

Miami, Octubre 15, 1961.

HUMBERTO MEDRANO

Un Mensaje al Canciller de Chile

SOLOS O ACOMPAÑADOS: ¡ LO HAREMOS !

"Allá los cubanos que resuelvan solos sus problemas: nosotros somos partidarios de la **auto-determinación** y de la **no-intervención**".

Estas son palabras del señor Carlos Martínez Sotomayor, Canciller de Chile. Frías, desdeñosas, secas. Para este Canciller, Cuba está "allá", en otro Continente, casi en otro planeta. A distancias siderales no sólo de la hermandad continental, sino de la solidaridad humana.

A su corazón no llega la tragedia de un pueblo americano sojuzgado y desangrado por un totalitarismo extraño. A su cerebro no llega el peligro que ese sojuzgamiento representa para toda la América. Hay casos en que la sensibilidad y la inteligencia se ven anuladas por el egoísmo, la cobardía o la simple hartura presupuestal.

Que los cubanos resuelvan solos su problema....!

¿Y cuál es el problema de los cubanos ? ¿ Un forcejeo electoral cualquiera ? ¿ Una simple discrepancia política? ¿Acaso una lucha interna partidista por el usufructo del poder ? No. No es nada de eso. El problema cubano es algo bien distinto. Es una terrible tragedia. Es el primer zarpa-

SIN PATRIA, PERO SIN AMO

zo violento y efectivo que da en este Continente una potencia extranjera, en pos de sus propósitos de destruir los basamentos morales, jurídicos y políticos de nuestra civilización.

Ese es el problema, de Cuba. Y a los cubanos demócratas; a los cubanos que amamos la libertad por sobre todas las cosas; a los cubanos que nos enfrentamos a la dictadura de Batista, nos ha tocado enfrentarnos otra vez a una nueva y monstruosa tiranía, peor que la anterior, porque depende de una potencia extraña que se ha instalado en Cuba a través de ella y le ha suministrado enormes cantidades de armamentos, dinero para comprar conciencias en América, expertos en propaganda e incluso fuerzas militares y policíacas.

Contra ese tremendo aparato bélico estamos combatiendo. Y en el combate caen diariamente hombres, mujeres y niños, porque el terror no distingue edad ni sexo. En el combate Cuba ve destruída su economía, sus recursos vitales, sus mejores hijos.

Sin embargo, para el señor Martínez Sotomayor, ese es un problema que "allá los cubanos lo resuelvan solos" Porque para él, ni la opresión, ni la violencia desatada al máximo, ni la miseria, ni la montaña de muertos bajo la que se asfixia un país latinoamericano, es asunto que deba interesar a un Canciller latinoamericano. Allá los cubanos que mueran. Es su problema.

Que lo resuelvan solos.

¡Que se enfrenten solos a los rusos, a los chinos y a los checos, que por millares están llegando diariamente a Cuba! ¡Que solos marchen por millares al exilio siempre y cuando puedan escapar a los ametrallamientos de los botes, cerca de las costas o en los cayos próximos a la Isla del Odio! ¡Que solos se vayan a los montes con sus fusiles vie jos y su coraje inmenso y desde allí los saquen los lanzallamas rusos y las ametralladoras checas !

¡Qué sufran solos un dolor que debe ser unánime y la vergüenza que debía sentir cada hombre digno de que los estudiantes, casi niños, mueran asesinados ante un ignominioso paredón, sin proceso regular, sin defensa, con una sentencia de muerte prefijada para escarnio de todo derecho y de toda justicia !

¡Que giman solos en las cárceles donde se pudren tratados como bestias, sin que la tiranía le permita siquiera a la Cruz Roja Internacional interceder por ellos ! ¡Qué se mueran allí, diezmados por las epidemias, sobre sus propias excretas, sin asistencia médica, , sin siquiera una oración !

¡ Que aquellos cubanos desesperados que desembarquen en las playas cubanas para pelear por la libertad de su tierra y por la libertad del Continente, se enfrenten solos a los Migs rusos y a las antiaéreas checas, sin siquiera un gesto de simpatía o de apoyo moral por parte de los gobiernos de estos países que se llaman hermanos !

Nada de esto, para el señor Martínez Sotomayor, es asunto de su incumbencia. Ni los ultrajes, ni las torturas en los calabozos de la policía represiva donde dejan ciegos a los detenidos; ni las mujeres embarazadas condenadas a treinta años a quienes les fusilan los maridos y después las hacen desnudarse durante tres horas diarias en los patios de las cárceles castristas, mientras las presas comunes y los cancerberos comunistas hacen mofa de lo más sagrado para una mujer: su pudor, más respetable que nunca cuando ha de florecer en madre . Eso es cosa de los cubanos, esos seres de la nebulosa Andrómeda que no merecen ni siquiera por parte del señor Martínez Sotomayor, la condenación a sus verdugos .

SIN PATRIA, PERO SIN AMO

Son atrocidades de otro mundo. Ante ellas el señor Canciller se limita a decir "que es partidario de la **auto-determinación** de los pueblos y de la **no-intervención**'.

Aunque sepa que ningún pueblo puede auto-determinarse bajo una dictadura; aunque sepa que no supone ni jurídica ni políticamente **intervención** el hecho de romper relaciones y condenar un despotismo que ha asesinado la libertad de un pueblo y que está conspirando a través de sus Embajadas para asesinarla en el resto de la América Latina.

Todo esto lo sabe el señor Canciller. Como sabe también que fueron los comunistas los primeros en hablar de no intervención y de auto-determinación, para proteger su cabeza de playa en el Caribe.

Pero el señor Martínez Sotomayor repite los manidos clisés legalistas de los que no respetan ninguna ley, para no buscarse problemas. Porque los problemas con los comunistas son peligrosos. Y bien barato resulta comprar un poco de tranquilidad con sangre ajena.

Puede, pues, sentirse satisfecho el señor Canciller Martínez Sotomayor. No ha dicho nada nuevo, pero ha sido prudente, precavido.

En mérito a su ponderación, tal vez Fidel Castro le mande el cuero cabelludo de algún fusilado, para que marque en sus libros de doctrinas interamericanas las páginas que hablen de **auto-determinación** y de **no-intervención**.

O quizás le envíe, si se sigue portando bien, un pedazo de los intestinos del campesino Clodomiro Miranda, que fuera Capitán del Ejército Rebelde, a quien Fidel Castro paseó por el poblado de Cabañas con las entrañas colgando después de capturarlo en la Cordillera de los Organos, donde con cuarenta compañeros más se había alzado contra el régimen comunista.

HUMBERTO MEDRANO

Ese fragmento de entraña campesina y cubana, creemos que luciría muy bien en el despacho del señor Canciller, si tiene la curiosidad de colgarlo junto a la Declaración de los Derechos del Hombre.

Sin embargo, créanos el señor Martínez Sotomayor que los cubanos seguiremos peleando por nuestra liberación. Y que conquistaremos la libertad, solos o acompañados.

Usted dice que su país tiene una larga tradición de democracia. Es cierto. Por eso felicitamos al noble pueblo chileno. El nuestro tiene una larga tradición de bravura. Cuba, por tradición, decapita tiranos. Y aunque esta vez la tiranía esté apoyada por una tremenda potencia bélica, también la derrocaremos. Porque nosotros, señor Canciller, no somos fríos, ni apáticos, ni egoístas, ni acomodaticios.

Y si algún día Chile tuviera que sufrir lo que nosotros estamos sufriendo --con estas indiferencias y estos tembleques, ante la infiltración comunista, nadie está seguro en América-- tenga la seguridad de que al primer desafuero condenaríamos la usurpación. Y hasta iríamos sin pretextos de **no-intervención**, a luchar hombro con hombro, con los hermanos chilenos.

Estos "rotos" sempiternos que jamás --por ninguna Cancillería-- se encogerían de hombros ante un crimen.

Miami, Octubre 19, 1961.

SIN PATRIA, PERO SIN AMO

MUCHO MAS QUE UN CANCILLER

No todos son paniaguados. Ni turiferarios. Ni politiqueros. Ni burócratas temblorosos que se aferran con desesperación a su mesada.

No todos cierran los ojos ante el dolor ajeno. No todos se vuelven de espaldas ante la dramática realidad de un pueblo que lucha y muere por su independencia. No todos son cobardes o mezquinos.

Los hay, como quería Martí, "que sienten en su propia mejilla el golpe propinado en la mejilla de otro hombre".

Máxime si el otro hombre es hermano de raza, de sufrimientos y de anhelos casi siempre tergiversados por la demagogia, traicionados por la codicia y frustrados por la politiquería.

Los hay que reaccionan con viril indignación ante la afrenta que se infiera a los principios que hermanan a los que no necesitan que la infamia les afecte directamente para condenar la infamia.

De esa calidad es Alberto Ruiz Ruiz, chileno, humilde, hombre.

Alberto Ruiz no es noticia para los periódicos. Ni sus opiniones son reproducidas con avidez por las agencias ca-

blegráficas.
Sucede que Alberto Ruiz no ocupa cargos oficiales. No es político. No es hombre público. Pero es un hombre. Porque lo que es, se lo debe a su esfuerzo; no al chalaneo ni a la componenda. Porque tiene principios y no los rinde. Porque tiene conciencia y no la vende.

Alberto Ruiz nos escribe desde Concepción, Chile, y su carta manuscrita dice así:

* * * *

Concepción, Chile, 25 de Octubre de 1961.

Señor Humberto Medrano,
Subdirector de "Prensa Libre en el Exilio",
Miami, Estados Unidos.

Libre y apreciado cubano:

Perdone que lo trate así un desconocido aparente. Digo aparente porque somos hermanos en la Libertad.

Soy chileno y he nacido libre gracias a que en Chile y en América toda hubieron antes que nosotros hombres que amaron la libertad y lo sacrificaron todo por amarla. No fué más grande O'Higgins que Martí; ni San Martín que Bolívar. Todos ellos y los que vinieron fueron hermanos del ideal. ¡Loor a todos ellos y a nuestras patrias!

Medrano, cubano libre: recién acabo de leer en "El Sur", de hoy, en mi ciudad, su libre, patriótico y enaltecedor artículo que lleva por título: "Solos o acompañados: lo haremos".

Mi primer sentimiento es de vergüenza y rabia: Vergüenza que un chileno -delegado oficial- haya lanzado esas frases transcritas por Ud. Yo no las conocía y creo habrá muchos chilenos que no las conocen. Ese no es el pensamien-

SIN PATRIA, PERO SIN AMO

to de los **libres.** Rabia, porque un ser anónimo como yo no puede gritar ni reclutar voluntades para que digan y actúen como es nuestro recóndito espíritu libertario y nuestra humana comprensión de chilenos ante las atrocidades y barbarie que una dictadura tan nefasta como odiada, mancha el suelo cubano.

Soy un ignorado trabajador; no tengo medio, ni máquina de escribir, para hacer resaltar este patriotismo americano que me roe el pensamiento; esta hermandad con ustedes, atormentados pero LIBRES cubanos, porque no han doblegado la cerviz ante el amo que a través de la historia, azotó espaldas en las estepas rusas y ha creído hallar en Cuba esclavos sumisos que le sirvan y teman.

Dad vuestra lucha, cubanos libres. "Solos o acompañados". Sed libres hasta muriendo por el ideal de LIBER — TAD.

Dejo su nombre, señor Medrano, porque volveré a escribirle. Sólo tengo el deseo de que sepa que hasta estas latitudes y también más lejos, sus palabras llegarán al corazón de millares de chilenos y todos ellos y el mío, os desean ardientemente que seáis libres.

VIVA CUBA; SIN TIRANOS!

Alberto Ruiz Ruiz
Avenida Collao 425,
Concepción, Chile.

* * * *

Gracias, Alberto Ruiz, chileno, hermano.

Sus palabras tienen todo el acento de comprensión y solidaridad que les faltara a las del Canciller Martínez Sotomayor. Las del señor Ministro de Relaciones Exteriores eran frías, calculadas, extracontinentales. Las suyas son sentidas, chilenas, latinoamericanas.

Ello demuestra cuanto calor humano puede encontrarse en esta América ardiente y generosa cuando las actitudes nacen de sentimientos raigales de la raza, no de las nóminas o de bastardos compromisos políticos con extrañas ideologías.

Y demuestran también que junto a la Cuba del destierro y del combate no están, como proclama la propaganda mendaz del comunismo, los "explotadores" y los "Imperialistas". Están, humildes o no, todos los buenos, todos los sinceros de corazón.

Usted, Alberto Ruiz, no tendrá ostentosas sinecuras. Pero tiene altivez moral. Y convicciones. Y la nobleza innata de los que para manifestar sus opiniones no miran de que lado están los intereses personales, sino la dignidad.

Usted, Alberto Ruiz, es humilde, pero rico en fortaleza de carácter, para defender los principios sobre los que se asientan la libertad y el decoro de nuestros pueblos.

Usted, Alberto Ruiz, no tiene máquina de escribir, pero le sobra independencia de criterio hasta para regalarle a muchos cancilleres.

Miami, Noviembre 25 de 1961

SIN PATRIA, PERO SIN AMO

El "MUERTO" EN EL POTOMAC

Aunque todas las informaciones digan lo contrario, ha sido en Ecuador donde acaba de estallar la bomba de cincuenta megatones.

Porque ha sido allí donde el comunismo acaba de ganar otra batalla.

Habrá quienes piensen que todavía es un poco prematuro hacer semejante afirmación. Que es mejor esperar. Que tal vez ciertas presiones y ciertas realidades económicas hagan al nuevo Presidente adoptar una actitud pro democrática.

Reconocemos que es cualidad admirable la cautela. Pero en este caso no hay cautela que valga. Arosemena es comunista. Para llegar a esta conclusión nos bastan los aplausos de Fidel Castro. Quien hace tiempo no aplaude más que a Khruschev, a los cohetes de Khruschev, a la política de Khruschev y a los otros títeres de Khruschev.

Nada importa que Arosemena haya nombrado en el Gabinete personas que no son conocidas como comunistas. Algunos, a su tiempo, se darán a conocer. Y otros, se plegarán a la política comunista como si lo fueran. Esa experiencia la vivimos y la sufrimos en Cuba.

Tampoco importa que haya sido discreto en sus primeras declaraciones, aunque en algunas de ellas, como en las que se refirió a la necesidad de mantener buenas relaciones de amistad con Rusia, asomara la oreja. Ya sabemos también por experiencia cómo operan los "camaradas." Con cuánta hipocresía ocultan lo que sienten y con cuanto cinismo dicen lo contrario de lo que piensan.

Arosemena entró hablando de la Constitución. Lo mismo que Fidel. Pero también lo mismo que Fidel, cuando tenga necesidad, le pasará los tanques por encima.

Estos nuevos bárbaros no tienen escrúpulos. Han bebido su doctrina de violencia en la fuente marxista-leninista. Allá han aprendido que no se debe vacilar en imponer cualquier tipo de opresión, en realizar cualquier clase de de desafuero. Que inclusive es necesaria la imposición armada para "lograr la felicidad del pueblo" por medio del terror y de la sangre. Y además, la permanencia ilimitada en el poder de quienes se autonombran sus representantes legítimos por medio de esas armas. Con ellas obligan a todo el mundo a ser felices. Felicidad que en una sociedad sin clases significa que hay hambre, esclavitud, cárcel y fusilamiento para todo el mundo. Excepto para los que mandan.

No importa, pues, lo que diga. Importa lo que hace. Y Arosemena no tardará en enseñar las uñas en toda su extensión.

Pero lo terrible de la experiencia ecuatoriana es la forma en que se produjo. En ella vimos como una parte de las fuerzas armadas respaldó al conspirador comunista. Y disparó sus ametralladoras para imponerlo cuando todos estaban tratando de buscar una solución sin violencia y sin sangre.

Ello nos demuestra dos cosas:

Primera: que los comunistas no pierden el tiempo dando explicaciones. Hablan cuando les conviene: cuando no

SIN PATRIA, PERO SIN AMO

están preparados para la acción. Pero cuando llega la hora, lo mismo en medio de una tregua que de una discusión pacífica desenfundan y tiran a matar.

Y segunda: es tremenda la penetración comunista en los Institutos Armados de algunos países latinoamericanos. Con este agravante: cada día que pasa es mayor y más poderosa. Esto es lógico. Al comunismo no le sirve la política democrática para escalar posiciones, sino para tomarlas. Bajo un régimen democrático -realidad que es necesario revisar para evitar tener la zorra metida en el gallinero- se permite la vigencia legítima de los partidos comunistas. No importa como se llamen. El nombre es lo de menos.

Mediante esa vigencia y la libertad de movimientos que les permite el régimen, se filtran, se distribuyen, se atrincheran. Y como es una doctrina que se basa en la propaganda y en la fuerza, sus dos sectores predilectos son los ejércitos y los vehículos para difusión de las ideas. En ellos se agazapan esperando la hora. Mientras tanto, sonríen a todo el mundo y no hablan más que de libertad en la prensa y de orden y disciplina en las fuerzas armadas.

Cuando sueltan la espoleta, los **infiltrados** toman los controles de los órganos de difusión y los de represión. Desde ellos, lo mismo respaldan a un Castro, que imponen a un Arosemena Lo mismo le pasan por encima los tanques a quince mil húngaros que fusilan a dos mil cubanos.

Pero de esta infiltración preconcebida y harto demostrada, hay quienes no quieren darse cuenta. O quienes, como Stevenson, se imaginan que pueden conjurar el peligro con discursitos en la ONU o con frenazos a la hora de los mameyes.

Sigan así. Y ya verán como van cayendo uno por uno los gobiernos democráticos. Y como el comunismo, sin atómica y casi sin disparar un tiro, va a ir cercando de gobiernos hostiles a esta grande y dormida democracia.

¿Hay remedio? Sí.

Por de pronto, no reconocer al gobierno del Ecuador, apretarle las clavijas a Goulart y ayudarnos a barrer a Fidel Castro de Cuba.

¿Se arriesga con eso la guerra? No. Los comunistas saben más que eso "La caliente", sin la "atómica", la pierden. Y con la atómica, la pierden también, aunque la ganen Además ¿para qué echar la "caliente" si están ganando la "fría"?

Sí. Es en el Ecuador ahora, como en Cuba antes, donde los comunistas han realizado la prueba de su mejor arma nuclear: **el copo**.

Y si los Estados Unidos no se aprietan los pantalones, les va a salir un día el "muerto" en las mismísimas riberas del Potomac.

Miami, Noviembre 12 de 1961.

SIN PATRIA, PERO SIN AMO

SE REINICIA LA POLEMICA

Nos escribe el señor Eduardo Arosemena Monroy, Encargado de Negocios de la Embajada de Ecuador en Washington. Es su segunda carta. La primera fué con motivo de la polémica que sostuviéramos con algunos miembros del Servicio Exterior ecuatoriano. En aquélla, refutaba mis críticas al señor José María Velasco Ibarra, Presidente depuesto. En ésta refuta también mis críticas contra el doctor Carlos Julio Arosemena, Presidente impuesto.

No obstante es menester señalar que en ambas cartas, el señor Eduardo Arosemena -hermano del nuevo Presidente- ha sido caballeroso y gentil. Hemos de responderle en el mismo tono.

Por ser extensa, sólo publicaremos la carta del señor Arosemena, a la que cedemos íntegro y a todo honor nuestro espacio de hoy. Nuestra respuesta, Dios mediante, será publicada mañana. En ella ripostaremos de manera terminante sus apreciaciones. Pero con el mismo respeto y la misma consideración que él nos prodiga.

He aquí la carta de nuestro distinguido contradictor:
"Washington, noviembre 12 de 1961.
"Señor Humberto Medrano,
Subdirector de "Prensa Libre" en el Exilio,

HUMBERTO MEDRANO

DIARIO LAS AMERICAS,
Miami. Florida.

"Distinguido señor Subdirector:

"Tengo el honor de por segunda vez referirme a su importante columna que se publica en lugar preferente, como le corresponde, en el DIARIO LAS AMERICAS.

"La primera vez, al igual que hoy, me encontraba de Encargado de Negocios del Ecuador por ausencia del Titular de esta Misión, y recuerdo que mi intervención mereció un comentario cortés de su parte.

"Hoy espero que sea igualmente recibida.

"Dice usted en su artículo del día de hoy, un sinnúmero de veces que el Presidente Constitucional del Ecuador, doctor Carlos Julio Arosemena, es comunista, absoluto, con tanta seguridad como si usted hubiera estado presente (lógicamente en calidad de observador y nada más) en alguna secreta reunión. Y tiene que ser algo secreto pues también reconoce que el doctor Arosemena "...no tardará en enseñar las uñas en toda su extensión."

"Felizmente en esta ocasión, el Presidente Constitucional es mi hermano, mayor en sólo un año, y esto me ha permitido crecer juntos y educarnos juntos.

"La familia Arosemena Monroy es muy conocida y antigua en mi país. Lo siguiente, no sería necesario ni mencionarlo en territorio ecuatoriano: por la rama Arosemena descendemos de la antigua familia Arosemena panameña, donde los Arosemena lucharon. (mis antepasados directos) por la libertad y la consiguieron con la independencia de Panamá y la han ratificado los Presidentes liberales Arosemena, Pablo, Justo, Juan Demóstenes. La rama Arosemena en el Ecuador tiene también orgullosamente en su seno

SIN PATRIA, PERO SIN AMO

a notables e ilustres liberales; por ejemplo: en el pasado, entre otros, el autor del "Canto a Junín", poeta, estadista y prócer de la independencia de Guayaquil, señor don José Joaquín de Olmedo. Y en la época contempóranea, por qué no decirlo, a nuestro inolvidable padre, el banquero, filántropo y Presidente constitucional de Ecuador, señor Carlos Julio Arosemena Toal.

"Por la rama Monroy Garaicoa, somos descendientes de la antigua familia guayaquileña Garaicoa, también con próceres de la independencia, como lo son: el Héroe Niño Nacional, Capitán Abdón Calderón Garaicoa, de 18 años, que como abanderado de su Batallón "murió gloriosamente en el Pichincha (el 24 de mayo de 1822) pero vive siempre en nuestros corazones"; al General Lorenzo de Garaicoa, y muchos otros que distraerían de su mente el verdadero pensamiento y razón principal de esta comunicación.

"Con estos antecedentes, creo distinguido señor Medrano que sus tristes pronósticos no serán una realidad. (Para su júbilo y el de América toda.)

"Mi hermano, el Excelentísimo Sr. Dr. Carlos Julio Arosemena, será como él ya lo dijo en el seno del Congreso Nacional, en donde recibió de parte de los Honorables Congresistas, POR UNANIMIDAD − jamás vista en la historia nacional- el Mando de Poder:" ... que sólo aspiraba a que la historia lo recordara como el Presidente Constitucionalista."

"Por la forma tan segura de sus juicios sobre el Presidente Constitucional que hoy rige los destinos de mi País, lo invito a hacer una pública apuesta, que no dudo usted aceptará.

"Escoja usted los premios de este gentil reto entre dos caballeros. Por mi parte acepto de antemano, según el caso, perder lo que usted me señale.

HUMBERTO MEDRANO

"Las bases son: sin el doctor Carlos Julio Arosemena Monroy rompe la Constitución de la República, usted gana; si por el contrario la mantiene, como lo ha prometido, hasta el final de su Período Presidencial, perdería usted y yo recibiría el triunfo,

"En espera de su grata respuesta, reciba usted señor Medrano, mis consideraciones más distinguidas, y me suscribo haciendo sinceros votos por su ventura personal.

Eduardo Arosemena Monroy,
Encargado de Negocios "ad interim"

SIN PATRIA, PERO SIN AMO

OJALA PIERDA

Es difícil responder a un contradictor como Eduardo Arosemena. No por el poder de sus razones. Sino por la forma de exponerlas. El tema es candente. En él van envueltos vínculos familiares, sangre de hermanos y la eterna pugna entre la libertad y la opresión. Con semejantes ingredientes, el debate puede agriarse. Puede tornarse en cualquier momento, apasionado y áspero. Pero el señor Arosemena viene a él sin tono admonitorio ni asomo de insolencia. Es menester responderle al mismo tenor.

Mucho lamentamos que la polémica tenga que girar en torno a su hermano. Es imposible que cualquier argumento que se esgrima o cualquier hecho que se exponga, por muy objetivos que sean, no tenga para el señor Eduardo Arosemena implicaciones irritantes. Pero no he sido yo quien escogió el terreno. Ni siquiera el tema. El tema es nuestro tiempo. Y el terreno de los acontecimientos históricos los los escoge el destino.

No obstante, debo recalcar que cualquier afirmación que pueda parecerle ácida al señor Arosemena sobre su hermano, no supone alusión de tipo personal. Va dirigida al político, al funcionario, al hombre público, no al individuo.

Asombra al señor Arosemena la afirmación de que su hermano es comunista y señala que lo digo con tanta seguridad cual si hubiera estado presente como observador en alguna reunión secreta.

Debo aclararle a mi distinguido oponente que para hacer esa afirmación tan categórica me baso en las circunstancias especialísimas y evidentes que rodean la postura y el ascenso al poder del doctor Carlos Julio Arosemena.

"Yo soy yo y mi circunstancia", decía Ortega y Gasset. Y la circunstancia del flamante Presidente ecuatoriano es toda una credencial política.

El doctor Carlos Julio Arosemena pertenece a los grupos más radicales; viaja por los países comunistas, los admira; siente una fervorosa amistad por la Unión Soviética; es partidario acérrimo de mantener relaciones con la tiranía castrista ("Si Velasco Ibarra las hubiera roto yo las hubiera restablecido") y su ascenso al poder fué saludado con grandes muestras de júbilo por todos los comunistas del orbe, Fidel Castro el primero. ¿No son estas coincidencias lo bastante "coincidentes" para escamar a cualquiera?

No, señor Arosemena, no tenemos la ficha de su hermano como militante activo del Partido Comunista. No hemos asistido a ninguna reunión secreta ni hemos visto su carnet. Pero "dime con quien andas y te diré quien eres." Dime si los que te siguen y los que te apoyan están del bando de los que respaldan las dictaduras y sus crímenes y te diré cuál es tu responsabilidad y cuál tu militancia. Dime, en fin, hasta que punto quieres mantener una absurda equidistancia entre los sistemas políticos que con todos sus defectos honran la libertad y aquéllos que de entrada la proscriben, y te diré hasta donde el "ismo" de tu neutralismo se confunde con el ismo del comunismo.

En Cuba se ha implantado a la trágala un sistema co-

SIN PATRIA, PERO SIN AMO

munista. En Cuba se ha despojado a todo el mundo de sus derechos. En Cuba se condena a muerte y se mata al condenado sin juicio, sin defensa y sin apelación. En Cuba no existe más partido político vigente que el Partido Comunista. En Cuba el que habla de elecciones y de democracia representativa es enviado a la cárcel. En esas cárceles se veja a los presos políticos en la forma más abyecta y repugnante. A la Cruz Roja Internacional se le niega la entrada para que no pueda interceder por los que mueren en esas cárceles sin asistencia médica. En Cuba se han fusilado y se siguen fusilando estudiantes, campesinos, obreros y profesionales que se niegan a aceptar la imposición de un régimen comunista. En Cuba no se permite la libertad de expresión, ni de credo, ni de enseñanza. En Cuba hay hambre, terror, tortura y muerte.

En Cuba los exiliados pasan de trescientos mil. Y de cien mil los presos políticos. Los fusilados pasan oficialmente de novecientos ochenta y cinco y extraoficialmente pasan de dos mil. En Cuba se envían miles de jovencitos, casi niños, a los países comunistas para ser adoctrinados. En Cuba se ha militarizado el país incluyendo a los niños agrupados en milicias como las de los "Jóvenes Rebeldes", y las de "Los Pioneros". En ellas se les inculca el desprecio a la familia, el amor a Lenín y demás deidades rojas, y la sumisión y absoluto acatamiento a las determinaciones del Partido Unico.

En Cuba un promedio de dos mil ciudadanos escapa semanalmente de aquel infierno arriesgando, como en Berlín, la vida. Muchos no lo logran. Mueren ahogados o balaceados cuando ráfagas de ametralladoras hunden pequeñas embarcaciones que pueden conseguir. En Cuba se ha despojado a todo el mundo de los frutos de su trabajo. Lo mismo al que tenía mucho que al que tenía poco. Y en Cuba el castrismo ha vejado, perseguido, encarcelado y asesinado en el paredón a todo el que no piensa como quiera la tiranía.

Con esa Cuba ultrajada; con esa Cuba esclavizada y vendida al extranjero por un régimen sangriento, despótico y traidor, han roto relaciones democracias como Costa Rica y Venezuela. Sin embargo, el flamante Presidente del Ecuador, doctor Carlos Julio Arosemena, se manifiesta partidario de mantener relaciones de amistad con ese régimen de oprobio, por encima de toda otra consideración. ¿Hay o no razones para criticarlo? ¿Hay o no razones para estimar que es un comunista embozado quien tanto simpatiza con un régimen desembozadamente comunista?

Le ruego, mi respetable señor Arosemena, que no me repita la cantilena de la "no intervención" y de la "auto determinación" como causales de la postura del actual Presidente ecuatoriano. Usted sabe que ningún pueblo puede auto-determinarse bajo una dictadura. Como sabe también, porque usted es inteligente y culto, que el rompimiento de relaciones diplomáticas con un gobierno no constituye un acto de intervención en la política interna de un país.

Como prenda de garantía de la militancia democrática del doctor Carlos Julio Arosemena, me hace usted una interesante relación de su árbol genealógico. Ilustre prosapia ante la cual me descubro con respeto. Pero déjeme decirle que la estirpe nada pesa en los que escogen voluntariamente el camino del marxismo-leninismo.

El padre de Fidel Castro era un honrado agricultor y comerciante. Con su trabajo acumuló una pequeña fortuna representada por no muy extensas propiedades rurales. A su muerte dejó esas propiedades a la familia. Ramón Cas-

SIN PATRIA, PERO SIN AMO

tro, el único de los tres hijos varones que trabajó en ellas, les dió en efectivo el valor de la porción hereditaria que les correspondía a sus hermanos Raúl y Fidel. No obstante, en el colmo del cinismo y de la demagogia, ésas fueron las primeras propiedades agrícolas que se incautó el gobierno de Fidel Castro, alegando que la Reforma Agraria tenía que empezar por sus propias tierras, **que ya no le pertenecían.**

Vea usted como el padre de Fidel Castro -sin que con esto entremos en comparaciones que siempre son odiosas- era un hombre de trabajo y de orden, que creía en el derecho de propiedad, en el derecho de herencia y en el derecho a disponer de los frutos del esfuerzo honrado. Sin embargo, sus hijos Fidel y Raúl Castro, apenas se apoderaron de los mandos, implantaron el comunismo e hicieron tabla rasa con los derechos de todos y con los bienes de todos, empezando por el bien supremo de la libertad.

Afirma usted que el Presidente Arosemena es un ferviente constitucionalista. Y hasta en un simpático envite me reta a hacer una apuesta sobre si su hermano ha de mantener hasta el final intacta la vigencia de la Constitución sin vulnerarla en lo más mínimo.

En primer término, permítame decirle con el mayor respeto, que el doctor Carlos Julio Arosemena para escalar la presidencia de la República, tuvo que empezar por violar la Constitución cuando conspiró y depuso un Presidente Constitucional con el apoyo de las armas. Las interpretaciones leguleyescas que tratan de darle una "salida" jurídica a la situación creada, no son apreciables. Las "salidas" no son observancias. Y en cuanto a que los Honorables Congresistas le dieran POR UNANIMIDAD el mando del poder, permítame, señor Arosemena, que me sonría.

Ni en el Ecuador, ni en ninguna parte de la tierra, es rara esa **unanimidad** congresional cuando los Honorables Congresistas están rodeados por los tanques y sobrevolados por aviones a chorro que de vez en cuando lanzan una bomba para reforzar esa "unanimidad".

No obstante, le acepto el envite. Y como gentilmente deja a mi discreción los términos del mismo, allá van:

Si su hermano corta efectivamente sus relaciones con el comunismo, el nativo y el foráneo; si al llegar al fin de su mandato hace elecciones libres y entrega el poder a quien legítimamente le corresponda y si dando la mejor prueba de su fervor constitucionalista rompe relaciones con el régimen esencialmente inconstitucional de Fidel Castro. entonces he perdido. Y los términos de mi derrota serán los de invitarlo a usted a una Cuba libre y soberana -que pronto lo será a pesar de que algunos gobiernos nos niegan su apoyo moral, empezando por el de su hermano- a disfrutar durante el riempo que usted estime conveniente de nuestra hospitalidad y nuestro afecto. Lo que de paso le permitirá presenciar como un pueblo indomable reconstruye una patria asolada por los extranjeros.

Pero si usted tuviera que pasar por el inmenso dolor de ver al doctor Carlos Julio Arosemena declararse dictador, seguir cada vez más entregado al comunismo y vinculado cada vez más a la satrapía de Fidel Castro, entonces yo he triunfado. Y los términos de la derrota de usted son los siguientes:

Como lo creo incapaz de convertirse en cómplice de un crimen de lesa patria, sea quien sea quien lo perpetre, considérese huésped de nuestra Cuba liberada para desde allí luchar juntos hasta que Ecuador recobre su libertad y su democracia.

SIN PATRIA, PERO SIN AMO

Conste que por lo que le admiro a usted y admiro al noble pueblo ecuatoriano, anhelo perder de todo corazón.

Miami, Noviembre 19 de 1961.

Post Scriptum.-
La deposición del Dr. Carlos Julio Arosemena de la Presidencia de Ecuador, deja en suspenso el envite. No terminó su mandato, por lo tanto, jamás sabremos lo que habría hecho en el período de tiempo que acaban de cancelarle las Fuerzas Armadas. No obstante, mantengo mi respeto y consideración por el señor Don Eduardo Arosemena, mi apreciable contradictor. No así para el ex-Presidente, que nunca supo enfrentarse a visera descubierta al castrocomunismo como hubiera correspondido a un demócrata de cuerpo entero. Es que a lo mejor no lo era, tal y como apuntáramos. Con ello no se portó a la altura de su estirpe y comprometió la seguridad de su propia nación. En definitiva todo fué forzado: su arribo al poder, el rompimiento con Castro, el eclipse. Su destino ha sido el de todos los vacilantes: descrédito y olvido. En ese desván de la historia le hará compañía Velasco Ibarra. Mientras tanto, el noble pueblo ecuatoriano busca manos más firmes y rumbos más diáfanos.

HUMBERTO MEDRANO

DOS CABLEGRAMAS

Fechado en Guayaquil, Ecuador, recibimos el siguiente cablegrama:

Humberto Medrano,
"Prensa Libre",
Miami, Fla.

Mendaz afirmación tildando comunista Presidente República Arosemena oblígame reaccionar vuestra infamia PUNTO Como miembro AER rechazo términos aplicados magistrado ecuatoriano PUNTO Solvencia miembros componen Gabinete es de intachable verticalidad PUNTO Conforte americanismo escribiendo verdades PUNTO Ecuatorianos agradeceremos rectificación PUNTO Acuse recibo PUNTO Atentamente,

Adán Pérez
Radio ROCAFUERTE.

SIN PATRIA, PERO SIN AMO

Nuestra respuesta:

Adán Pérez,
Radio Rocafuerte,
Guayaquil, Ecuador.

Infamia es mantener relaciones con tiranía sangrienta de Fidel Castro PUNTO Infamia es ocultar y justificar sus crímenes PUNTO Infamia es impedir OEA investigue y actúe contra penetración comunista en el Continente desde Cuba soviética PUNTO Como hombre libre de América tengo derecho a emitir opiniones sobre conducta a cualquier hombre público PUNTO Máxime cuando esa conducta afecta liberación de mi patria PUNTO Las emitidas sobre vuestro Presidente las mantengo en tanto él mantenga relaciones y apoye un régimen de oprobio PUNTO Conforte usted americanismo denunciando verdades tragedia cubana PUNTO Cubanos que sufren y combaten agradecerán rectifique postura antidemocrática y antiamericana PUNTO. Atentamente,

Humberto Medrano
Subdirector "Prensa Libre" en el Exilio.

Miami, Noviembre 21 de 1961.

HUMBERTO MEDRANO

COLOMBIA: ¡TENIA QUE SER!

La ruptura de relaciones de Colombia con el despotismo comunista de Fidel Castro es de una enorme trascendencia. Ruptura, que no por esperada, ha de tener menos repercusión continental.

Colombia es uno de los grandes países hispanoamericanos. Tal vez no esté catalogado como tal por algunos de esos "comentaristas" que juzgan la importancia de un país por su extensión geográfica, el montante de sus fuerzas bélicas o la densidad de población.

Pero los que justiprecian una nación por su historia, por su cultura, por sus fuerzas espirituales; los que saben que la trascendencia de una colectividad humana depende, como la del individuo, de su estatura moral e intelectual, no de su estatura física; esos sabemos que Colombia es uno de los países mas grandes, más dignos y más importantes de la América Latina.

Por su amor proverbial a la libertad; por la forma en que siempre ha defendido los principios que la sustentan; por la firmeza con que siempre ha honrado las características de valor y nobleza que son raíz y emblema de la ra-

SIN PATRIA, PERO SIN AMO

za; por la meticulosa exactitud con que siempre ha rendido culto a las más puras tradiciones democráticas, su actitud de hoy no constituye tan solo una postura más en su política exterior. Es palpable denuncia de la tremenda peligrosidad que el castro-comunismo representa en América para la esencia y permanencia de nuestros ideales y de nuestra civilización.

Las disculpas que han dado y siguen dando algunos gobiernos reacios aún a reconocer y encarar esta verdad, no son ni han sido nunca valederas. Mucho menos ahora, cuando Colombia, cuna y ejemplo del mas cabal respeto a la verdadera auto-determinación de los pueblos, ha dicho con el rompimiento de las relaciones diplomáticas, su palabra más franca y evidente de condenación contra un régimen que en forma alguna puede representar la libre voluntad de un pueblo al que persigue, encarcela, tortura y mata.

¿Pueden acaso esos gobiernos que agitan el frío formulismo de los preceptos mantener sus excusas y sus salidas por la tangente palabrera, después de la valiente y terminante postura colombiana?

¿Cómo pueden seguir insistiendo en que cualquier actitud condenatoria contra el gobierno castrista quiebra sagrados principios de doctrinas intercontinentales, si un país como Colombia, esencialmente democrático y observador de las disciplinas y tratados internacionales, proscribe a ese gobierno precisamente por ser un engendro de extraños totalitarismos y que por serlo viola de manera flagrante el espíritu y la letra de esas pragmáticas interamericanas que tanto se invocan?

¿Quiénes son los amigos del engendro? ¿De cuáles países el engendro se proclama amigo? ¿Qué doctrinas abraza? ¿Qué estrategia política respalda? ¿Junto a qué gobierno vota en las reuniones de la ONU? ¿A quiénes elogia? ¿Con quiénes pacta?

Si se han declarado comunistas; si se confiesan amigos y aliados de la Unión Soviética; si sólo sirven la estrategia política de Rusia; si han sustituído el culto a los eupátridas cubanos y latinoamericanos por la adoración a las deidades rojas; si sólo elogian al bloque de países socialistas, comercian con ellos, intercambian con ellos siervos y espías y pactan con ellos la defensa común de los planes comunistas de sojuzgamiento mundial ¿no están violando todos los preceptos en que se basa la solidaridad del continente y demostrando su origen espúreo y su dependencia extranjera?

Entonces, ¿qué pretexto legal ni qué principios morales o políticos pueden invocarse para paralizar una acción condenatoria contra ese régimen que ha transgredido en su país todas las leyes y cancelado todos los derechos e intervenido en la mayor parte de los países latinoamericanos para perturbar su ordenamiento jurídico, político y social?

Sí. Está comprobado que el gobierno de Fidel Castro es un gobierno de militancia comunista. Está comprobado que es un sangriento despotismo que asesina a todo el que se le opone, sin garantías procesales, sin posible defensa y sin apelación. Está comprobado que es un gobierno títere que obedece consignas de potencias extra-continentales

SIN PATRIA, PERO SIN AMO

que conspiran en nuestro Hemisferio y en todo el planeta contra la libertad y la dignidad plena del hombre.

Estos son hechos comprobados. Y estos son los hechos que denuncian al mundo la actitud de Colombia. Son los que han movido a esa impecable democracia a romper relaciones con una tiranía feroz, exótica y atea.

No nos ha extrañado esa actitud colombiana. Sabíamos que el gobierno de Colombia no iba a quedar como otros, haciendo deslucidas y peligrosas cabriolas en la cuerda floja del acobardamiento y la politiquería.

Cuando fuimos a la reunión de la SIP en Bogotá, celebrada en octubre de 1960 - ¡oh, recuerdos imborrables de aquella cálida hospitalidad santafereña!- escuchamos al doctor Lleras Camargo, Presidente de la República y dignísimo paladín de las libertades hemisféricas, un hermoso discurso.

De él transcribimos el siguiente párrafo:

"Si cada país que recobra su libertad o que tiene la insuperable fortuna de no verla amenazada por la fortaleza de sus instituciones, olvidara los desastres ajenos y guardara indiferencia ante los padecimientos de otros pueblos, establecería por implicación una solidaridad con los tiranos que dejaría huellas perdurables y amargas".

Rompiendo con la satrapía castrista, ha hecho buenas sus palabras. Las ha honrado. Ha predicado con el ejemplo. Tal y como correspondía a quien como él lleva el amor a la libertad y la independencia de criterio en el tuétano de los huesos..

Gracias, Colombia. Gracias, Lleras Camargo. Vuestro

calor nos llega. Este encuentro con vuestra solidaridad, es como un deshielo para los corazones cubanos del destierro y del combate.

¡Y qué alegría tan honda y que orgullo especialísimo para este cubano al que Colombia le corre por las venas con la sangre de un padre bogotano y prócer además de las libertades de mi patria¡

Colombia: ¡tenía que ser! ¡Tú sientes estas luchas como propias¡ !En la batalla de Old Baldy, en Corea, tus soldados heroicos demostraron que para tí, amada tierra de mis antepasados, la libertad es cuestión de principios, no de fronteras...!

Miami, Diciembre 15 de 1961.

SIN PATRIA, PERO SIN AMO

UN PAREDON EN MINIATURA PARA EL CANCILLER CHILENO

La tesis de la "coexistencia pacífica" no es sólo vergonzoso intento de timoratos en América. La consigna viene de lejos. De allá, donde el Kremlin forja cadenas para el mundo libre. Allí se instruye a los agentes vendedores del veneno marxista. De allí sale ese tósigo verbal que proclama la necesidad de que los pueblos convivan hoy con los que serán sus verdugos mañana.

¿Cuál es su táctica? La paz. Hablan de paz. Se apoyan en la paz. ¿Hay algo más hermoso que la paz? ¿Quién no la quiere?

Vivamos, pues, en paz con todos. Sean quienes sean. Aunque sea un Fidel Castro, traidor y vendepatria; déspota y fratricida.

Claro que ellos no quieren la paz. Ellos lo que quieren es que los dejen en paz mientras preparan la guerra. Pero esto no trasciende. Se queda enredado en la gramática parda de los vendedores de marxismo. Oculto ante los párpados cerrados de los timoratos que siempre tratan de esquivar las realidades desagradables.

Unos por acción y otros por omisión les abren las puertas de la democracia a sus asesinos.

Yo no sé en que grupo clasificar al canciller de Chile, señor Carlos Martínez Sotomayor. Si es un vendedor de marxismo o un comprador aquiescente, tal vez empavorecido. Pero lo cierto es que voluntaria o involuntariamente, hay que clasificarlo entre los más activos promotores de la ruina de América. Es en definitiva uno de los más conspicuos "coexistencieros" que están conspirando contra la libertad y la dignidad del hombre.

Con motivo de una de las reuniones de la OEA, creo que la de Punta del Este, Carlos Martínez Sotomayor hizo gala de su afición por el sofisma, de su debilidad por la inexactitud. Sus declaraciones para justificar la abstención de su país en cuanto a votar sanciones contra la tiranía comunista de Cuba son un ejemplo de hasta dónde puede llegar el cinismo y el desprecio por la verdad cuando se arropan con la retórica de un lenguaje cancilleresco.

Dijo:

"Nada puede favorecer tanto la causa antidemocrática, que limitarnos a la aplicación de sanciones contra una nación porque **ha decidido** vivir al margen de nuestra escala de valores... Esa decisión no va a ser cambiada por la aplicación de sanciones económicas o diplomáticas."

Y nosotros le preguntaríamos al señor Martínez Sotomayor:

¿Cuándo la nación cubana ha decidido vivir al margen de la escala de valores de la democracia? ¿En qué elecciones? ¿En qué plebiscito?

¿Acaso la voz de una pandilla de aventureros armados hasta los dientes y respaldados por un totalitarismo extraño y feroz es la voz de una nación?

SIN PATRIA, PERO SIN AMO

¿Es acaso la expresión libre, legítima y mayoritaria de esa decisión nacional la reunión forzosa de una muchedumbre minoritaria bajo un estado de terror? ¿No eran esas muchedumbres las mismas que reunían Hitler o Mussolini? ¿Cuándo ha expresado Cuba, libre y legítimamente, esa decisión de vivir al margen de los valores democráticos?

¿Será tal vez en las cárceles donde se pudren más de cien mil presos políticos sin que se permita a la Cruz Roja interceder por ellos?

¿Será en el destierro donde se agostan más de trescientos mil exilados?

¿Será en esas pequeñas embarcaciones donde hasta mueren los niños cuando familias enteras arrostran la muerte en alta mar para escapar del "paraíso" comunista"?

¿Será tal vez en las montañas del Escambray, en la Cordillera de los Organos, en las planicies de Camagüey o en las maniguas de Matanzas, donde diariamente se insurreccionan con las armas en la mano contra ese gobierno comunista estudiantes, campesinos, obreros, profesionales, miembros del Ejército Rebelde y aún de las Milicias populares?

¿O será tal vez en ese paredón donde han muerto y siguen muriendo miles de cubanos por oponerse a la oligarquía pro soviética que nos asuela?

Sí, efectivamente, las decisiones políticas de una nación hay que respetarlas. Pero con el requisito de que se tomen correctamente y cumpliendo los requerimientos de legitimidad que prescribe esa escala de valores a los que se refiere el señor Martínez Sotomayor. Otra cosa es farsa y escamoteo sangriento de la voluntad popular, que es la única que puede tomar tales decisiones. Y el que se atribuya a su propia voluntad la expresión de la voluntad nacional sin consultarla, es un farsante y un tirano. Y si además, persigue, destierra, encarcela y mata a quienes se lo exigen, es un criminal. Y quienes defienden la tesis de convivir en paz y amistad con él, aceptando como legítimos sus desafueros, son cómplices de sus infamias y de sus crímenes.

Ya va siendo hora de descubrirle el juego a todos los tramposos. De quitarle a tanto farsante la careta, para que sepan que al menos no podrán conspirar impunemente contra la libertad de un pueblo ni jugar con la sangre de sus hijos.

Y de enviarle al señor Canciller Martínez Sotomayor, una réplica del paredón castrista para que se la ponga en la solapa y la exhiba en todas partes como la muestra del lugar y la forma en que ha tomado el pueblo cubano "su decisión de vivir al margen de la escala de valores democráticos..."

Miami, Abril 27 de 1962.

SIN PATRIA, PERO SIN AMO

CUBA NO ES ESTA ESCORIA

"Kennedy ha hecho en veinte días cinco declaraciones contra Cuba," dijo el sábado Fidel Castro.

Claro que Kennedy no ha hecho tales cinco declaraciones contra Cuba. Ha hecho cinco declaraciones, punto. Lo que ocurre es que en esas declaraciones, el Presidente de los Estados Unidos se ha referido a Fidel Castro en la forma en que ha de referirse un demócrata a un tirano que por añadidura está al servicio de un totalitarismo extranjero. Pero cuando Kennedy alude a Fidel Castro, este cínico malabarista afirma con olímpico descaro que es Cuba la aludida.

¿Quién le ha dicho a este mugriento rufián que cuando se le menciona a él se está mencionando a Cuba? ¿A qué extremos ha de llegar su insolencia paranoica que pretende confundir un hombre con un pueblo?

¿Quién le ha dicho que puede creerse símbolo de una nación valiente, generosa, leal, un macabro payaso que siempre gana galones con las vidas de otros; un resentido repleto de envidias y complejos, un traidor que ha elevado la inmunda delación a la categoría de deber cívico?

No. Sepa el Cinicastro, sepa su Corte de los Milagros, sepa su jefe inmediato el embajador soviético y sepan de paso todos los pueblos del mundo que esa alimaña no es

HUMBERTO MEDRANO

Cuba. Que no puede serlo.

Que las palmas criollas ni caben ni crecen en los albañales donde esta sabandija alimenta sus complejos y sus bajas pasiones.

No. Cuba no es el odio fidelista, la rapiña fidelista, la crueldad fidelista, la sed de sangre fidelista. Cuba no es la barbarie fraticida que este apátrida ha desatado sobre una tierra buena y fraterna.

Cuba es y ha sido siempre amor, piedad, generosidad, sentimiento.

Cuba es también valor, dignidad, altiva independencia.

Cuba es la caballerosidad, la lealtad y el heroísmo de Ignacio Agramonte en el rescate de Julio Sanguily.

¿Cómo puede hablar de Cuba un marxista, un leninista, un comunista que desprecia la historia de su patria; que menosprecia a sus mártires; que quiere sobreponer sus veinte meses de carreritas y encuevamientos en la Sierra Maestra a más de cuarenta años de cruenta lucha, plena de honor, coraje y gallardía, en la que los mambises nos legaron una patria libre, traicionada y vendida después por este monigote sin escrúpulos que hoy osa representarla?

¿Cómo puede hablar de Cuba ni amarla el que nos trajo y nos impuso al extranjero Guevara? Recordemos que ese atorrante argentino en Agosto de 1960 dijo textualmente: "Aún cuando debiera desaparecer de la tierra porque se desatara a causa de ella una contienda atómica y fuera su primer blanco; aún cuando desapareciera totalmente esta isla y sus habitantes, nos consideraríamos completamente felices y completamente logrados nuestros propósitos."

Después de esta fría y despiadada confesión; después de esta revelación de que todos están usando a Cuba como trampolín y como laboratorio; después de esta demostración de desprecio por nuestra patria y sus hijos, ¿Cómo

SIN PATRIA, PERO SIN AMO

pueden creer Fidel Castro y su caterva de delincuentes profesionales que cuando alguien los ataca está atacando a Cuba, esa Cuba que a ellos no les importa empobrecer, ensangrentar y destruir con tal de usarla como carne de cañón del comunismo internacional, única patria --madriguera-- de estos aventureros?

No. Basta de impostura. Basta de cinismo. Está bueno ya de simulación y desvergüenza.

Cuba no es ni puede ser nunca vuestra doctrina de odio, de sangre y de mentira. Cuba no es ni puede ser nunca vuestro sistema de entreguismo y de miseria moral. Cuba no está hecha, como ustedes, de traición, abuso y cobardía.

Cuba es otra cosa.

Cuba estuvo ayer en los mambises que ustedes quieren ignorar.

Cuba está hoy en los estudiantes fusilados, en los obreros fusilados, en los profesionales fusilados, en los campesinos fusilados.

Cuba está en las lágrimas de esas madres que les han asesinado sus hijos pero también en su heroica decisión de seguir alentando a combatir a los que les quedan.

Cuba está en la actitud de los que han perdido todo por mantener sus principios; todo, menos el espíritu resuelto a seguir combatiendo por ellos.

Cuba está en todos los frentes de las ciudades y los campos donde los cubanos que la aman de verdad están ofrendando sus vidas por sacudirse la coyunda de una nueva tiranía.

Cuba no eres tú Fidel. Cuba es el capitán guajiro Clodomiro Miranda.

HUMBERTO MEDRANO

Cuba no es Lumumba; Cuba es Maceo.
Cuba es la Insurrección. Cuba es el Escambray.

Miami, Febrero 17 de 1961.

SIN PATRIA, PERO SIN AMO

PALABRAS PARA EL REGRESO.

Hay que salvar a Cuba no sólo con las armas. El de los fusiles no es más que el primer empujón para limpiar la patria de traidores. Después hay que reconstruirla. Y para eso hace falta trabajo al máximo, limpieza de intención, mucha generosidad y mucho amor por ella.

Heroico habrá de ser el rescate de sus libertades, pero no menos heroica tendrá que ser la conducta para afirmarlas en una tierra sacudida por las pasiones, lacerada por los odios, ensangrentada por el fratricidio. Que nadie se imagine que retorna a un Edén. El Edén hay que ganárselo trabajando. Se llega a una tierra devastada en todos los órdenes, incluso en el moral. Entre las viejas injusticias y las nuevas; entre los viejos y los nuevos resentimientos entre los viejos desniveles y los nuevos despojos; en la suma trágica de los errores del pasado y el vendaval de estupideces y maldades del presente, se han obturado los conductos nutricios, las venas y las arterias por donde circulaba la savia del país. Incluso aquellos conductos por donde el hálito espiritual subía al corazón de la patria, al carácter de sus hijos, a la sensibilidad de nuestro pueblo, para normar sus sentimientos y apretar su solidaridad.

Por eso nos atrevemos a decir que más que una reconstrucción es un renacimiento. Hay que renacer la Patria en todas sus esencias, en todas sus fuerzas materiales y morales, creadoras de progreso y consolidación.

Debemos pues plantearnos claramente cómo queremos volver y para qué. Porque hay quienes miran a Cuba como un territorio de inversión a pesar de haber nacido en ella. Y si queremos tenerla libre, justa, fuerte e independiente, no podemos mirarla como ubre; tenemos que sentirla como patria.

Y no la sienten como patria los que ya están echando sus cuentas galanas, chequera en mano. Los que sólo piensan en lo que les quitaron. Los que salvaron dinero del naufragio y lo están invirtiendo en el extranjero. Esos no merecen volver. Porque entre los que van a sacrificarse, a descombrar, a erigir, no puede haber espacio para los que quieren seguir ordeñando, atesorando, viviendo de espaldas a la justicia y a la realidad de una nación que no puede ser "feudo ni capellanía de nadie", sino dolor de todos, sacrificio de todos y bienestar de todos.

No. La hora es distinta. La hora no es de llevar la bolsa por delante para irla llenando a hurtadillas y salir corriendo a dejarla segurita y reluciente en un banco extranjero. La hora es de llevar el corazón por delante y trabajar hombro con hombro para levantar una nación honorable y vigorosa y cimentarla sobre bases inconmovibles de equidad política, económica y social para todos sus hijos.

Los que piensan dejar el grueso de sus inversiones fuera de Cuba es mejor que no vayan. Que se cambien la ciudadanía. Que se hagan ciudadanos del país donde invierten. Es su derecho. Pero que no vuelvan para seguir exprimiendo a una patria que se nos muere. Para ver lo que sacan y se llevan. Que no vuelvan para aumentar su

SIN PATRIA, PERO SIN AMO

agonía y acrecentar los odios y las injusticias. Que no vuelvan pensando en hacer un peso y llevárselo para el extranjero. Vuelvan, sí, para levantar de nuevo sus empresas, sus negocios; y para revertir en Cuba las ganancias y el producto de sus sacrificios. Vuelvan, sí, para darle a la Patria su calor, su dedicación, su trabajo, sus aptitudes, como se le da apoyo a una madre impedida por los años o por una grave enfermedad. Es nuestra Cuba. No es grande y poderosa como otros países en los que hemos vivido. No está tan organizada, tan disciplinada, tan aprovechada en sus recursos como otros países que tanto admiramos. Pero es nuestra. Es nuestra patria pequeña y desolada. Es nuestro pedacito de tierra en el mundo, que nos pertenece si sabemos honrarlo. Es la tierra minúscula pero luminosa y llena de sagrados símbolos y de recuerdos inmarcesibles para todos los cubanos, donde la gleba está formada por la huesa de nuestros mayores y de los hombres que dieron su vida por dejárnosla libre y llena de decoro.

¿No les dá vergüenza a ciertos indiferentes "cuentapesos" tener en sus manos la inyección que ha de devolverle la vida a su patria, y virarle las espaldas en su hora trágica, para entregarle todos esos recursos a quienes les sobran? ¿Tan hondo pueden calar los viejos egoísmos y los nuevos resentimientos, que ya no sentimos en el alma la presencia de nuestra pobre islita desgarrada, que sólo será nación, país, tierra con nombre respetado, si nosotros nos empeñamos en que lo sea; si cerramos sus heridas, si la hacemos grande con nuestro esfuerzo, si la hacemos digna con nuestro desprendimiento y nuestra probidad?

¿No comprenden que si la abandonamos en su hora aciaga no será más que un pedazo de tierra más en medio del océano, donde recalarán los barcos extranjeros para llevarse el remanente de nuestra riqueza y el residuo de nuestro espíritu sin fe? ¿Queremos una nación o un crucero de abastecimiento y chalaneo de nuevas flotas bucaneras o colonialistas?

Miremos pues, de frente el futuro, como hombres. Como hombres que tuvieron patria y que van a reconquistarla para tenerla otra vez. No miremos el porvenir como mercachifles sin conciencia ni como apátridas que sólo se miran el bolsillo afectado.

Es antipatriótico invertir fuera de Cuba. Será antipatriótico e inmoral sacar de Cuba un solo centavo. Los alemanes levantaron una poderosa nación de un montón de ruinas porque en aquellas ruinas se volcaron todo el sudor y todos los recursos económicos de los alemanes. Cuando la nueva patria asome sangrante aún y esperanzada entre las cenizas, los que la amen, los que quieran vivir en ella los que tengan a orgullo llamarse cubanos, tienen que abrirle sus brazos, darle todo su aliento, toda su fuerza económica, todo su corazón. Hay otros que ya están ofrendándole su sangre. ¿Habrá quien le niegue su dinero?

Los Estados Unidos van a ayudarnos, sí. Pero no podemos depender solamente de su ayuda. Es más, esa ayuda se hará más amplia e importante en la medida que demostremos merecerla trabajando por engrandecer una patria que a nadie le interesa más que a sus propios hijos. Sí, que nos ayuden nuestros amigos, pero vamos a empezar por ayudarnos nosotros mismos y por demostrar que los comunistas no tenían razón cuando nos llamaban parásitos.

La nueva patria, producto del sacrificio y del heroísmo de tantos en la lucha armada y del sacrificio y desprendimiento de tantos otros en la hora de la reconstrucción, no será, óiganlo bien los colmilludos, los aventure-

SIN PATRIA, PERO SIN AMO

ros, los cavernícolas, los emboscados y los demagogos de una y otra parte, ni un país como ahora, hecho de los sucios resentimientos de los derelictos sociales, ni tampoco de la voracidad egoísta de los que ven la nación como un potrero.

Sobran las mentalidades de "coime" de billar y de pergamino.

Martí dijo: "El que no tenga patria que la conquiste; el que la tenga que la honre."

Quien no esté dispuesto a cumplir su mandato, que no vuelva.

Miami, Abril 8 de 1961.

HUMBERTO MEDRANO

Mensaje a la Virgen de la Caridad.

MADRE DE LOS CUBANOS

Mañana estaremos junto a tí, tus hijos del destierro.

Nos reuniremos para acompañarte en tu día y para sentirnos acompañados por tí. Claro que no será solamente mañana cuando estemos contigo. ¡Bien solos y desamparados nos sentiríamos si nada más que un día pudiéramos acercarnos a tí; si nada más que un día pudiéramos reverenciarte o sentir el divino consuelo interior de tu proximidad!

Pasa que mañana es 8 de Septiembre. Y ese es el día que siempre hemos hecho la pública demostración de un culto y un amor que todos los días del año, que todos los instantes de nuestra vida, sentimos por ti.

Antes, acostumbrábamos a reverenciarte en nuestra tierra luminosa, hoy tan distante. Peregrinábamos al Cobre; o te traíamos a la Habana; o te visitábamos en todos los templos grandes o pequeños, que a lo largo y ancho de nuestra isla cálida te levantara nuestra veneración.

Incluso aquéllos que por cualquier motivo se veían impedidos de acudir a esos templos, siempre encontraban un instante para rezar ante esa imagen tuya que nunca faltara en un hogar cubano, o ante ese fervor íntimo que ningún co

SIN PATRIA, PERO SIN AMO

razón legítimamente cubano ha dejado de sentir por tí.

Hoy tenemos que rendirte culto en tierra extraña. Tierra extraña, que aunque lo sea, para nosotros ha sido también acogedora. Pero que no es la nuestra, pequeña, pero insustituíble. Porque la nuestra es la tierra donde nacimos. Porque la nuestra es la que guarda en su entraña la huesa de nuestros mayores y de nuestros mártires. La nuestra, es la que tú escogiste para aparecer amorosa y maternal sobre las aguas que la rodean como un destello más, irisado y purísimo, de sus espumas. Si no podemos reverenciarte en esa tierra nuestra, madre de los cubanos, no es culpa de nosotros. De allí nos barrió el odio, la soberbia, el crimen.

Aquél que estuvo un día en la montaña, cerca de tu santuario; ése que dijo estar allí para luchar y morir si era preciso por evitar que nuevas luchas, nuevos esclavizamientos y nuevas violencias dividieran a sus hermanos; ese que bajó de las cumbres que te sirven de pedestal y de morada, proclamándose tu hijo y hablando de paz, de armonía, de amor, de confraternidad; ése, madre de los cubanos, es el causante de que nos veamos hoy obligados a invocarte en la amargura del destierro.

Y es el causante también, a pesar de sus promesas y sus juramentos, de que nuevas luchas, nuevos odios, nueva opresión y nuevas violencias nos agobien. Y el responsable de que se siga derramando sangre en Cuba como nunca antes, y de que, como nunca antes, se desatara feroz el fratricidio.

Y lo ha sido porque ése, madre de los cubanos, no era tu hijo. Un hijo de nadie, no porque no tuviera padres conocidos, que los tuvo; sino porque nunca los quiso ni los respetó como padres. De la misma manera que es un apátrida, no porque no tuviera patria, sino porque nunca la quiso, ni la respetó, ni la honró como patria. Por eso Cuba se asfixia hoy bajo el yugo soviético. Por eso su propia madre vive en México hoy, traspasada de ausencias.

Sabemos como ha de entristecerte este cuadro de angustia. Sabemos como has de sufrir viendo a tus hijos odiándose, matándose de nuevo. Sabemos como has de llorar-como lloraste un día al pie del Gólgota -en nombre de todas las madres cubanas que han llorado y siguen llorando al pie del paredón.

Por eso este día tuyo no puede ser hoy un día alegre como los de antes. Ha de ser un día de aflicción. Un día de plegaria y de lágrimas por todos tus hijos. Por los perseguidos, por los que se pudren en las cárceles, por los que se agostan en el exilio, por todos los que han muerto -cualquiera que sea el bando- y por todos los que tienen que morir aún en el empeño irrenunciable de recuperar a Cuba para la Libertad y para la Fe.

Pero en medio de toda esta aflicción y todas estas lágrimas, tenemos que ser fuertes. En medio de toda esta ansiedad tenemos que ser firmes y serenos. En medio de todas estas terribles preguntas sin respuesta, tenemos que creer en el término de nuestra desgracia.

Tenemos que creer en que tendremos fuerzas suficientes para ponerle fin. Y tenemos que creer firmemente en que tú, madre de los cubanos, vas a salvar a Cuba y a traernos la paz.

Para eso y por eso te rezamos hoy en esta dolorosa lejanía.

Para que no nos abandones. Para que tengas presente más que nunca a tu patria pequeñita del Caribe. Para que nos des fuerzas materiales y morales que nos permitan res-

SIN PATRIA, PERO SIN AMO

catar esa patria y hacerla libre, fraterna, piadosa, para nosotros y para tí.

Y para que veas, madre de los cubanos, que a pesar de todas nuestras penas seguimos amándote y reverenciándote. Y que donde quiera que estemos, virgen cubana y prieta, seguimos sintiéndonos tus hijos y sintiéndonos cubanos.

Miami, Septiembre 8 de 1961.

POST SCRIPTUM
Doña Lina Ruz, Madre de Fidel Castro, murió en Cuba en Agosto de 1963, pocos días después de haber aparecido en un acto público celebrado durante ese mes. Para su comparecencia a ese acto, fué traída de México. En la esquela de los familiares convocando a una misa por su eterno reposo no aparecen las firmas de sus hijos varones. Descanse en paz.

HUMBERTO MEDRANO

CUBA NO EXISTE

El doctor Miró Cardona, Presidente del Consejo Revolucionario de Cuba, dirigió hace pocos días una dramática apelación a la Cruz Roja Internacional. Apeló por los presos políticos. Por los refugiados en las Embajadas. Apeló a un organismo apolítico y humanitario, cuya intervención jamás ha sido rechazada. Ni aún en la guerra.

Porque una cosa es el hombre con un arma en la mano y otra el preso, el herido o el que se acoge al amparo de un asilo político. Todos estos últimos representan la indefensión. Y la indefensión del vencido no debe nunca provocar el ensañamiento del vencedor. A menos que el vencedor sea una bestia.

La apelación de Miró fué contestada. La respuesta decía:

"A pesar de insistentes demandas la Cruz Roja Internacional no ha obtenido hasta ahora del gobierno cubano autorización para ejercer sus actividades humanitarias en Cuba en favor de refugiados o prisioneros políticos. Lamentamos por ello no poder serles útiles interviniendo en su favor."

Es decir, que la Cruz Roja Internacional, conociendo las terribles condiciones que rigen en Cuba para los pre-

SIN PATRIA, PERO SIN AMO

sos políticos, trata de intervenir en su favor. Le ha pedido permiso a Fidel Castro para que la deje entrar en Cuba con un sólo propósito: ayudar a los presos, tratar de mejorar su estado carcelario, impedir maltratos y vejámenes.

Pero Fidel Castro no le ha respondido. O le ha respondido que no. Porque Fidel Castro es una bestia omnipotente. Persigue, encarcela, veja, tortura, mata. Y ni la ONU, ni la OEA, ni la Cruz Roja, pueden impedírselo. Claro que la Cruz Roja no puede hacer otra cosa que pedir permiso para intervenir porque no es un Ejército, ni dispone de Ejércitos, ni de fuerza compulsiva alguna. Pero la ONU sí. Y la OEA también. Lo que no tienen es otra cosa.

La ONU fué al Congo porque había una reyerta. Pasó cerca de Laos porque había reyerta. Pasó cerca de conflictos que podían degenerar en tumulto. Por su parte, la OEA fué a Santo Domingo, porque había que evitar desórdenes. Y rompió relaciones con Trujillo, porque Trujillo -Fidel Castro, no- era un dictador que se inmiscuía en la política de otras naciones del Continente.

Pero a Cuba nadie va. A nadie le interesa ir. Cuba es plato aparte. Los desórdenes de Cuba, no son desórdenes. La dictadura de Cuba, no es dictadura. Los muertos de Cuba, no son muertos. La sangre que se derrama diariamente, no es sangre. O por lo menos no es sangre importante, capaz de quitarle el apetito a ningún Canciller.

Y los presos políticos de Cuba, a pesar de que se les obliga a dormir sobre sus propias excretas; a pesar de que les fuerzan a ingerir una inmunda bazofia plagada de ratones y de cucarachas muertas, a pesar de que se les roban los alimentos que les envian sus familiares; a pesar de que les insultan a esos familiares en su presencia; a pesar de que se les raciona el agua para tomar y para asearse a un cubo a la semana; a pesar de que se les incomunica y se les apalea cuando les viene en ganas a sus carceleros que antes eran los presos comunes; a pesar de que se les tortura física y moralmente, no son dignos de que ningún Canciller, ni ningún Delegado, levante su voz en la OEA o en la ONU y exija que se detenga toda esa crueldad, toda esa barbarie.

Ni siquiera que las Naciones Unidas o la OEA acuerden exigirle a Fidel Castro que al menos le permita a la Cruz Roja tener acceso en Cuba, partiendo del hecho evidente de que han de ser muchas las atrocidades que tiene que ocultar cuando se niega a darle entrada a un organismo humanitario, que en medio de los más terribles conflictos bélicos, siempre ha tenido oportunidad de salvar vidas o proteger a los que ya se encuentran fuera de combate.

"-No podemos intervenir -dice la Cruz Roja Internacional, frente a la desbordada crueldad comunista en Cuba... No nos dan autorización para prestar en Cuba nuestros servicios humanitarios. Lamentamos por ello no poder serles útiles interviniendo en su favor."

Esta aterradora confesión de resignada impotencia ante el salvajismo, la hace una institución humanitaria en pleno Siglo XX. Sin que las Naciones Unidas protesten. Sin que la OEA proteste. Sin que ninguno de los organismos creados para preservar la convivencia civilizada entre los hombres, se dé por aludido.

En Cuba se atropella y se mata.

En Cuba no hay ley, ni códigos, ni abogados, ni tribunales de justicia, ni Hábeas Corpus, ni posible defensa.

En Cuba no se respeta la vida humana. En Cuba han desaparecido los Derechos del Hombre. En Cuba están desapareciendo los hombres sin derechos.

En Cuba hay cientos de asilados políticos en las embajadas, sin que ninguno de los países a los que esas em-

SIN PATRIA, PERO SIN AMO

bajadas pertenecen los reclamen como es debido. En Cuba hay más de cincuenta mil presos políticos que se pudren en las cárceles sin que a nadie se le altere la digestión.

En Cuba la Cruz Roja Internacional, ha declarado, ante un imponente silencio por parte de las naciones que se llaman civilizadas, que no puede intervenir para evitar los desafueros.

¿Esto es posible? ¿Será verdad?
No. No debe serlo. Es mentira. Nada de eso existe.
Cuba no existe. No existe la ONU. No existe la OEA.
No existe la DIGNIDAD.

Miami, Agosto 31 de 1961

HUMBERTO MEDRANO

SEÑORES PESIMISTAS: YO CREO EN MI PUEBLO

A veces, cuando afirmamos que Fidel Castro está más débil que nunca, no falta quien sonría. Piensan que somos demasiado optimistas. Tal vez lo somos. Preferimos serlo. El optimismo es entusiasmo, fe, ganas de luchar. El pesimismo es flojera, atonía, estancamiento.

Nunca seremos pesimistas. Nunca seremos profetas de desastres ni despedidores de duelos. Nunca nos conformaremos a esa quejumbre estéril que es antesala a la derrota. La derrota es algo que ni concebimos ni aceptaremos jamás.

Luchamos por la libertad de nuestra patria sabiendo que es un objetivo alcanzable. Si no lo fuera, lucharíamos lo mismo. En la vida hay que fijarse metas altas, porque son las que nos hacen levantar la cabeza y andar con ella levantada. Allá los que les guste quedarse mirándose los pies clavados en el polvo. Nosotros, a pesar de la distancia, preferimos andar mirando las estrellas. Que por cierto no están tan lejanas. Los últimos acontecimientos de Cuba lo demuestran.

Porque demuestran que Fidel Castro tiene cada día más armas, pero menos pueblo. Por eso chilla, fusila y se excede en la represión y en el terror. Son los zarpazos de la fiera acorralada por la historia. Por la historia de un

SIN PATRIA, PERO SIN AMO

pueblo indomable, que no se le someterá jamás.

Los cuatro mil cubanos, hombres y mujeres, que salieron a la calle a gritar "¡Abajo el comunismo!" "¡Viva Cristo!" y "¡Viva la libertad!" no estaban creyendo en la OEA, ni pensando en la ayuda de los americanos, ni sopesando los fríos análisis de los especialistas, profesionales o amateurs, de la política internacional.

Salieron a la calle porque sí. Porque no les da la gana de soportar un amo sin protesta. Porque no están dispuestos a aguantar impunemente un totalitarismo extraño. Y porque creen en Dios. Y porque tienen ideales y principios. Y porque no se resignan a trabajar para engordar al cara de cerdo de Nikita. Y porque no van a permitir que les roben los hijos y se los conviertan en esclavos. Y porque ya los comunistas, las colas, las imposiciones, los atracos, los abusos, los fusilamientos, los checos, los chinos y los rusos, los tienen hasta aquí.

Por eso salieron. Sin importarles los tanques rusos ni las metralletas de los esbirros uniformados, ni la balacera fratricida en la que cayó asesinado Reynaldo Socorro y heridos muchos más.

Y salieron a mano limpia, frente a todo ese aparato bélico, frente a toda esa fuerza represiva que tanto hace temblar a los calculadores del exilio. Así, sin más armas que sus convicciones, su coraje, su decisión de no dejarse avasallar.

Yo creo en ese pueblo. Yo creo en que a ese pueblo no lo derrota Fidel Castro, ni nadie. Yo creo que ese pueblo pelea y seguirá peleando por sus derechos y que los rescatará en definitiva. Con o sin ayuda. Creo en eso. Creo fervorosamente en eso. Creo en nuestra causa. Y creo en ese pueblo heroico que está luchando por ella.

Y como creo en él y estoy dispuesto a acompañarlo

cuando me llegue la hora, es por lo que me siento optimista. Y por lo que me importan poco los cálculos de posibilidades y me tienen sin cuidado la capacidad o la determinación de los líderes y no le doy importancia a los forcejeos microbianos por los gobiernos en el exilio.

Por encima de todo eso está el pueblo de Cuba. Ese pueblo insumiso que luchó treinta años por su independencia y derrotó dos tiranos.

Ese pueblo que se encarama en las lomas con un rifle viejo y veinte tiros mientras los trepadores del exilio se "fajan" por deslucidas preeminencias situadas a cientos de millas del campo de batalla.

Ese pueblo que mientras los pesimistas dicen que esto no tiene arreglo, sale a la calle y muere por defender sus principios y su decoro.

Un pueblo así, es muy fuerte. Y mientras más se quiere oprimirlo, más fuerte será y más débiles serán sus opresores.

Por eso digo que Fidel Castro está más débil que nunca, señores pesimistas del exilio.

Nuestra diferencia de opiniones reside en que ustedes se han vuelto descreídos y se sienten desalmidonados, porque cuando piensan en la libertad de Cuba, la piensan y la miden en función de los intereses extranjeros que pueden propiciarla.

Y yo estoy optimista, porque en quien pienso y en quien creo es en el pueblo de Cuba.

Lo demás, cuando venga, si viniera, será siempre bienvenido. Creemos que será útil y necesario. Pero no imprescindible. Ya lo veremos. La materia prima de la liberación cubana está en la conciencia indomable del pueblo cubano.

Pueblo que ante esta complicada partida de ajedrez

SIN PATRIA, PERO SIN AMO

internacional, no va a esperar por los resultados. Pase lo que pase, le va a dar el puntapié al tablero.

Yo creo en eso. Y creo firmemente en ese pueblo, que nunca ha podido, ni nunca podrá tener un amo.

Miami, Septiembre 13 de 1961.

HUMBERTO MEDRANO

AL PIE DEL COCO

Hemos dicho que la pugna intestina entre los comunistas de la "vieja guardia" y los de la nueva promoción, ha resurgido en Cuba. Uno de los síntomas más notables es la "recurva" de Raúl Roa como Ministro de Relaciones Exteriores.

Claro que Raúl Roa nunca dejó de ser Ministro. Pero lo era de nombre. Quien mandaba en el Ministerio era Carlos Olivares. Todo pasó a sus manos: desde el movimiento de personal, hasta la defensa de los lineamientos de la política exterior. Olivares hablaba con el embajador ruso. Olivares "tallaba" con los jerarcas del Partido. Olivares viajaba y hacía declaraciones. Olivares era el encargado de pasar las instrucciones y el dinero a la red de espías y saboteadores diseminados por toda América Latina.

Entre tanto, Raúl Roa andaba con su carnet ministerial en la mano para poder entrar y salir del Ministerio sin que lo pararan en la puerta. Y se sentaba todos los días en cuclillas, en un rincón de su despacho, a rumiar su exilio burocrático, sin perjuicio de seguir cobrando su cheque de Ministro.

Este eclipse no fué difícil. Ni moral ni materialmente.

SIN PATRIA, PERO SIN AMO

Raúl Roa nunca ha sido inquebrantable. El hecho de ser ríspido y mal hablado no significa que tuviera fortaleza de carácter. Para hacerlo escurrirse moralmente, sólo se necesitaba enseñarle el puño. Para hacerlo desaparecer materialmente, basta ponerlo de perfil.

Pero cuando Fidel empezó a reaccionar ante la afrenta inferida a su amor propio por los desdenes de Kruschev, los valores de Raúl Roa subieron inopinadamente. Kruschev, junto con las bases de los cohetes, había desmantelado también el prestigio de Fidel Castro. La autoridad que hacía tanto tiempo le venían socavando los miembros de la "vieja guardia", se ponía en trance de desmoronamiento. Había que apuntalarla. Fidel necesitaba hombres en quienes confiar. Ahí estaba Raúl Roa. No porque fuera confiable, sino porque no era de la confianza de la "vieja guardia" que siempre le reprochó sus devaneos democráticos y los pujos libertarios con que trataba de disimular su pasado marxista.

No. Ni Blas Roca, ni Lázaro Peña, ni mucho menos Fabio Grobart, podían olvidar las cabriolas políticas de Roa. Nadie podría olvidarlas.

Porque este ilustre Ministro de Relaciones Exteriores del régimen comunista de Fidel Castro, afirmó un día en un artículo dedicado a Albert Camus que "el régimen comunista es una estructura social producto del dominio totalitario de una minoría fanática, inescrupulosa y audaz sobre el poder, la propiedad y el pensamiento, en nombre de millones de hombres y mujeres que sojuzgan, humillan y esquilman, aduciendo teoremas de Marx, corolarios de Lenin y redundancias de Stalin".

Porque este desaforado defensor de los lazos de amistad de Cuba con la Unión Soviética -como llamara un día a la entrega miserable de la soberanía cubana al imperialismo ruso- es el mismo que dijo en un artículo titulado "El Ejemplo de Hungría": "Si los brutales métodos empleados por el ejército soviético para reprimir la patriótica sublevación del pueblo húngaro han suscitado la más severa repulsa de la conciencia libre del mundo, sus resultados en las zonas intelectuales sometidas o afectas al Kremlin, están resquebrajando, gravemente, la dogmática unidad del movimiento comunista en el plano de la cultura".

Porque este defensor actual de las relaciones políticas y militares con Rusia, fué el mismo que en el artículo de homenaje a Albert Camus, ratificara su condenación a la brutal represión soviética de la rebelión independentista de Hungría con estas palabras: "El último reducto libre de Budapest cayó en manos de las hordas mecanizadas de Kruschev y Kadar, dirigentes implacables de la nueva clase".

Porque este Ministro que hoy acepta, elogia y se corresponsabiliza con el sistema de adoctrinamiento comunista en Cuba, dijo en aquel artículo "Ejemplo de Hungría", refiriéndose a este tipo de adoctrinamiento: "Es el implacable encallecimiento de la sensibilidad a que suelen ser sometidos los heraldos y palafreneros del césaropapismo marxista".

Porque el que hoy se mezcla y convive con los que aplican la expeditiva justicia comunista, dijo un día de ella en un artículo aparecido en la revista "Carteles" de la Habana el 7 de diciembre de 1958: "En la nueva y robusta sociedad soviética, la simple disidencia se castiga con el leprosorio, el campo de concentración o el tiro en la nuca".

SIN PATRIA, PERO SIN AMO

Sí, éstas y muchas otras afirmaciones mas que contradicen su postura actual y el singular fervor con que la defiende, son las muestras de un saltimbanquismo político tan acomodaticio como despreciable. Pero por lo mismo que el Roa **sovietizado** de hoy fué un Roa **antisoviético** ayer y **marxista-leninista** antes de ayer, es por lo que la "vieja guardia" no lo puede tragar. Razón fundamental por la que Fidel Castro lo ha restituído al Ministerio de Relaciones Exteriores en pleno ejercicio, en los momentos en que se multiplican sus rozamientos y dificultades con los viejos bonzos del comunismo en Cuba.

Pero de la misma manera que su reciente restitución de facultades ministeriales marca el grado de intensificación a que ha llegado la pugna interna, también demuestra hasta que punto han llegado la inseguridad y la desesperación de Fidel Castro al tener que depender de un hombre como Roa.

Porque en definitiva si bien es verdad que Roa no es comunista de Blas Roca, tampoco es comunista leal de Fidel Castro. Roa es comunista sincero de Roa. Con una militancia tan calculadora como insegura. De la misma manera que lo acoquina el que grite más fuerte, lo seduce la chequera más pródiga.

Sí. No hay duda que Fidel Castro anda muy escaso de gente afín en esta pugna cuando le tiene que echar mano al que un día escribió en su libro **"En Pie"** que "los comunistas son focas amaestradas". Porque es el mismo que no ha tenido escrúpulos en convertirse en foca. Lo que demuestra que Raúl Roa, a pesar del título de su libro, nunca ha estado **en pie,** sino **al pie** del coco, que es donde se bebe el agua.

¿Qué pudiera un hombre así decirle a las representaciones diplomáticas de las demás naciones?

Miami, Noviembre 18 de 1962.

SIN PATRIA, PERO SIN AMO

UN PERILLAN CON PERILLA

Carlos Rafael Rodríguez es uno de los tipos más siniestros y ridículos que el comunismo ha puesto a mandar en Cuba. Carlos Rafael no tiene madera de líder ni la tuvo nunca. Carece de atracción. No tiene acometividad ni valor personal. Pero tiene una adhesividad de garrapata y una paciencia de roedor. Por eso ha podido llegar donde llegó. En circunstancias anormales, claro. Política e históricamente, tenía que ser producto de un aborto, jamás de un parto natural. No hay entraña pública que pueda resistir el embarazo de un Carlos Rafael Rodríguez.

Es el clásico intelectualoide resentido que culpa al orden social de su mediocridad y sus fracasos en la vida pública. Esos que no piensan que el lastre que les impide llegar, está en ellos mismos. Porque nadie que sea atrabiliario, frío, engreído e hipócrita, es bien visto en ninguna parte. Y eso es lo que fué siempre Carlos Rafael Rodríguez: un tipo que por "pesado" nunca tuvo ambiente en Cuba.

Cuando era estudiante jamás lució como estudiante. Siempre adoptó la pose doctoral. Cuando graduado parecía haberse doctorado en pedantería. Su sabiduría era tanta que jamás encontró sitio suficientemente apropiado para exponerla. Era además blandengue y escurridizo como la gelatina. Soslayado y tortuoso. Si algo no le gustaba, jamás lo decía en alta voz. Sonreía mientras intrigaba. Con semejantes cualidades se comprende que se hiciera comunista.

Sin embargo, nunca fué un comunista de primera fila, De los que dan la cara aunque se las rompan. No, Carlos Rafael nunca se expuso. Jamás dió ni recibió una "galleta." Siempre estaba detrás, solapado, planeando, empujando, "dando cranque". Cuando los choques estudiantiles en la Universidad, sus compañeros de partido Carlos Font, González Carvajal y hasta José Angel Bustamante -buen orador y mal amigo- cogieron su tortazo de vez en cuando. Carlos Rafael, no. Tenía "tanto" en el cerebro que no podía exponerlo al contacto desapacible de un trompón.

Una vez graduado, se puso la capucha de monje gris, y comenzó a maniobrar dentro del Partido.

Mientras Lázaro Peña trabajaba los sectores obreros y Blas Roca reestructuraba el Partido y los grupos de choque, Carlos Rafael, de la misma cuerda de Aníbal Escalante, cuchicheaba en los conciliábulos de las sombrías dirigencias comunistas. Allí maquinaba traiciones y preparaba traspiés con el beneplácito del bonzo mayor Fabio Grobart. Era la época en que con la oratoria finisecular de Salvador García Agüero, el academicismo decadente de Juan Marinello y la audacia impetuosa de Jesús Menéndez, el comunismo trataba de salvar aquel "error de agosto" cuando pactaron con Machado en 1933 para romper la huelga general.

Para fortalecer el Partido decidieron entrar abiertamente en la política. Y como es natural se pusieron al lado del que mandaba. Y el que mandaba era Batista. Batista compensó el alabarderismo comunista tirándoles algunas migajas. Obtuvieron delegaciones en la Constituyente y algunos escaños congresionales. Como es natural, Car-

SIN PATRIA, PERO SIN AMO

los Rafael Rodríguez se calzó un Ministerio sin Cartera.

Tal vez alguien pudiera discutirle méritos políticos por su ausencia en la labor del proselitismo activo o en el riesgo del motín callejero. Pero tendrían que reconocerle su capacidad para trepar desde los sótanos de la intriga hasta los paraísos de la nómina con la velocidad de una centella. Apenas llegó a la ubre presupuestal comenzó el ordeño y continuó en el trapicheo. Pero un día se le acabó la vaca y volvió al sótano. Allí siguió en la trapisonda, el disimulo y la rumia de viejos complejos y nuevos resentimientos.

Pasó el tiempo y llegó Fidel Castro. Al principio se asustó. Después parece que lo pusieron al tanto y empezó a maquinar la manera de subir a la loma. Logró que lo nombraran recadero. En uno de los recados se quedó, aprovechando que hubo un momento en que la Sierra era un lugar más seguro que cualquier embajada. Y allí logró la ambición de su vida: se dejó crecer un "chivo."

Como tiene una cara de las que no se usan, siempre soñó con una fisonomía impresionante. Una cara más a tono con su empacho leninista. Para eso, nada mejor que lucir una perilla como la de Lenin. Y allá quedó Carlos Rafael inactivo como siempre en el orden bélico, pero ocupadísimo en el crecimiento de una perilla oblonga, caprina y negra como la escobilla de un guanajo.

Cuando la perilla creció, se sintió satisfecho. Ya se estaba pareciendo a Lenin. Sólo le faltaba el cerebro.

Cuando Barba Mugre tomó el mando, allí estaba Carlos Rafael otra vez tras bambalinas. Pero no por mucho tiempo. Esta vez tenía una perilla que era casi un certificado revolucionario.

Al poco tiempo, el pueblo cubano tuvo que soportar una de las peores torturas. La cara emperillada y espejue-

353

luda de Carlos Rafael Rodríguez, derramando veneno y pedantería marxista por todos los canales de televisión.

Pero esto no era todo. El perillán sabía lo que se traía entre la perilla. Venía a saciar sus complejos y sus resentimientos. A destruirlo todo. A cogérselo todo. Y esta vez sin ocultarse, sin disimular más. Ahora podía andar con su perilla al viento, vengativa y rapaz. Ahora mandaban las perillas y los perillanes.

Y se hizo nombrar profesor de la Universidad. Y Consejero áulico. Y por último, Presidente del INRA. Pero no estaba aún satisfecho. Había que evitar que alguien pudiera algún día tirarle de la perilla. Y la sombra de la perilla comenzó a proyectarse por los paredones. Y de esa manera aquella perilla dejó de ser un aditamento risible e intemporal como su dueño. Pronto comenzó a chorrear sangre.

Ahora sí está contento. Porque es de todo, Profesor, ladrón, comisario, intelectual, espía, político, verdugo, diplomático y asesino. Todo en una pieza. Y con perilla.

Tan contento está que ya no vacila en declarar los fracasos del régimen. Ha reconocido que hay desempleos, que los salarios son bajos y que hay gran desorganización en los cultivos. Incluso que ha fracasado la cosecha de guayaba.(¡Dios mío, hasta la guayaba que siempre se dió silvestre!)

Pero nada de esto le importa. Todo le parece bien, el fracaso inclusive, si él es quien tiene la autoridad para anunciarlo.

Y para esta confesión y este desastre se dejó Carlos Rafael Rodríguez crecer la perilla y Cuba se dejó crecer a Carlos Rafael Rodríguez. No hay duda que resulta imprescindible afeitarlos a los dos.

Miami, Julio 1, 1962.

SIN PATRIA, PERO SIN AMO

CARTA A PUNTA DEL ESTE

Señores Cancilleres:

No creais que en vuestras manos están solamente los destinos de Cuba. También están los de América. Incluso los de la civilización occidental.

No es ésta una responsabilidad meramente académica. De esas que en el peor de los casos, se pueden examinar a distancia. Vuestros países forman parte de América. Están, pues, afectados por la suerte que corra el Continente. No creo necesario ponderar ante vosotros, sabios varones, lo que significan para todos, los destinos de nuestra civilización. Bien sabeis que su ocaso no sería un simple accidente histórico; supondría el regreso a las cavernas. Aunque estas cavernas contemporáneas sean, como las rusas, cavernas repletas de astronautas y de cohetería. El progreso del hombre -bien lo sabeis- no radica en la forma en que éste pueda dejar o pulverizar el espacio que lo circunda, sino en la forma más digna y pacífica de vivir en él.

Cuando esteis reunidos en los acogedores salones de Punta del Este, estareis encarando precisamente el peligro que se cierne sobre esos dos fundamentos de toda convivencia: la dignidad y la paz. Ambas están amenazadas en América. Porque ambas han desaparecido en un país latinoamericano.

El problema que habreis de afrontar no es la cuestión de si un grupo de cubanos quiere vivir o no bajo determinado sistema político. Se trata de presentar una acción defensiva común contra los que quieren imponer el suyo, de opresión y de sangre, no sólo en este hemisferio sino en el mundo entero. Para ello, aunque las tienen listas, no están empleando todavía las armas de fuego o las armas atómicas. Están usando, por ahora, las de la intriga. Se han propuesto dividirnos para debilitarnos y así poder irnos destruyendo uno a uno. La táctica es milenaria. Pero también lo es, entre los hombres, la torpe indiferencia. Ello nos hace reincidir en los mismos errores que han aniquilado grupos humanos y civilizaciones. Nos lo enseña la historia. Parece que nuestro amargo destino es no aprender jamás.

Algunos de vosotros habláis, para rehuir deberes que no pueden esquivarse, de "no intervención" y de "auto-determinación." No voy a deciros cuán doloroso resulta ver hombres inteligentes y decentes tratando de ocultar con artificios verbales la verdad de una tragedia humana. Vosotros sabeis muy bien que ha corrido y está corriendo en Cuba mucha sangre para venir ahora con semejante escarnio. Pero sí debo deciros que lo que es doloroso en verdad es la traición -no hay otra palabra- que supone para los pueblos que representais, cerrar los ojos ante la presencia dentro de nuestras fronteras hemisféricas de las avanzadas de un enemigo implacable que ha de traer para esos pueblos, como ha traído para Cuba, odio, miseria y muerte.

Si esa actitud es ceguera o complicidad, poco importa. Los resultados son los mismos. Y después de una catástrofe colectiva de nada servirá encontrar las verdaderas motivaciones de una actitud suicida. Lo de menos es la clase de arma que se utiliza para un crimen. Sobre todo, para la víctima.

Hay algunos gobiernos que han amenazado con retirarse de la OEA si ésta acordaba sanciones contra el gobierno comunista de Fidel Castro. Ante esa actitud, otros hablan de la necesidad de mantener a toda costa la unidad de la OEA y con ella, la solidaridad continental. Es decir: ante la coacción de algunos gobernantes -bien pocos por cierto- hay quienes postulan la necesidad de faltar a todos los deberes morales y políticos.

Nosotros les preguntaríamos:

¿De qué sirve mantener a toda costa la vigencia de un organismo creado para preservación de las libertades democráticas si cuando llega la hora de su mayor peligro no las defienden? ¿Qué clase de solidaridad es la que se pretende salvar si con la inercia y el consentimiento se hacen solidarios precisamente de quienes conspiran contra esa solidaridad? ¿Qué misión cumple la OEA si sólo sirve de instrumento a los que quieren destruirla y destruir la libertad de América? ¿Se imaginan acaso que cuando Rusia domine unos cuantos países más del hemisferio, los que queden nominalmente fuera de su órbita podrán evitar el copo comunista en confortables reuniones como la de Punta del Este?

Tengan bien presente pues, señores cancilleres, que no se trata solamente del caso de Cuba. Cuba es sólo un pequeño girón de dolor y de sangre muy lejos de la córnea sensibilidad de algunos gobernantes de América. Cuba con sus millares de exilados, sus millares de presos políticos y sus millares de víctimas del paredón, no parece constituir preocupación moral -ni siquiera compasión humana- para los que plantean la posibilidad de coexistir pacíficamente con sus verdugos. Eso ya lo sabemos.

Pero donde deben abrir bien los ojos del entendimiento -ya que algunos tienen cerrados impiadosamente los del corazón- es que toda esa tragedia, toda esa desgracia, toda esa infamia, es lo que les espera.

Tened por seguro que, o rompéis con Fidel Castro y su régimen de oprobio y lo poneis en cuarentena mientras se le destruye, o ese régimen y lo que él representa de intervención e infiltración comunista en América os destruirá a vosotros. En pocas palabras: aprovechad esta reunión y operáos el cáncer mientras el cáncer es operable.

Después, cuando no sean los Estados Unidos con su "imperialismo" de promesa gentil y sugerencia amable los que rijan esta parte del mundo, ya no os reunireis más.

O habréis de reuniros con agenda estricta y acuerdos prefijados. Porque Rusia, ni el comunismo, entienden esas paparruchas capitalistas como la independencia de criterio, ni permiten esos prejuicios burgueses como la dignidad nacional o individual. Lo que para nosotros -o para algunos de nosotros- constituye la esencia de la vida.

Miami, Enero 24 de 1962.

SIN PATRIA, PERO SIN AMO

CASTRO NO DUDA: MATA

Mientras los Licurgos de la OEA deciden si son galgos o podencos, las hienas castristas siguen derramando sangre. Tal vez estos acuciosos jurisperitos no encuentran la fórmula perfecta; pero de lo que no hay la menor duda es de que Fidel Castro si encontró la suya: él, simplemente mata. Y como el paredón está muy lejos de Punta del Este, el hecho infame de los hombres que caen asesinados sin juicio, sin apelación y sin posible defensa, no alcanza a afectar en lo absoluto el texto de los discursos en los que se habla de la necesidad de aplicar procedimientos estrictamente jurídicos a un régimen depravado y bárbaro cuyos fusiles, para escarnio de todo derecho, han hablado y siguen hablando el lenguaje del crimen.

En los últimos dos meses se han fusilado en Cuba a mas de cien. Secretamente, por supuesto, para no echar a perder el "legalismo" consentidor de algunos Papinianos de la OEA. El 7 de diciembre, en el pueblo de Condado, cerca de Trinidad, fueron ejecutados sumariamente tres campesinos. Días más tarde, en los campamentos de milicianos cerca del Escambray, fueron fusilados cincuenta mas. En los alrededores de Guantánamo, durante las Pascuas, fusilaron a once. Siete mas cayeron en Santiago de Cuba, a la manera favorita de Raúl Castro: de rodillas y acribillados por la espalda.

En el Central Adela, cerca del poblado de Remedios en Las Villas, fusilaron otros veinte, entre ellos un niño de catorce años. La más escandalosa de las ejecuciones en masa tuvo lugar en Malpáez, cerca del río Sagua. Allí llevaron ocho campesinos capturados en la vecindad de Quemados de Güines. Los hacinaron en un pequeño camión. Detrás, otro camión cargaba ocho sarcófagos. Los pasearon por el pueblo al grito de ¡"paredón"! esa lacra colonial que ha resucitado en Cuba el comunismo. La fiesta macabra duró tres horas. A las diez de la noche, las ocho sangres cubanas y verticales anegaban por enésima vez la tierra de Martí.

De esa cosecha lúgubre nos llegan los nombres de dos víctimas, de dos héroes: el estudiante Juan Pereira Varela y el ex-capitán Isaías Alejandro Iglesias. La mamá de Iglesias, una anciana de sesenta y un años, era condenada al mismo tiempo a veinte años de prisión por haber recibido la visita de su hijo antes de ser capturado.

Esto es lo que esta haciendo Fidel Castro mientras la OEA discute en qué tipos de preceptos jurídicos basa sus acuerdos. Estos asesinatos reiterados e impunes constituyen la respuesta de Fidel Castro a los puntillosos legistas que no encuentran la fórmula precisa para cumplir con sus deberes mientras el verdugo soviético escribe las suyas con sangre cubana en el paredón.

No sabemos todavía que ha de salir de todo esto. Pero nos asquean ciertas posturas. Posturas que posponen vergonzosamente la aplicación de la justicia. Que recomiendan

SIN PATRIA, PERO SIN AMO

calma y benevolencia hacia los que sólo tienen ferocidad y muerte para los demás. Posturas suicidas que se imaginan poder encontrar la manera de convertir el lobo en oveja y de convivir pacíficamente con los que representan en América un sistema político feroz que plantea el exterminio de todo el que no piense como ellos.

Entre estos están los cancilleres de Brasil, de México, de Ecuador, de Chile, de Argentina, de Bolivia y de Haití. Y haciéndoles impúdicamente el juego, desde sus columnas arcaicas, el inefable Walter Lippmann, quien no ve la manera de cómo y por qué los Estados Unidos tienen que arriesgar conflictos por adoptar una postura firme con respecto a la Cuba roja.

Claro que el señor Lippmann, que no tiene en Cuba familia, ni amigos; que no tiene allá ningún preso, ningún muerto; que nadie le ha arrebatado la patria ni el fruto del trabajo honesto de toda una vida, no siente esta tragedia. Debía sentirla. Porque para un hombre de conciencia no hace falta que lo afecte un crimen para condenarlo.

Pero si desea saber la razón de por qué los Estados Unidos tienen que ser firmes y arriesgar lo que sea en el caso de Cuba, que es el caso de América, se lo vamos a decir con las palabras que aparecen en los carteles en que se reclama el reclutamiento voluntario de los jóvenes norteamericanos en la Reserva de la Fuerza Aérea de los Estados Unidos. Dicen así:

". . .nosotros pagaremos cualquier precio, soportaremos cualquier agobio, enfrentaremos cualquier adversidad respaldaremos cualquier amigo, y combatiremos cualquier enemigo, para asegurar la supervivencia y el predominio de la libertad".

Estas palabras, señor Lippmann, son palabras de John F. Kennedy, Presidente de los Estados Unidos de América.

Son palabras que fijan los principios que han de normar la conducta de los hombres en quienes se confía la defensa de la patria. Contradecirlas, es una traición a esos hombres y a esa patria, aunque se contradigan con razones especiosas de seguridad.

Esta es, además la actitud que identifica la grandeza de una nación. No la de los apaciguadores como Lippmann, ni la de los pescadores en río revuelto -revuelto en sangre hermana- como la de algunos gobiernos latinoamericanos.

Miami, Enero 28 de 1962.

SIN PATRIA, PERO SIN AMO

ALLA NOS VEREMOS...

Recibimos una carta adolorida, es decir, una carta cubana. Sin más preámbulo, vamos a reproducirla:
"Miami, frebrero 19 de 1962
"Dr. Humberto Medrano,
Diario Las Américas
Miami, Fla.

"Distinguido compatriota:
En relación con un artículo suyo aparecido en el "Diario Las Américas", de fecha 15 del corriente, denunciando a varios Presidentes latinoamericanos, los crímenes que comete el régimen de Fidel Castro en las cárceles cubanas, quisiera hacerle llegar un caso más de esos que se ven día a día en nuestra patria esclavizada.

"En el mes de Noviembre del pasado año hube de dirigirme a varios periodistas cubanos del exilio para tratar de movilizar a los sectores humanos del Continente, y para que estos "excelentísimos señores" acaben de darse cuenta de nuestra situación actual, sobre el hecho que espero su valiente y combativa voz haga llegar con todo el empuje de la verdad dramática y desgarradora.

"Se trata de un joven oriental, llamado Germán Pelegrín Rodríguez, de 19 años, de Banes, miembro de una familia sobre la que cayó una cruel represión en los primeros meses del 59, un hermano fué fusilado por pertenecer al régimen anterior, otros cuatro guardan prisión indefinidamente. El joven Germán a los 17 años fué a dar a la cárcel de la ciudad de Holguín, sin que le hayan iniciado causa, pero lo triste es que sufriendo una dolencia de los ojos, perdió la visión en los primeros meses de 1960, manteniéndosele así sumido en las infernales mazmorras.

"Su anciana madre ha suplicado a los sicarios rojos que se le deje ir junto a él o se le dé atención médica, pero aquéllos, como respuesta, lo acaban de trasladar para la infernal cárcel de Puerto Boniato, donde sufre las peores torturas.

Denuncie usted este horrendo crímen. Haga llegar su voz combativa para que este joven ciego, ya que no puede estar en una patria libre y soberana, lo envíen tan siquiera junto a su madre.

Sabiendo que así usted lo hará, le doy las gracias y le pido siga despertando conciencias dormidas pese a estas desdichadas realidades.

Muy atentamente,

(fdo) Francisco Moro Rueda.

Sí, compatriota Moro Rueda, yo levanto mi voz contra esta infamia. Y denuncio con toda la fuerza de mis convicciones la maldad de los que han cerrado en un calabozo la oscura soledad de un ciego para que se sienta más solo y más a oscuras. Denuncio a toda voz a los que impiden que este pobre huérfano de la luz pueda caminar por la vida a la única claridad que le es dable alcanzar: el cariño cer-

SIN PATRIA, PERO SIN AMO

cano de su madre.

Y lo denuncio con indignación, porque ya no se trata de un simple desafuero; ya no se trata tan solo de la violación manifiesta de las leyes penales y de los más elementales derechos del hombre. Se trata de un crimen denigrante contra la especie perpetrado con refinada crueldad por los que han extinguido bajo su mando despótico toda manifestación de los sentimientos que distinguen a los hombres de las bestias.

Y pregunto, de frente y sin eufemismos, a los señores que desde sus curules de la ONU hablan de respeto a las leyes y de convivencia legítima, por qué no son estas salvajadas y la manera de evitarlas lo que se discute en las sesiones de esa ONU, en vez de andar con tantos paños calientes y tanta politiquería.

Y pregunto, de frente y sin eufemismos, a los señores Presidentes de países que no han roto con el gobierno comunista de Cuba y que dicen representar la opinión de sus pueblos, si esos pueblos aceptan mantener relaciones vergonzosas con la tiranía que practica esa barbarie; y si hechos como los que se relatan en esta carta, no merecen el repudio de todo gobernante que tenga en alguna estima su decoro.

Pero si no es posible lograr una respuesta categórica y sincera; si entre lo que constituye la esencia de los deberes que norman la conciencia de todo hombre digno y el estricto cumplimiento de esos deberes, se siguen interponiendo las hipócritas e impenetrables excusas de la autodeterminación y la no-intervención, al menos pídanle a ese gobierno comunista que ponga en libertad al joven ciego. Que esa infeliz criatura que lleva años en una mazmorra sin acusación concreta, sin juicio y sin posible defensa, no muera un día, no sólo en las tinieblas de sus ojos sin vida, sino en la lobreguez mil veces más terrible del abandono criminal de sus contemporáneos que se llaman civilizados. Que al menos se le permita volver al lado de su madre, para que ambos puedan consolarse y complementarse en su desgracia inmensa. Para que él pueda ver por los ojos de esa madre y ella pueda derramar sobre los secos párpados del hijo que le queda, la ternura que ya no puede darle a los hijos que le faltan.

Y pedimos también a toda institución y a todo cristiano que sepa lo que es amor al prójimo, que es amor de Dios, que envíen mensajes a la ONU y a esos gobiernos amigos del castrismo, que parecen más ciegos aún que este joven desdichado que no le queda ni siquiera el recurso de mirar con desprecio a sus verdugos.

¡A ver si hacen algo! A ver si piensan en algo más que en ir tirando, con sus compromisos políticos de tapadillo, sus jugosos presupuestos y los beneficios económicos que les trajo en forma de cuotas azucareras la tragedia cubana!

¡A ver que hace el Canadá, que comerciando con los Judas de América, demuestra que tiene cerrados los ojos de su conciencia y abiertas tan solo las fauces cebolludas de su interés!

¡A ver que hacen!

Y si no hacen nada; si siguen todos comerciando, engullendo, politiqueando y doblegándose en silencio a las presiones del imperialismo ruso, sepan que habrá de llegar la hora en que tendrán que rendirnos cuenta a los cubanos.

No crean que este es un conflicto de un gobierno determinado con Estados Unidos y que serán en cualquier mo-

SIN PATRIA, PERO SIN AMO

mento solucionado con innobles compromisos de pacífica coexistencia.

Este es un conflicto hemisférico, sí, y los Estados Unidos, como todos los países del hemisferio, tienen que estar - y a nuestro entender están - conscientes de sus responsabilidades. Pero el conflicto empezó en Cuba y es ante todo un conflicto cubano. Y los cubanos jamás hemos rehuído - y la historia es testigo - nuestros deberes para con la patria. Y esta vez como en el pasado, vamos a dar la cara. Ya la dimos en Girón y la hemos seguido dando día por día en el destierro, en las cárceles y en el paredón. Y en definitiva, seremos los cubanos - los de allá y los de acá - quienes de una manera u otra, sin permitir enjuages internacionales, vamos a echar de nuestra tierra a los buitres extranjeros.

Y como somos a los que más nos duele el martirio de Germán Pelegrín Rodríguez, seremos también los que un día pediremos cuentas claras de ese martirio de todo un pueblo a los hipócritas, ciegos y sordos de conveniencia, que nos han vuelto las espaldas en nuestra hora peor.

Allá nos veremos...

Miami, Marzo 2 de 1962

HUMBERTO MEDRANO

EL MITIN QUE HACE FALTA

Señores exaltados, hay un remedio: irnos.

Cuando uno está en casa ajena y no le gusta el trato, se va. Pero no molesta. Otra cosa es majadería.

Pero hay que hacer algo...

Conformes. Vamos a hacer algo. Vamos a hacer todo, menos el ridículo. Vamos a comportarnos a la altura de nuestro destino histórico. Para ello tenemos que darnos cuenta que por encima de todo somos un pueblo en el destierro, no un grupo de chiquillos malcriados pataleando en casa del tío para que los lleven otra vez a sus casas respectivas.

No no hay duda de que todos estamos llenos de una justificada impaciencia. No hay duda tampoco de que cada vez es más fuerte y más agobiadora la angustia de la patria lejana. No hay duda que ningún organismo está demostrando efectividad. Pero si queremos ayuda tenemos que empezar por merecerla. Y jamás la mereceremos perturbando el orden o cubriéndonos de ignominia en un constante peloteo de fango donde a los ojos extraños nadie gana y quien pierde es la causa de la liberación.

Pero antes de pensar o decidir lo que vamos a hacer, sería conveniente que analizáramos primero lo que hemos

SIN PATRIA, PERO SIN AMO

hecho hasta ahora. Porque tal vez lo más perentorio sea no repetirlo. Quizás si el primer paso sea no hablar tanto de unidad y lograrla en el respeto mutuo. No hablar tanto de rifles mientras no les podamos demostrar a quienes pueden y deben dárnoslos que no vamos en definitiva a virarlos contra nosotros mismos.

Aquí hay quienes se pasan la vida hablando de unidad, pero de cada diez manifestaciones que hacen, nueve son en contra de alguien. Parece que para algunos la unidad no existe si no es a base de ellos mismos o de que Fulano sustituya a Mengano.

Otra cosa que sería conveniente que revisáramos es el derrotismo.

Porque en esa eterna cantilena de los que andan por ahí arrastrando el mentón por las aceras y repitiendo que aquí no se hace nada -unos de buena fe, otros quién sabe con que propósitos- está en parte la responsabilidad de que este exilio esté chorreando pesimismo e histeria. Como si con el pesimismo se pudiera lograr algo en esta vida.

-Y que quiere usted... ¿qué digamos que todo está resuelto?

No. Lo que queremos es que no se diga que nada está resuelto. Y mucho menos que no hay esperanzas de resolverlo. En primer lugar, porque eso no es cierto. En segundo lugar, porque eso no trae otra cosa que más amargura en el destierro y más desesperación en Cuba.

En el frente interno, es evidente que el gobierno comunista está como nunca antes bajo el impacto del descrédito y la hostilidad pública. No ha cumplido ninguna de sus promesas. Ha traicionado a la patria y la ha vendido al extranjero. Y en plena impopularidad, cuando lo que se tiene es hambre, está dando explicaciones que no sirven para comer y prometiendo más penas todavía.

En el frente exterior, después de Punta del Este, no hay duda que nuestra causa tiene muchísimos aliados más. Los pueblos están despertando rápidamente y los gobiernos no están teniendo otro remedio que responder a sus requerimientos condenando y proscribiendo la dictadura comunista. Cada día son más los que la denuncian y se vuelven contra ella.

Siendo así, ¿a qué ese pesimismo? No podemos echar las campanas al vuelo porque hayamos logrado nuestros objetivos. Pero tampoco podemos rezarle un responso funeral. Es hora, pues, de aprovechar esas circunstancias favorables para fortalecerlas. Lo haremos demostrando nuestra cohesión y nuestra solidaridad, no nuestra histeria.

¿Por qué en lugar de andar quejándonos no empezamos todos por suspender los torneos de insultos que tanto nos denigran y el forcejeo por unas preeminencias políticas que en definitiva nada valen, porque TODAS va a haber que revalidarlas a la hora de los tiros?

¿Por qué no desechamos un pesimismo estéril y comenzamos por estrechar filas tratando de comprendernos y de perdonarnos; de pensar un poco menos en nosotros y un poco más en Cuba?

¿Esa no sería tal vez la mejor manera de que nos respetaran y nos escucharan más?

Y no se me hable de que lo que precipita la impaciencia o el pesimismo es el sufrimiento de nuestros compatriotas en Cuba. Aquí tiene que sufrir todo el mundo, adentro y afuera. Porque de ese sufrimiento -los de adentro y los de afuera, los de arriba y los de abajo- todos somos culpables en mayor o menor grado. Y tal vez sea ese sufrimiento el mejor general de esta batalla. De las dos: la de de la reconquista y la de la reconstrucción. Porque es la adversidad la mejor fragua del carácter y el dolor verdade-

SIN PATRIA, PERO SIN AMO

ro, lo que nos dá la experiencia para no reincidir en los errores del pasado.

Aunque tal parece que a algunos no les sirve de nada. Los hay cuyo reloj mental se paró el 10 de marzo de 1952. A otros se les detuvo el primero de enero de 1959. No faltan los que cuando se les pide la hora responden: "La que usted quiera, general:" Viven todavía en mundos que pasaron a la historia. En esa especie de cementerios se pasan la vida caminando en círculos con un almanaque retrasado en la mano, inventariando lo que ganaron sin mérito o lo que perdieron sin remedio, o lo que ambicionaron tan fuertemente que creyeron tenerlo un día sin saber que ni lo tuvieron antes, ni lo tienen ahora, ni lo tendrán jamás. Al menos por procedimientos que es muy difícil que puedan volver.

En Cuba se abrirá una nueva etapa de trabajo y sacrificio en que solamente van a tener predicamento los que ayuden a reconstruir una patria limpia, honesta y sinceramente democrática. En una patria así, no tendrá cabida el caudillismo, ni el manenguismo, ni el "tacorontismo."

Se me ocurre, pues, que empecemos por hacer lo que no hemos hecho hasta el momento: respetarnos y unirnos. Reservar los ataques para Fidel Castro y el comunismo. Guardar la "guapería" para Cuba.

Yo creo que los Estados Unidos están conscientes de sus responsabilidades como líderes del mundo libre y guardianes de esa libertad. Y creo además que van a ayudarnos. Pero si en un futuro cercano comprobáramos que no, entonces, lo que tenemos que hacer, unidos todos en el respeto mutuo y la decisión común de combatir, es ir de puerta en puerta cubana acopiando los medios para hacer la guerra. Y si ni eso nos permitieran, démosles las gracias por habernos acogido hasta ese momento y vámonos a donde nos lo permitan. Y en último término, vámonos con lo que tengamos y como podamos para Cuba, a unirnos a nuestros hermanos de adentro y pelear junto a ellos hasta morir. Que cualquier muerte es preferible a la muerte palabrera de la Calle Flagler o la muerte ignominiosa por asfixia en el estercolero de los "anuncios políticos pagados."

Mientras tanto, vamos a vivir y a trabajar por nuestra causa, cada cual como pueda o como sepa, con discreción y compostura. Y vamos a no preocuparnos tanto por los nombres y por los hombres. A lo que nos alcanza la vista, todos los que vemos son provisionales. Los definitivos saldrán de la guerra, no de esta chillería.

Y vamos a ahorrarnos humillaciones, que ya es bastante tener que vivir sin patria en el extranjero y que además se lo recuerden a uno como lo hizo esta mañana el "Miami Herald". Y vamos a dejar las huelguitas de hambre que desde Mahatma Gandhi hasta la fecha sabemos como terminan: comiendo. Entre los que allí estaban -hombres y mujeres- habían muchos compatriotas limpios y decorosos cuyo valer no debe desperdiciarse en estas boberías.

Y vamos a no celebrar más mítines hasta que podamos dar el único mitin que hace falta: aquél al que sólo asistan las mujeres, porque todos los hombres estemos en Cuba cumpliendo con nuestro deber.

Miami, Marzo 16 de 1962.

SIN PATRIA, PERO SIN AMO

Mensaje a la OEA

EL PAREDON PORTATIL

La OEA, dicen algunos, ha de enfrentarse en las próximas reuniones con un problema difícil. No estamos de acuerdo con esta afirmación. El problema será grave, pero no difícil.

Difícil sería si Fidel Castro fuera un gobernante independiente.

Pero Fidel Castro se ha declarado comunista y los comunistas no pueden ser independientes. El comunismo implica dependencia absoluta a la doctrina y una obediencia estricta a las determinaciones del Partido. Todo comunista que se aparte de estas rígidas pautas deja de ser en el acto comunista. O más simple: deja de ser.

Luego si Fidel Castro, comunista, está cumpliendo en Cuba las directrices del comunismo internacional facturadas en Rusia y Cuba es parte de América y América es para Rusia codiciado botín, ¿dónde está la dificultad en que todos nos paremos a pelear contra el enemigo común?

¿Es que alguien cree a estas alturas que el imperialismo soviético se conforma con la isla de Cuba? ¿Habrá tragaldabas que se embuchen con esa falsedad histórica de que la revolución castrista es una revolución nacionalista? ¿Lo fué acaso la revolución rusa, a la que la revolución castrista trata de imitar? ¿Es acaso el comunismo una doctrina nacionalista? ¿No ha ido extendiendo sus tentáculos desde 1917 para tragarse más de una veintena de naciones instalando en ellas gobiernos títeres y por supuesto la sangrienta opresión que le es característica? Entonces, ¿qué razones pudieran esgrimirse para dilatar o proscribir la acción común en defensa de nuestras libertades?

De una cosa debemos estar seguros todos: en Punta del Este no se van a discutir interpretaciones, doctrinas o elucubraciones políticas. Se va a encarar una situación de hecho: el peligro que Fidel Castro, sicario de Rusia, representa para la comunidad americana. Su dictadura no es una entelequia; es una realidad. Su militancia no es una suposición ni una inferencia; es un hecho que el propio Fidel Castro se encarga de proclamar todos los días. Su presencia perturbadora y su acción subversiva dentro de la comunidad no es una imputación; es otra realidad comprobada en la mayor parte de las naciones latinoamericas.

Estamos, pues, ante el trance ominoso de tener la zorra metida en el gallinero. Y en esas circunstancias, o se acaba con la zorra o la zorra acaba con el gallinero.

Comprendemos que hay gobiernos que confrontan dificultades internas. Muchas de ellas heredadas de anteriores regímenes. Comprendemos que algunos no han dado el paso al frente temiendo que la quinta columna infiltrada en sus respectivos países comience a perturbar. Todo eso es cierto. Pero no es menos cierto que el que no encare esas dificultades ahora no podrá encararlas más tarde, cuando los comunistas -que saben lo que hacen y a donde van- vuelen la santabárbara de las fuerzas armadas, que son las que garantizan la intangibilidad de las leyes y de los gobiernos que las aplican.

SIN PATRIA, PERO SIN AMO

Luego es preciso que los hermanos de América comprendan que la actitud que tomen con respecto a Cuba habrá de afectarlos a ellos tanto como a nosotros los cubanos. No se trata tan sólo de ir en socorro de una nación hermana, sino de preservarse de los males que esa nación padece. Porque son males contagiosos. Y si el cáncer del comunismo hace una irremediable metástasis en el organismo continental, ya no habrá cirugía capaz de evitar la muerte de todo un Continente. Es decir: la muerte de sus libertades, la muerte de la dignidad ciudadana, la muerte de la convivencia decorosa y legítima, todo lo cual constituye para los hombres y para los pueblos de vergüenza una infame manera de morir.

No apelamos, pues, a los sentimientos. ¿Para qué? En estas cuestiones políticas el corazón no suele contar. No apelamos tampoco a la moral, no porque dudemos de la moral de nadie; es que en estos conflictos, infortunadamente, para ciertos políticos no cuentan tampoco la moral ni los principios, aunque se pasen la vida hablando de ellos.

Apelamos por lo tanto al ámbito objetivo de la inteligencia. Y en último término, al simple sentido común. Ya en esta dimensión, más familiar a aquéllos que gustan del cálculo y el análisis, nos parece oportuno plantear:

Primero: que hasta los más obtusos saben que el comunismo tiene un plan de dominación mundial.

Segundo: que para llevarlo adelante necesitan liquidar a los Estados Unidos como campeón del mundo democrático.

Como esos objetivos no pueden alcanzarlos con la guerra atómica -que supondría el suicidio- están desarrollando sus planes mediante la guerra fría, la cual consiste en ir copándole al campeón la retaguardia.

Cuando estén tomados los principales bastiones donde se atrinchera el mundo democrático, los Estados Unidos no tendrán más camino que apelar al suicidio atómico o aceptar su derrota y con ella la asfixia de las instituciones democráticas y la cancelación histórica de la civilización occidental. Para entonces, ninguno de los actuales señores gobernantes de la América Latina estará vivo para hacer el cuento.

Sed, pues, sensatos; y de paso, honorables señores, sed dignos.

Condenad la tiranía castrista, que es lo menos que se espera de los hombres honestos ante una tiranía. Y no vaciléis en proveer las medidas que ayuden a su erradicación definitiva, no sólo por conciencia, sino por instinto de conservación.

Porque ese paredón que Fidel Castro ha hecho símbolo de su revolución marxista-leninista, es un paredón portátil. Y quien sabe cuando habrá de aparecer detrás de vuestras espaldas honorables y acribilladas....

Miami, Enero 7 de 1962.

SIN PATRIA, PERO SIN AMO

MAS VIVO QUE NUNCA

> No me pongan en lo oscuro
> a morir como un traidor;
> yo soy bueno, y como bueno
> moriré de cara al sol.
>
> **José Martí.**

Era el 19 de mayo de 1895. Recordemos la historia:

José Martí, alzado en armas en la provincia de Oriente, se encontraba allá por Vuelta Grande, cerca del punto de confluencia de los ríos Cauto y Contramaestre. Había alegría en el Campamento. Sólo unas horas antes se les había unido el General Bartolomé Masó con trescientos patriotas. Poco después, la alegría estallaba en júbilo cuando regresaba Máximo Gómez, que había salido el día 17 a perseguir un convoy español procedente de Palma Soriano. El Campamento tenía razones para hervir de entusiasmo: se reunían tres figuras cimeras de la Revolución. Martí recogió aquel contento en su palabra de colores que todos escucharon con unción.

Acababan de almorzar cuando un oficial se acercó a Máximo Gómez:

—¡General, una columna española con más de ochocientos hombres se nos viene encima!

Eran las tropas del Coronel Jiménez de Sandoval. Habían encontrado el rastro fresco de las fuerzas de Máximo Gómez.

-¡A caballo!--gritó Gómez--. Y dirigiéndose a Masó:

-¡General, siga con toda su gente detrás de mí!

Martí no recibió ninguna orden específica del Mayor General. Si acaso una súplica.

-¡Por favor, manténgase en el Campamento...!

Martí era el verbo, el espíritu, la idea. No debía arriesgarse la fragua anímica de la Revolución. Pero Martí había dicho en 1893:

"Sea yo potro o fusil y hagan después de mí lo que quieran. Los pueblos se amasan con sangre de hombres."

Y montó en su potro albo, regalo de José Maceo, repitiendo tal vez lo que dijera un año antes:

"Yo ya sé como voy a morir. Lo que quiero es prestar el servicio que puedo prestar ahora. Por mí, no esperaría mi patria."

No, por él no esperaría Cuba. No esperaría por el esfuerzo ni por la inmolación de ese hijo bueno entre los buenos. Y junto a Máximo Gómez, revólver en mano, quien manejara mejor la pluma que el revólver, marcha al galope al encuentro del enemigo.

Cuando llegan a la sabana de Boca de Dos Ríos, ya la infantería de Sandoval forma los cuadros. El fuego es nutridísimo, y a pesar de la carga denodada, los mambises tienen que retirarse. En este momento, y mientras prepara una nueva carga al machete, Máximo Gómez vuelve a pedir a Martí que regrese al Campamento. Esta vez en tono conminatorio. "Cuando ya íbamos a enfrentarnos con el enemigo, le ordené a Martí que se quedara atrás", revela Gómez

SIN PATRIA, PERO SIN AMO

en su Diario de Campaña.

Pero nadie podría lograr que volviera grupas ante el cumplimiento del deber quien había dicho en 1891:

"A servir modestamente a los hombres me preparo; a andar con el libro al hombro por los caminos de la vida nueva; a auxiliar, como soldado humilde, todo brioso y honrado propósito; y a morir de la mano de la libertad, pobre y fieramente."

Sonó una descarga y de tres balazos desnació Martí. Que no murió, ni podrá morir nunca esa montaña de hombre.

Angel de la Guardia, que cayó del caballo herido junto a él, trató de levantar su cuerpo magro. No pudo. Corrió desolado. Cuando Máximo Gómez conoció la desgracia ordenó una nueva carga de caballería para rescatar su cadáver. Fué rechazado. De todas formas, no habría sido posible.

Las avanzadas de Sandoval ya se habían apoderado del cadáver. Identificado por documentos que llevaba, fué atado a un caballo y conducido a marcha forzada al poblado de Remanganaguas. Lo enterraron en un pequeño y casi innominado cementerio. Había caído como quiso: "De cara al sol... pobre y fieramente."

Hoy, a sesenta años de su luz, hemos regresado a las tinieblas. Hemos vuelto a ser colonia. Esta vez de un poder realmente extraño, que ha comenzado por profanar la memoria de Martí, que siendo todo amor, condenó específicamente a los que practican "el evangelio bárbaro del odio."

Pero hemos vuelto también a la lucha, porque como Martí estamos "sin patria, pero sin amo." Y en esa lucha hemos vuelto también a sentir lo que sintió Martí, soledad, incomprensión, interferencia.

HUMBERTO MEDRANO

Pero aunque ninguno de nosotros pueda por más que se yerga alcanzar su estatura, sí tenemos que alzarnos a la altura de su obstinación. Al rango de su fe. Martí amó a Cuba tierna y apasionadamente. La amó casi con desesperación. Le dedicó su existencia. Le ofrendó su vida. Y al fin su anhelo se hizo: Cuba fué libre y soberana.

Nosotros tenemos que sentir ese amor y seguir esos pasos. Tenemos que repetirlos, no en su luminosidad, que sería imposible, en su rumbo, que nadie pudo jamás alterar.

El no cejó nunca. Nosotros tampoco cejaremos, Sépanlo todos. Y especialmente nuestro amado Martí, del que nos llegan como nunca nítidas aquellas palabras que dirigieron su vida fértil e iluminaron su muerte perfecta de Dos Ríos:

"Que de la patria puede desertarse, pero jamás en su desventura."

Miami, 19 de Mayo, 1963.

SIN PATRIA, PERO SIN AMO

LOS CONDECORADOS

Acaba de crearse en MosCuba una nueva condecoración.

Se trata de una medalla de oro con la que se establece la Orden Nacional de Playa Girón.

Según el decreto del Consejo de Ministros esa condecoración será otorgada a los cubanos y extranjeros que combatieron contra los invasores del "imperialismo". Fíjense bien: a cubanos y **extranjeros**.

Esto significa que junto a la turbia tropa fidelista, y como es natural, mandándola, pelearon **extranjeros**. Así lo confiesan por decreto. No han tenido más remedio que reconocerlo. Hubieron militares rusos y checos dirigiendo las operaciones. Estos militares no estaban dispuestos a permitir que se les ignorara después de haber tenido que matar cubanos para defender el comunismo. Tal omisión habría sido una injusticia para los "héroes" verdaderos de una revolución socialista que hace mucho tiempo dejó de ser cubana.

Dijimos recientemente que Fidel Castro había rebasado la etapa del disimulo, para entrar de lleno en la impudicia. Esto lo prueba.

No le basta con que todo el mundo sepa que en esa expedición del "imperialismo yanqui" no había un solo americano. Ahora se refocila en que todo el mundo entere oficialmente que a su lado pelearon extranjeros. Lo proclama. Y por si alguno no se entera, los condecora para que los distingan bien.

Claro que esa actitud no nos sorprende. Sabemos hasta donde llega el cinismo de los comunistas en general y de Fidel Castro en particular. Lo curioso es que aún después de esa confesión y de ese anuncio, habrá políticos y y periodistas americanos que seguirán pidiendo "comprensión" para esa revolución "cubana" que condecora extranjeros. Y tampoco faltarán sobrios y sesudos estadistas latinoamericanos que, para justificar su abstención ante la tragedia de Cuba sojuzgada por extranjeros **armados y condecorados**, seguirán alegando el respeto que se debe a la "auto-determinación" de los pueblos.

No sabemos como se darán las condecoraciones. Sólo sabemos que son de oro. Eso les permitirá a los cipayos soviéticos mandar algún oro para Moscú después de haber enviado casi toda la plata. Pero como la Orden Nacional de Playa Girón no se otorga solamente a los extranjeros que se hayan distinguido en el combate, sino "que se hayan distinguido o se distingan en la lucha contra el imperialismo", son varios los nombres que nos vienen a la mente, todos los cuales tienen méritos suficientes para ostentar tal galardón.

Se nos ocurre que la primera condecoración le debe ser impuesta a Kruschev, que es el que paga. Después les deberían ser enviadas sendas medallas a Herbert Mathews y a Pancho El Gancho.

Al primero le debe ser entregada en los austeros salones donde se discuten los editoriales del New York Times. Al segundo en la cárcel. La diferencia de lugares no hace al caso. Los merecimientos son los mismos. Ambos han defendido a Fidel Castro. Uno, asesinando una niña.

SIN PATRIA, PERO SIN AMO

Otro, asesinando la verdad.

Indiscutible merecedor de la condecoración lo es también Lázaro Cárdenas, ese gran revolucionario mexicano, millonario y propietario de enormes latifundios en su tierra, pero que en cambio ha demostrado, sin lugar a dudas, su sincero repudio al latifundismo y al capitalismo en el extranjero.

Quedan condecoraciones por servir. Pero creemos que no deben ser asignadas a un cualquiera. Por lo menos hay que probar haber hecho todo lo posible por defender y justificar a la sangrienta tiranía castrista.

Sólo así se podrá tener derecho a ostentar con orgullo sobre el pecho cómplice esa pequeña réplica del **paredón**, áurea, redonda, infame.

Miami, Julio 22 de 1961.

HUMBERTO MEDRANO

SOLO ASI VOLVEREMOS

Para algunos el exilio es como un péndulo que oscila desde la indignación al desaliento. Para otros, escenario propicio de la polémica escandalosa e infecunda. Los hay que creen oportuno utilizarlo para rezumar envidias enquistadas o para sudar la calentura de viejos resentimientos personales. No faltan los que lo ven como escalera para ganar altura.

Unos y otros no se dan cuenta que ni la ira, ni el abatimiento, ni el rencor putrefacto o la desbordada aspiración personal van a devolvernos la patria. Que no podremos regresar si interponemos entre el exilio y la reconquista de la tierra en que nacimos el valladar de nuestras ambiciones desmedidas o la maraña inextricable de nuestras bajas pasiones. Mucho menos podremos volver braceando en la ceniza de la quejumbre estéril.

Necesitamos de todas nuestras fuerzas -las más limpias-; de toda nuestra generosidad. Necesitamos de todo el coraje de nuestra raza tanto como de su romanticismo. Necesitamos como Martí, colocar los ideales sobre las pasiones, incluso los sueños sobre las angustiosas realidades. Sólo así volveremos.

Porque el destierro, de por sí amargo y desconsolador,

SIN PATRIA, PERO SIN AMO

es una perenne prueba del carácter. Por sí solo, sin las rémoras de las rencillas personales; sin el freno de las debilidades o el desenfreno de las pasiones, corroe como un ácido las voluntades que parecen más sólidas. Sale y se pone el sol cotidiano, pero no le vemos en la ansiedad de ver refulgiendo el de la libertad. Bajo el agobio de los cariños distantes, de las ilusiones rotas, de la confusión y la inseguridad, vivimos en perpetuo anochecer.

¿Cómo vamos a avanzar si hacemos la noche más oscura? ¿Cómo podemos adelantar si apagamos las luces de la comprensión y del desprendimiento? Si sólo acumulamos opacos egoísmos o iracundos resentimientos, ¿cómo podremos ver la estrella de la solidaridad cubana brillando en la epifanía de la libertad?

Culpas ¿quién no las tiene? Razones ¿las hay valederas acaso para retardar la victoria? Méritos verdaderos que hayan sido postergados pueden esperar por ineluctables reivindicaciones. ¿Puede esperar la Patria?

Se habla de unificar. Pero se apostrofa y apostrofando se divide. Se habla de agrupar, pero agrupar es unir y no se une con desplazamientos. Se habla de que las actuales dirigencias son incapaces e imperfectas. ¿Dónde están los sustitutos que ostenten todas esas virtudes que a aquéllos les faltan? ¿Van a salir acaso de esta alacranera?

Los líderes surgirán de la lucha. Y la lucha no es por las preeminencias del exilio sino por la libertad de Cuba. Es, pues, en Cuba donde se habrán de establecer los liderazgos. Y entonces no sólo contarán los méritos del guerrerro sino la capacidad y la ponderación del estadista. Y su demostrada buena fe en restaurar la democracia. Y sus aptitudes. Y SUS HECHOS. Porque ya sabemos a lo que nos condujo la preeminencia del uniforme, del caudillismo bélico y la palabra melosa de una serpiente verde olivo.

Siendo así, ¿a qué pelearnos por efímeras jerarquías? ¿Qué importa que sean Fulano o Mengano los que ostenten posiciones si esas posiciones son transitorias, si ellos solos no pueden ganar la guerra, si para ganar esa guerra tenemos que participar todos, de la misma manera que todos tendremos que participar en la tremenda tarea de ganar la paz?

Cuando se gane la última batalla ¿se habrá acaso ganado la guerra? ¿Cuánto valor, cuánta decisión, cuánta entereza, cuánta inteligencia, cuánta honradez, cuánta generosidad serán necesarias para seguir combatiendo contra la destrucción y la miseria de una nación saqueada y humeante; contra el miedo, contra la venganza, contra el oportunismo hipócrita, contra todo ese odio implacable y terrible acumulado por tanto vejamen, tanto desafuero, tanta sangre derramada?

¿Hay quien piense que lo más importante es la guerra de liberación? Se equivoca. Eso es lo inmediato. Pero lo trascendental y lo permanente es la reconstrucción. Cuba exangüe, espera por nosotros, ante todo, para renacer. Para recibir de nuestro esfuerzo y nuestro sacrificio el alien vital que tenía como nación. Hoy como colonia lo ha perdito. Quedará saqueada, deshecha. Si no podemos o sabemos rehacerla, revitalizarla ¿de qué le sirve la libertad?

¿No sería conveniente, incluso necesario, que algunos reservaran sus arrestos y sus aptitudes para ese momento crítico de la restauración?

Pero si algo es necesario combatir desde ahora y con todas nuestras fuerzas es el abatimiento. Ese pegajoso pesimismo de los que todo lo ven negro, de los que viven sin esperanza y parece que gozan con quitársela a los demás.

A esas aves de mal agüero, a esos blandengues, a esos que no creen en nadie, que todo les parece inútil y les gus-

SIN PATRIA, PERO SIN AMO

ta "llorar como mujeres lo que no saben defender como hombres", les recomendamos que cada vez que piensen que Cuba no tiene redención, se pregunten que están haciendo ellos por redimirla. Que cada vez que les asome a los labios la fácil reconvención, la crítica usual para lo que hacen los demás, se hagan la pregunta de José Martí: "¿Y tú qué haces por Cuba?"

Por de pronto sugerimos que cada vez que alguien nos venga a sollozar sus penas y sus pesimismos le contestemos:

No nos cuente su desgracia. Aquí cada cual tiene la suya. Y la peor de todas es que no tenemos patria. Pero si lo que a usted le gusta es llorar, búsquese un pañuelo bien grande. Sin olvidar que por muy grande que sea nunca podrá tener el tamaño de una bandera.

Miami, Julio 25 de 1961.

HUMBERTO MEDRANO

MAS BALAS Y MENOS CHEQUES

Hay un sólo dolor: Cuba.
Ha de haber un solo propósito: salvarla.

Todo lo demás es falso, turbio, deleznable. ¿Qué puede haber más importante que la Patria? ¿Acaso la vanidad o los criterios individuales o de grupo? ¿Los méritos personales tal vez?

¿Existe algo que esté por encima del rescate de sus libertades o del anhelo de trabajar y vivir sobre la tierra que ennobleciera la sangre de nuestros mártires o del deber de pelear para que en esa tierra crezcan dignos y libres nuestros hijos?

Oímos hablar a ciertos políticos y no los comprendemos.

No porque sean malos, ambiciosos o estúpidos; que algunos hay.

Sino porque hablan un lenguaje pueril, arcaico, cancelado. Viven en pretérito. Se inculpan. Se tiran por la cabeza polvorientas rencillas, se aporrean en participio pasado. Se persiguen unos a otros en una absurda carrera hacia atrás.

Son como cadáveres parlantes. Como fantasmas que se niegan a desencarnar. Han recorrido todas las latitudes del fracaso y del descrédito. Unos han vivido mintiendo. Otros robando. Algunos han matado o han justificado la sangre para preservar sus sinecuras. Pero todavía hablan, se engallan, reclaman, alegan derechos de existencia y vigencia política aunque políticamente han muerto para Cuba. No importa cuándo, ni cómo. No importa si murieron violentamente o de simple consunción. El caso es que estan muertos. Hace años. Hace siglos. Y sus altisonancias, sus visajes, sus intentos de retornos son yertos, vacíos. Pura ceniza.

¿Podrán regresar a Cuba algún día? Sí. Porque la tercera República, una vez consolidada, ha de serlo con todos y para todos, como quería Martí. Pero ahora, en el quehacer redencionista, sus nombres son rémora, freno, discordia, dispersión.

Cuba necesita otra cosa. Otra cosa que no sean esos fuegos fatuos, esa hueca baladronada, ese cementerio. Cuba necesita fe, limpieza, renovado valor.

Y eso no pueden darlo los cadáveres. Como tampoco pueden darlo los que se imaginan ser ombligos de un mundo que no existe. Porque todo está por crear. Todo está por hacer.

¿Quién le ha dicho a un señor que salió huyendo de Cuba en los albores del 59, que porque Fidel Castro hundió en sangre y oprobio una hermosa revolución emancipadora, tuvo razón ayer para oprimir, robar y hasta matar a sus conciudadanos y tiene derecho hoy para representar a la Cuba del destierro y del combate?

¿Quién le ha dicho a un señor que porque subió a la Sierra o puso diez petardos cuando Batista, tiene derecho a repartir salvoconductos, a llenar frentes de cenizas, a decidir sobre quienes tienen derecho o no a ofrendar su vida por la libertad de su patria?

Y en definitiva: ¿Quién le ha dicho a nadie que los galones militares y políticos se ganan en los exilios con intrigas, con zancadillas, con tenias verbales o escritas?

HUMBERTO MEDRANO

No. Es inútil a estas alturas seguir forcejeando sobre lo que se ha hecho o impidiendo con querellas infecundas que se echen los cimientos de lo que está por hacer.

Alrededor de las actuales dirigencias es menester aglutinarse. No son perfectas. De acuerdo. Pero son las que tenemos. Tienen que reorganizarse y extenderse para reforzar y galvanizar esfuerzos y propósitos. Pero hay que empezar por cerrar filas junto a ellas.

Esto lo decimos con la firmeza de nuestra independencia de criterio, por mantener la cual sacrificamos cuanto poseíamos. Y con la autoridad de quien no tiene más compromisos políticos que con la lucha para liberar su patria irredenta.

Pedimos pues, respeto y adhesión para esas dirigencias. Pedimos que no se les sabotee más. Que no se les critique más por el gusto de andar siempre refunfuñando contra todo. Que cese el peloteo de fango y se acaben las contraproducentes "carreritas" interestatales para ver un americano "muy ligado por arriba". Que no se repitan más los papelazos Washington. D.C.

Pero al mismo tiempo pedimos acción a esas actuales dirigencias. Sabemos que es en la acción en lo que se hayan empeñadas. Pero insistimos en que no desmayen un segundo, en que se paren bonito y no den un paso atrás. Les pedimos, en suma, que hagan la guerra. Porque lo que hace falta son más tiros y menos cheques.

Ese es nuestro criterio. Y ese -lo intuímos- es el criterio de la inmensa mayoría de Cuba. La de adentro y la de afuera.

Hay que meterles en la cabeza a los americanos que a estas alturas no queda por hacer otra cosa que la guerra. No pueden petrificarse ni petrificarnos. No podemos consumirnos en el exilio, en la inanición, en las disculpas, en las explicaciones que a nadie convencen. Ya nadie escu-

SIN PATRIA, PERO SIN AMO

cha ni razona. Se ha dicho demasiado. Kennedy se echó la culpa. El Consejo se echó la culpa. La tomatera se declaró culpable.

Pero Fidel Castro sigue ahí. Y Rusia sigue ahí. Y el comunismo sigue ahí. Y ahí es Cuba, la nuestra, la amada, la distante. La que nadie nos va a devolver si no queremos y sabemos rescatarla. No olvidemos nunca que es a nosotros a quienes duele de verdad. A quienes nos falta. A quienes nos desespera sentirla lejos, saberla esclavizada.

Por lo tanto, desentendámonos de toda esa escoria mental de los dimes y diretes. Desmontemos de una vez el gastado tingladillo de los eternos artistas del "come back Démonos cuenta que fuera de nuestra patria -aquí o en cualquier parte- nada valemos. Que valdremos en Cuba, cuando sepamos liberarla y rehacerla.

Y que es un triste papel, aparte de inútil y contraproducente, estar peleándonos por las sonrisas de unos Místeres que son muy buena gente, pero que sólo nos respetarán de verdad cuando desde nuestra tierra libre y soberana les tendamos -de igual a igual- la mano amiga y democrática.

Miami, Agosto 12 de 1961.

HUMBERTO MEDRANO

MACEO: 1962

Hoy, 7 de diciembre, se conmemora la muerte de Antonio Maceo. Todo cubano que lo sea --algunos hay que no lo son o no merecen serlo aunque hayan nacido en Cuba-- tienen el deber de recordarlo. Ese deber puede ser un triste deber que por el orgullo patriótico que encierra, se convierte en privilegio. No todos los pueblos tienen la honra de haber parido un Titán de esa estatura.

Pero a Maceo no podemos recordarlo con palabras. Su memoria no puede ser honrada con frases de clisé. Porque no hay palabras que puedan dar la exacta dimensión de su heroísmo ni la verdadera significación de su sacrificio. El amor de Maceo a Cuba Libre sólo puede medirse con las cicatrices morales y materiales que le fueron dejando el destierro y las batallas. Y sólo habría derecho a referirse a ellas, cuando las heridas del combate hicieran brotar nuestra sangre como brotó la de él para regar la simiente de la libertad cubana.

No. No creamos los que hoy hablamos y escribimos sobre Maceo que estamos rindiéndole homenaje. Si tuviéramos patria, el homenaje sería la conducta limpia; sería el esfuerzo creador. Sin patria, como estamos ahora, el homenaje no puede rendírsele si no es con un rifle en la mano.

SIN PATRIA, PERO SIN AMO

¿Qué hacemos hablando del patriotismo y la bravura del jovenzuelo que se incorporó a la partida de Juan Bautista Rondón en 1868, mientras haya jovenzuelos en 1962 que no estén dispuestos a imitarlo?

¿Qué hacemos con hablar de las hombradas de Maceo en los encuentros de Majaguabo Arriba, Naranjo, Las Guásimas, Sao del Indio, Peralejo, mientras haya los que prefieran la disculpa a la acción, el acomodamiento egoísta a los duros deberes que impone la lucha?

¿Qué hacemos con cantar las glorias de Mal Tiempo mientras haya los que prefieren el "buen tiempo" de la resignación cobarde o del arraigo en tierras amistosas pero que no son las nuestras, ni son las que Maceo nos legara libres al precio de su sangre?

No. No tenemos derecho a hablar del hombre irreductible de Baraguá mientras no seamos como él, irreductibles. No tenemos derecho a andar del brazo de retóricas baldías por los caminos de la epopeya de Iguará, Coliseo, Ceja del Negro y Las Taironas, porque esos caminos los trazó Maceo con un arma en la mano. No tenemos derecho a levantar tribunas patrioteras sobre el cadáver del que no tuvo más tribuna que la silla de un caballo, ni más forma de expresión que el filo de un machete.

Cuando Maceo cayó en Punta Brava con el machete en alto y el pecho humeante de plomo enemigo, no cayó para servirle de tema a verbosos penegiristas, ni de estribo a jinetes de caballos de paso. La imagen de su muerte: holocausto y bravura, no pudo ser inmortalizada simplemente ayer con una estatua ecuestre en un parque de la Habana. De la misma manera, hoy no pueden servir de careta para los granujas o de asidero para los trepadores, ni su muerte gloriosa, ni el limpio itinerario de su vida.

Maceo, para nosotros hoy tiene que ser ejemplo. Su vida

debe ser derrotero; su muerte, acicate. A quien todo lo dió por su patria, la vida incluso, no se le puede ofrecer palabrería. Y mucho menos hoy, cuando esa patria por cuya independencia y soberanía cayera aquel corazón gigantesco, agoniza nuevamente bajo la opresión extranjera. No. Hoy más que nunca tenemos que recordar a Maceo con la acción, porque en Cuba esclavizada hay un injerto miserable de invasor y cipayo que lo está recordando con la traición. Hoy más que nunca tenemos que recordar a Maceo con la rebeldía porque en Cuba, los que dijeron ser herederos de ella, están mancillando su memoria con la más abyecta de las sumisiones a un amo extranjero.

Hoy más que nunca, para recordar a Maceo, tenemos que recordar que junto a la bandera que él enarbolara y paseara a sangre y fuego a todo lo largo de la Isla, para que ondeara definitivamente sola y gallarda en los mástiles patrios, manos renegadas han izado un trapo rojo importado precisamente para rebajarla y ofenderla. Y saber que Maceo no puede descansar mientras no se arríe ese trapo intruso. Y que no seremos dignos hijos de Maceo mientras no lo arriemos y volvamos a izar su bandera libre, esplendorosa, única.

Ese es nuestro deber. Y tenemos que cumplirlo de una forma o de otra. Hasta que lo hagamos, no podremos hablar de Maceo. Porque su gesta libertadora no puede recordarse en la esclavitud con simples frases rutinarias, por fulgurantes que sean. A Maceo, mientras no se tenga patria, hay que recordarlo con una sola frase:

"¡A degüello!"

Miami, Diciembre 7 de 1962.

SIN PATRIA, PERO SIN AMO

MR. FREEDMAN ESE "NEGOCIO" NO VA

Hace dos noches hubo un interesantísimo debate por la televisión.

De una parte, el señor George Smathers, Senador demócrata por la Florida. De la otra, el señor Freedman, corresponsal en Washington del "Manchester Guardian". Freedman, defendiendo veladamente el castro-comunismo. Smathers, defendiendo abiertamente la libertad.

Después de oir a Freedman, no sabemos si es un "idiota útil" o un emboscado. Pero de lo que no tenemos dudas es de que defendió las tesis comunista lo mejor que pudo. Mostrando sobre todo, esa habilidad dialéctica tan peculiar de los "camaradas" o los "aprendices de camaradas", para ir oblicuamente al objetivo.

Freedman no elogió a Fidel Castro. Pero en cambio trató de desacreditar a sus adversarios. Dijo inclusive que él, Freedman, estaba en contra de Fidel Castro. Pero repitió con una curiosa ingenuidad los argumentos de Fidel Castro, las falsedades de Fidel Castro, las cínicas exageraciones de Fidel Castro. Puso especial empeño en la tesis de la negociación. Tesis que no es inédita. Antes que Freedman ya la habían expuesto Fidel Castro, Kruschev y el "Che" Guevara. Pero parece que a este señor Freedman le gusta andar en buena compañía.

HUMBERTO MEDRANO

La tesis consiste en que se debe negociar con Fidel Castro, en llegar a entendimientos con él. Dicha en dos palabras y para usar la propia terminología comunista, llegar con él y con su régimen a la coexistencia pacífica. Para lo cual es indispensable la aceptación del hecho político consumado de su gobierno pro soviético. Y por supuesto, la cohonestación de sus despojos, de sus atentados a la libertad y de sus crímenes.

Según Freedman, quienes primero tienen que intentar negociar con Fidel Castro son los Estados Unidos. Freedman parece que no se ha enterado de las veces que los Estados Unidos intentaron desde un principio negociar con él. O las conoce, Pero tiene muy mala memoria. O se le ha dado la consigna del olvido.

Las visitas y las ofertas que hiciera el Embajador Bonsal al gobierno de Castro fueron incontables. Algunas veces ni lo recibían. Otras, lo atendían después de horas de humillante espera. Pero sus ofertas siempre recibieron rotundas negativas o despreciativo silencio.

Hay muchas pruebas. Señalaremos una a manera de ejemplo:

A través del Presidente del Banco Nacional, que lo era entonces el doctor Felipe Pazos, y del Presidente del Banco de Fomento Agrícola e Industrial, el doctor Justo Carrillo, los Estados Unidos le ofrecieron al gobierno castrista un préstamo inicial de cuarenta millones de dólares para establecer una fábrica de acero en las minas de Moa. Las condiciones se las dejaban a Castro a su elección. No era posible mayor demostración de buena voluntad. La oferta, sin embargo, fué rechazada.

Como éstas, fueron rechazadas muchas más. Y si no se negoció, no fué por culpa de Estados Unidos. Era que Fidel Castro no podía negociar con los americanos porque ya estaba comprometido a negociar con los rusos.

SIN PATRIA, PERO SIN AMO

Por eso ofendían a los Estados Unidos casi diariamente en la tribuna pública y tronaban contra la cuota azucarera que tan bien nos pagaba el Tío Sam diciendo que representaba históricamente un yugo colonial. Había que provocar a los Estados Unidos. Había que agotarles la paciencia. Cuando en el colmo de las ofensas los americanos suprimieron la cuota, entonces Fidel Castro puso el grito en el infierno contra el imperialismo y dijo que en definitiva Rusia la compraría. Lo que ocurría es que hacía mucho tiempo que Fidel Castro se había comprometido con Mikoyan firmando un Tratado para venderle a Rusia a un precio irrisorio las zafras azucareras cubanas a cambio de armas, de consejeros y de espías disfrazados de técnicos.

El gobierno de Fidel Castro le debía a las compañías petroleras venezolanas y americanas sesenta millones de dólares. Estas compañías le ofrecieron congelar la deuda y extenderle un nuevo crédito. Pero Fidel Castro había comprado ya petróleo ruso y en lugar de aceptar la generosa oferta quiso obligar a las compañías americanas a refinarlo. Cuando se negaron, volvió a tronar contra el imperialismo y se apropió de las refinerías.

Como si fuera poco su constante negativa de entendimiento con los Estados Unidos; su perenne rechazo a toda oferta respetuosa y conciliadora; como si fuera poco la agresión de las confiscaciones a las propiedades americanas sin pagar un solo centavo, Castro fué a la ONU. Allí se abrazó con Kruschev. Allí denostó a los Estados Unidos. Allí elogió al comunismo. Allí difamó a la democracia americana. Allí apoyó al bloque socialista en todas sus proyecciones y planteamientos. Allí probó su tremendo cinismo repudiando el militarismo mientras él era el único delegado en la Asamblea que vestía un uniforme militar.

¿Qué tienen que hacer los Estados Unidos, señor Freedman, para negociar con Castro? ¿Aceptarle sus confiscaciones arbitrarias, tragarse sus insultos, ver con buenos ojos sus abierta militancia en el bloque soviético, permitirle que sea una base de operaciones para la propaganda comunista y anti-americana en la América y encima darle dinero y explicaciones?

¿Qué quiere el señor Freedman que hagan los Estados Unidos? ¿Que honren al enemigo, que lo exalten, que lo ayuden, que lo fortalezcan, que le den calor a una serpiente que habrá de morderlos en el talón de Aquiles cuando más necesiten los Estados Unidos apoyarse en él?

Por último, puede que el señor Freedman confíe en que los gobernantes americanos, en un repentino ataque de locura acepten negociar con su mortal enemigo. ¿Pero se imagina el señor Freedman que los cientos de miles de cubanos que hemos sido perseguidos, encarcelados, ultrajados, despojados de todos nuestros derechos y de todas nuestras libertades que hemos perdido no sólo el fruto de nuestro esfuerzo honrado, sino lo más importante: a nuestros seres queridos asesinados por el comunismo; se imagina, repito, el señor Freedman, que esos cubanos vamos a negociar con el autor moral y material de toda esta tragedia, de toda esta desgracia. de todo el vandalismo de toda esta barbarie?

¿Nos puede explicar el señor Freedman como negocia un pueblo su decoro?

¿Puede explicarnos este flamante negociador del "Manchester Guardian" cómo negocian una madre, un padre o un hermano con la sangre aún caliente de quienes fueran carne de su carne y sangre de su sangre?

¿Quiere acaso el señor Freedman que los cubanos vayamos a Cuba ultrajados, empobrecidos, con las familias mutiladas a decirle a Fidel Castro que no lo combatiremos más a cambio de que nos deje vivir allí sin derechos, sin libertades y sin dignidad?

SIN PATRIA, PERO SIN AMO

¿Cree acaso el señor Freedman que los cubanos que pelearon en dos guerras contra una metrópoli poderosa para liberarse y después derrocaron a sangre y fuego dos tiranías, van a negociar para que se les permita vivir sometidos a un amo y por añadidura **extranjero**?

No, señor Freedman, Bájese de esa nube. Los cubanos ni negociamos, ni vamos a permitir a nadie que negocie en nombre de nostros.

Hay cosas, señor Freedman, que no son negociables. Una de ellas es la vergüenza. Otra es el amor a una patria por la que tantos cubanos dieron la vida para legárnosla libre y soberana.

A usted no le importará que la bandera cubana haya sido suplantada por la rusa, pero a nosotros sí. A usted no le importará que los niños cubanos sean educados en el desprecio a sus padres y en la adoración a los patriarcas del comunismo, pero a nosotros sí. A usted no le importara que se profanen los templos, se clausuren los periódicos se proscriba el sufragio, se fusile en un insaciable paredón tras pantomimas judiciales; a usted no le importara, en su ma, que en Cuba se denigre la justicia y se pisotee la dignidad humana, pero a nosotros sí.

A nosotros sí, señor Freedman, porque nosotros amamos a Dios, porque amamos a nuestros hijos, porque amamos nuestro derecho a educarlos y a enseñarlos a que respeten a sus padres, porque hemos peleado y estamos dispuestos a seguir peleando por el derecho a decir lo que pensamos y a elegir por nuestra libérrima voluntad a nuestros gobernantes. Porque no estamos dispuestos a que en nuestra patria, por muchos Freedman que hablen sobre ella sin conocerla sin autoridad y sin derecho, se enseñoreen extranjeros nauseabundos que vienen a prostituirla a esclavizarla y a saquearla.

Usted afirmó que Fidel Castro con doce hombres hizo una revolución para liberar a un pueblo de la miseria y de la ignorancia. Mentira. En primer lugar no fueron Fidel Castro y sus famosos 12 hombres que huyeron y se escondieron todo el tiempo en las cuevas de la Sierra Maestra los que hicieron la Revolución: fué el pueblo de Cuba. Ellos fueron un símbolo, hasta que la traicionaron. Ellos no pelearon ni siquiera en la Sierra. Pelearon allí los que llegaron después que ellos, muchos de los cuales están muertos, asesinados por los comunistas, como el Comandante Cristino Naranjo, ayudante de Camilo Cienfuegos; otros, en la cárcel como el Comandante Huber Matos; otros en el exilio; como el Comandante Nino Díaz, el Comandante Díaz Lanz y el Capitan Jorge Sotús.

Y en segundo lugar, ese pueblo hizo su revolución para establecer los derechos que le habían sido arrebatados por una dictadura militar. Entre esos derechos estaba el de elegir libre y legítimamente a sus gobernantes sin que nadie pudiera imponérsele por la fuerza.

Sin embargo, ese es el primer derecho que Fidel Castro, después de prometer su restablecimiento, le negó al pueblo que, precisamente peleó y murió por restaurarlo.

-Sepa, pues, señor Freedman que el pueblo cubano no negociará con traidores jamás.

Y déjeme decirle que nos sentimos capaces de afirmarle que ni el pueblo americano ni sus gobernantes negociarán tampoco.

Por lo tanto, nos parece que a usted no le va a quedar más remedio que negociar solo.

Siendo así, le sugerimos que vaya a Cuba a vender carne, huevos, pescado, viandas, vegetales, jabones o medicinas, que no hay.

Pero si lo que le gusta es la negociación del toma y daca, le sugerimos que le proponga a Fidel Castro cam-

SIN PATRIA, PERO SIN AMO

biarse usted por el estudiante Alberto Muller, que al momento de escribir estas líneas está al borde del fusilamiento o de la cadena perpetua, sin ser latifundista, ni capitalista, ni propietario, ni batistiano. No es más que un estudiante, apenas un niño, que será condenado irremisiblemente por combatir de frente ese régimen de oprobio y de sangre con el que usted y tantos otros sospechosos apaciguadores están tan ansiosos de negociar.

Miami, Agosto 24 de 1961.

P/S. El estudiante Alberto Muller fué condenado a 30 años.

EL CAMINO DEL DEBER

Voceros de la tiranía castrista acaban de anunciar la muerte del patriota Osvaldo Ramírez. Dicen que cayó en un encuentro con las fuerzas mercenarias del comunismo. Ojalá sea una patraña más de estos voceros de la infamia.

Pero si fuera cierto, deberíamos hacer un alto en esta chillería enana del exilio, en esta batalla sintética de la calle Flagler, para honrar la memoria de un guerrero de verdad muerto en combate por la libertad de Cuba.

Osvaldo Ramírez no era miembro de ninguna de esas organizaciones que se disputan fuera de Cuba la dirección de la guerra que hay que librar en Cuba.

Osvaldo Ramírez no era lo que se ha dado en llamar pomposamente "un dirigente del exilio."

Osvaldo Ramírez no se preocupó nunca por quienes eran esos dirigentes, ni le pidió permiso a nadie para coger el rifle, ni subordinó al predominio político de determinados nombres, su decisión de combatir.

Osvaldo Ramírez no era combatiente de papelito o de relato.

Osvaldo Ramírez, simplemente, le echó mano a un fusil y se fué al Escambray.

Allí ha estado casi tres años. Burlando unas veces las

SIN PATRIA, PERO SIN AMO

poderosas fuerzas que el comunismo lanzara en su persecución. Rechazándolas otras o abriéndose paso a tiros por entre ellas con un coraje de leyenda. Pero siempre combatiendo. Como un símbolo gallardo de la rebeldía cubana.

Durante ese tiempo, deben haberle llegado al guerrero serrano muchas trasmisiones radiales y tal vez, los recortes de algunos "anuncios políticos pagados" de Miami. Así se habrá enterado el insurrecto de las miles, de razones que tenemos los exilados para descalificarnos mutuamente. Y sobre todo, de las miles de razones que nos han impedido hacer la guerra.

Y en la soledad de esas cumbres augustas de la Cordillera villareña, se habrá preguntado muchas veces cómo es posible que hayamos encontrado tantas razones para explicar la falta de acción y no hayamos podido encontrar una sola para desatarla. Por qué en lugar de estar vociferando tanto pidiendo armas para hacer la guerra, no las conseguimos como fuera, para mandárselas a quienes ya estaban haciéndola. Por qué en vez de hablar tanto no hemos sido capaces de encontrar la manera de juntarnos para unirnos a los que como él no necesitaron de tanta palabrería para irse al monte.

Sí, todo esto se habrá preguntado Osvaldo Ramírez en la amargura de su heroísmo solitario. Y seguramente no habrá encontrado ninguna respuesta satisfactoria. Porque no hay excusas para el incumplimiento del deber.

Hoy ha caído Osvaldo Ramírez -sí ha caído- como caen los hombres: sin dar explicaciones. Junto a él, herido, un compañero bravo: el Congo Pacheco. Sobre esa sangre cubana, el exilio no ha puesto más que ambiciones, indiferencia y palabrería.

Sin embargo, estamos a tiempo de poner también un

acto de contrición. Si lo hacemos, la muerte de Osvaldo Ramírez, de ser cierta, no sería tan desgarradora. Incluso sería útil, si nos damos cuenta que es una vergüenza que haya cubanos que estén muriendo en Cuba con un arma en la mano, mientras en el extranjero los hay viviendo mejor o peor con una "jaba" o con un cheque. Si pensamos más en hacer la guerra que en quienes la hacen. Si vamos silenciosamente, sin alharacas, sin pujos patrioteros, sin mendigar a nadie y sin pedir permiso a nadie, juntándonos, reuniendo las armas y poniendo de acero la decisión de combatir.

Esa será la única forma de volver a tener patria. De volver a tenerla digna y libre. Y de poder tener otra vez el derecho y el orgullo de llamarnos cubanos. Y la única manera de que no sea inútil la muerte de Osvaldo Ramírez: ese guerrero erguido y solitario que sin permiso de nadie murió en Cuba peleando para enseñarnos a todos el camino del honor y del deber.

Miami, Abril 20 de 1962.

SIN PATRIA, PERO SIN AMO

EL HONGO

La explosión nuclear en la atmósfera realizada por Estados Unidos ha levantado un "hongo" de comentarios tan grande como el de la propia explosión.
Los rusos abiertamente en contra.
De Gaulle, abiertamente a favor.
Entre ambos, los tibios, los escurridizos, los vacilantes. Los que les gusta vivir - ¿por cuánto tiempo más? - encendiéndole una vela a Dios y otra al diablo.
Creemos que esta es hora de definiciones. Incluso para el simple hombre de la calle. Como tal opinamos que los Estados Unidos han hecho bien reanudando las pruebas nucleares. Los rusos ya lo hicieron. Si los Estados Unidos no lo hacen se quedarían atrás. Hecho que no comprenden los timoratos y que agradaría mucho a los emboscados.
El 3 de noviembre de 1958, los rusos llevaron a cabo su última prueba nuclear a la víspera del acuerdo de suspensión. A partir de entonces, las investigaciones atómicas continuaron sin estallidos peligrosos. Se empezó a hablar de átomos para la paz.
Los rusos construían barcos de propulsión atómica. Los americanos probaban submarinos de propulsión similar. El "Nautilus" navegó bajo el casquete polar. Se ex-

perimentaba para lograr la aplicación de la energía atómica en los transportes, en el funcionamiento de las fábricas, en los viajes interplanetarios.

Así, a pesar de que seguían los gruñidos, las agresiones verbales, las infiltraciones y los "copos" de la guerra fría, la humanidad, con las reservas del caso, acariciaba la esperanza de vivir en un mundo políticamente equilibrado, sin riesgo de convertirse repentinamente en lo que alguien llamó "el infierno de un átomo detonado por la ira".

Esto planteaba a los Estados Unidos un dilema: o reiniciaban las pruebas por su parte para ganar el terreno perdido ante la perfidia rusa o ellos, y con ellos el mundo libre, quedarían a merced del poderío atómico de la Unión Soviética.

¿Qué hacer?

Lo que han hecho: acometer las pruebas de nuevo. Fortalecer su vigor atómico ofensivo y defensivo. Sí, ser fuertes, porque nadie respeta a los débiles. Y Rusia menos que nadie.

Esto los expone a la reconvención plañidera de los idiotas útiles y a la censura prostituída de todos los pacifistas a lo Nehru que recomiendan a los demás el arreglo sereno de sus diferencias mientras ellos arreglan las suyas a cañonazos. Pero es preferible arrostrar las críticas de las palomas y de los gavilanes a dejar la humanidad indefensa ante el canibalismo atómico de estos artífices de la barbarie.

Adelante, Tío Sam: pega. Sigue pegando.

Que no te detenga la chillería de los cobardes. Que no te haga retroceder el turbio vocerío de estos sospechosos "humanistas" que no aparecieron por ninguna parte cuando Rusia estalló las bombas que le dió la gana. ¿Dónde estaban

SIN PATRIA, PERO SIN AMO

entonces?¿Por qué no protestaron con la misma indigna--ción que ahora lo hacen?¿Por qué no formaron entonces los piquetes que ahora forman?

Es que tras el disfraz de un curioso pacifismo que solo se siente amenazado cuando América habla su lenguaje de combate, se esconden tus enemigos, Uncle Sam, nuestros enemigos, los enemigos de la libertad, llámense como se llamen.

Mantente firme, pues. No cedas. No te aflojes. Acuérdate que estás defendiendo los principios más sagrados del hombre: la Libertad, el Decoro, la Justicia. Tienes pues, la razón. Tienes la fuerza. Demuéstrala. Y cuando tengas que usarla, úsala. Junto a ti estaremos todos los hombres libres.

Estalla las bombas que estimes conveniente. Esa es la artillería de la democracia. Fortalécela. Y acuérdate de Cuba. Acuérdate que la no intervención es otro pretexto de los comunistas más o menos encubiertos para que no nos ayudes, para que te hagas de la vista gorda mientras te dinamitan la puerta de tu propia casa.

Ayúdanos. No pedimos tus marinos. Queremos solamente tu ayuda franca y abierta en armas capaces de enfrentar las que Rusia ha dado a nuestros enemigos, que son también los tuyos.

Ya hemos aguantado bastante, Uncle Sam. Ya hemos explicado bastante. Vamos a pelear y a ganar. Vamos al éxito.

Pega y recuerda como dijera Baltasar Gracián, que "el éxito no necesita dar explicaciones."

Miami, Abril 29 de 1962.

HUMBERTO MEDRANO

Y ENTONCES: CARUPANO

El comunismo acaba de ser derrotado dos veces: con votos en Colombia; con balas en Venezuela. Porque el comunismo no es invencible. Todo lo contrario.

Pero ocurre que uno de los principales objetivos de su propaganda es crearse esa aureola de invencibilidad. Con ella medran entre aquéllos que con una amenaza o con un vocerío, se les pone el ombligo bajo cero.

Es cierto que han obtenido triunfos y que los siguen obteniendo. Es cierto que son osados. Pero ni las victorias ni la audacia se basan en su propia fortaleza, sino en la debilidad de los demás.

Ellos no se lanzan al ataque frontal a menos que hayan comprobado que el adversario no es capaz de resistirlos y vencerlos. Atacan al enemigo fuerte cuando además es torpe o cuando es confiado en demasía. Por eso sus armas favoritas son la simulación y la sorpresa.

Claro que a veces son ellos los que se confían demasiado. Entonces calculan mal y se lanzan al abordaje de un acorazado creyendo que es un barco mercante. Y entonces: Carúpano.

Esto no supone, naturalmente, que los creamos inofensivos. Sería idiota pensarlo. Lo que planteamos es que no son invulnerables. Y que quienes crean en su invulnerabilidad

SIN PATRIA, PERO SIN AMO

les están haciendo el juego.

Anda por ahí una frasecita indigna y cobardona que reza: "Better red than dead". (Mejor rojo que muerto.) Esta frase fué acuñada en Moscú. Forma parte de la propaganda soviética. Su tesis, esencialmente derrotista, de sometimiento y conformidad ante lo que pintan irremediable, tiene el sello del objetivo principal del comunismo: que el enemigo se considere vencido y se rinda sin pelear.

Por eso la propagan los compinches. Por eso la repiten los blandengues. Esos que se acoquinan ante los triunfos circunstanciales del comunismo sin pensar que muchos de esos triunfos no son producto de su fuerza, sino del engaño. Y en no pocos casos, se han producido por la actitud vacilante de los que no acaban de adoptar una postura definida de combate frente al comunismo. Unica forma de vencerlo.

Y ahí están Colombia y Venezuela para demostrarlo.

¿Quiere decir que los han vencido definitivamente? No. Sería suicida creerlo. Siempre es suicida dormirse sobre los laureles.

Pero lo que esos dos países han demostrado con las urnas y con las armas, es que la intriga comunista y aún la rebelión comunista, pueden ser vencidas. Que los candidatos que pactan con el comunismo, pierden. Y los que se paran a pelear abiertamente contra el comunismo, ganan. Que los gobernantes que pretenden mantenerse en el poder pactando con los comunistas o entrando en componendas con ellos, terminan derrocados. Y los gobernantes que se enfrentan al comunismo con una tesis democrática definida y al mismo tiempo con una decisión inquebrantable de entrarle a cañonazos a la hora cero, son los gobernantes que se quedan y los que cuentan con el apoyo de los pueblos y de los ejércitos que representan a esos pueblos.

López Michelsen derrotado en Colombia; Frondizi depuesto y recluído en la Isla de Martín García y Arosemena debajo de la cama, deben estarlo comprobando.

Como lo comprobaron los que se pusieron con "parejerías" en Carúpano.

No. El comunismo no es invencible. Como no es invencible Fidel Castro.

Fidel Castro está ahí porque en vez de acabar de decidirnos a volarle la cabeza andamos desunidos discutiendo sobre la que va a sustituírla.

Y porque el gobierno de Estados Unidos no acaba de decidirse tampoco a darle a sus amigos la ayuda abierta que Rusia le da a los suyos.

El día que se decida, ya verá que hay suficientes cubanos que no ambicionan presidencias, ni jefaturas, ni ministerios; que no quieren restaurar a nadie, ni mantener a nadie, ni imponer a nadie; que son capaces, sin desembarcos de **marines,** de libertar a Cuba.

Miami, Mayo 11 de 1962.

SIN PATRIA, PERO SIN AMO

EN NOMBRE DE TODOS LOS AUSENTES

Un año tiene trescientos sesenta y cinco días. Nos lo enseñan en la escuela. Y si es bisiesto, nos advierten, tiene trescientos sesenta y seis. Lo que no nos dicen en la escuela es cuántos días tiene un año de destierro. Ni el largo de esos días. Ni el tamaño de esa pena.

No podrían decírnoslo tampoco. Nadie podría medir desde su patria la dolorida distancia que nos separa cuando estamos lejos de ella. Ni nadie entendería con qué lentitud se arrastra el tiempo, ni cuán honda es la angustia de la espera.

Eso es en definitiva el destierro: espera.

Espera interminable de un regreso. Espera ansiosa de noticias de la tierra, de la familia, de los amigos. Espera y ansiedad. Ansiedad y espera.

Por bella que sea la tierra que nos acoja. Por buenas que nos sean las gentes de esa tierra, nunca termina la ansiedad, nunca acaba la espera. Nadie puede conformarse. Nadie se resigna. Se puede tener un espíritu inquieto, cosmopolita, incluso trashumante. Se puede amar con intensidad de panorama extraño. La convivencia con gente hasta ayer desconocida. Pero la paz de espíritu, el goce del vagabundeo, el disfrute visual de nuevos panoramas, necesitan de las seguridades del retorno. Saber que en cualquier momento podemos regresar a lo nuestro, a la tierra donde nacimos, a la familiaridad de nuestras cosas, al calor de nuestros cariños primeros.

Cuando esta seguridad no existe; cuando ni siquiera existe la posibilidad, todo el encanto del sitio donde estamos desaparece. En su lugar no queda más que la nostalgia y el dolor de la ausencia.

Un día como hoy, veinte de mayo, tuvimos que salir de Cuba, por la puerta forzada del exilio. Precisamente un veinte de mayo. No es extraño. El día que se celebra en Cuba la inauguración de la República independiente y soberana, es natural que tuvieran que abandonarla cubanos que la amaban y la siguen amando así: cubana y libre. Porque en el poder estaban los que iban a convertir la República de Cuba en una "república socialista del Caribe", un eslabón más de la cadena totalitaria de la Unión Soviética. Sí, era lógico que partiéramos. Pero confesamos que nos fué doloroso en extremo.

No creemos que nuestro amor por Cuba sea mayor que el de cualquier otro cubano. Pero tal vez, como nacimos tierra adentro, lleváramos más ahincada y sensible su imagen. Porque no son las ciudades las que le dan fisonomía a una nación joven. Lo urbano se transforma.

Es la imagen rural, la silueta de su topografía, la impronta de su naturaleza, lo que representa a la patria con más cabalidad y permanencia.

Por eso cuando viajábamos hacia el aeropuerto íbamos contando las palmas, las ceibas, los flamboyanes florecidos. Y atesorando en el alma lo más que pudimos de aquel panorama verde y luminoso. Incluso a los retorcidos y descarnados almácigos —buenos, tan solo, como los piñones, para quedar prisioneros y heridos por los alambres de púas de las cercas— les hicimos una caricia visual de despedi-

SIN PATRIA, PERO SIN AMO

da.

Decía Francois Mauriac que el que nace en el campo siempre lleva el sabor de la tierra entre los dientes. Nunca como entonces lo sentimos apretado entre los nuestros. Porque nos alejábamos de ella --multicolor, ardiente-- sin saber cuando la volveríamos a ver...

Hoy hace un año de aquel día que tuvimos que alejarnos de Cuba. Han pasado exactamente trescientos sesenta y cinco siglos. Pero confieso que el dolor de aquella separación está tan vivo como si hubiera acabado de ocurrir. Y extraño a mi patria más que nunca, y la amo más que nunca. Y más que nunca siento su tragedia, que es la nuestra.

Aquí en Miami hemos hecho algunos buenos amigos. Y es evidente que el clima es parecido al de nuestra tierra y que si caminamos un poco nos encontramos como en Cuba, el mar. Todo eso es cierto. Y más. Que en la mayoría de los naturales de esta tierra hemos encontrado apoyo y comprensión.

Pero para nosotros no puede haber nada más hermoso, ni más brillante, ni más acogedor que nuestra isla pequeña y luminosa. Ni cielo como el nuestro. Ni mar, como ese mar dorado ni tierra como esa tierra apasionada que todos los días devuelve --devolvía-- en ardientes sonrisas los besos antillanos del sol.

Claro que no es esa ya la imagen de la patria. Hoy se ha vuelto para todos sangre, dolor y lágrimas. Pero un día como hoy no podemos evitar recordarla como era antes de que llegaran los bárbaros. Antes de que los tanques rusos destrozaran su dulzura, su lealtad, su gracejo, su hidalguía, su generosidad. Además, estamos seguros que para restaurarla, echaremos de ella esa plaga, cueste lo que cueste.

HUMBERTO MEDRANO

Pero hoy te recordamos Cuba, en nombre de todos los ausentes. Cuba insustituíble. Cuba inolvidable. Y es tanta la amargura que sentimos en esta lejanía que no tenemos más sentidos que para la ausencia. Viviéramos donde viviéramos, nos faltaría todo porque nos falta Cuba. Y confesamos que amamos y necesitamos tanto esa tierra nuestra, que no volveremos a tener alegría hasta que retornemos a vivir o a morir en ella.

Miami, Mayo 20 de 1961.

SIN PATRIA, PERO SIN AMO

Respuesta al Jefe de la Delegación del Brasil en Punta del Este

EL HIJO PRODIGO

En las postrimerías de la Conferencia de Punta del Este, el ministro de Hacienda del Brasil, señor Clemente Mariani --Jefe de la Delegación de su país dijo que "confiaba en que el éxito de la Alianza para el Progreso en el resto del Hemisferio obligaría a Cuba a volver al seno de la comunidad americana".

¿A qué Cuba se refiere, señor Ministro?

¿A la Cuba de Castro y de Kruschev?

¿A esa Cuba dictatorial y anti-democrática que ha abolido el sufragio, el derecho de propiedad, la libre empresa, la libertad de expresión, la libertad de enseñanza, la libertad de cultos?

¿A esa Cuba donde ha desaparecido el derecho a ser juzgado por un tribunal competente, a ser defendido por un abogado, a no ser condenado por delitos que no establezcan previamente los códigos; donde se ha suprimido el Habeas Corpus, se ha perseguido al Poder Judicial que casi en pleno se halla en el exilio y donde se encarcela a los letrados por "contrarrevolucionarios"?

¿Se trata, señor Ministro, de esa Cuba donde se han fusilado maestros como Plinio Prieto; estudiantes como

HUMBERTO MEDRANO

Porfirio Ramírez y Yebra Suárez; campesinos como Sinesio Walsh y Clodomiro Miranda; obreros como Gerardo Fundora, Guillermo Le Santé, Horlirio Méndez y Julio Casielles, por el delito de no ser comunistas y haberse manifestado contra el régimen?

¿Es esa Cuba donde a punta de metralleta checa se han profanado templos, se han ocupado y confiscado periódicos, se han despedido obreros no comunistas de las fábricas y se ha obligado a los campesinos a abandonar el cultivo de sus pequeñas tierras para ingresar en las comunas oficiales a trabajar por un mísero salario que ni siquiera les pagan en dinero?

¿Se refiere el señor Ministro a esa Cuba donde ha desaparecido el derecho de los padres a educar a sus hijos en las ideas políticas y religiosas que ellos profesen y donde cada mes se mandan grupos de niños y jovencitos a ser adoctrinados a los países comunistas?

¿Es a esa Cuba militarizada donde se hace marchar a los niños con armas y se les enseña a delatar a sus padres y hermanos que no piensen como ordena el dictador?

¿Es a esa Cuba donde hace pocos días y con el pretexto de un supuesto atentado al hermanísimo Raúl se han detenido --que allí es como desaparecer para siempre-- 159 personas de las cuales quince fueron ultimadas al "resistirse" a la policía represiva y otros se han "suicidado" en los calabozos según esos informes oficiales que tanto conocen los países que han sufrido sangrientas dictaduras?

¿Es a esa Cuba donde los milicianos castristas penetraron el viernes 4 de agosto a la una de la tarde en el Bar Soroa, en el poblado de Candelaria de la provincia de Pinar del Río y acribillaron a balazos mientras almorzaban a dos ciudadanos: Antonio y Ricardo Amador Rodríguez, hermanos ambos del comentarista radial en el exilio Juan Amador

SIN PATRIA, PERO SIN AMO

Rodríguez de los cuales Antonio murió instantáneamente y Ricardo agoniza con dos balazos en el vientre a la hora que escribimos estas líneas?

¿Es a esa Cuba donde los milicianos comunistas pueden asesinar impunemente a los ciudadanos por considerarlos contrarrevolucionarios?

Y si es a esa Cuba del despojo, de la traición, de la mentira, de la opresión, del terror y del crímen a la que se está refiriendo el señor Jefe de la Delegación brasileña en Punta del Este, ¿puede saberse para qué quiere verla el señor Ministro en el seno de la comunidad americana?

Hay una posibilidad remota, pero la hay, de que el señor Clemente Mariani no se refiera a esa Cuba sino a la Cuba del destierro y del combate, a la Cuba de los doscientos mil exilados, de los cien mil presos políticos, de los miles de fusilados por delante y por detrás del paredón.

Puede que el señor Ministro aluda a la Cuba de los miles de combatientes en el Escambray, en las Sierras de Oriente, en la Cordillera de los Organos o en Playa Girón, exterminados no hace mucho porque ningún político, ningún presidente, ni siquiera algún Ministro de Hacienda como el señor Mariani, todos tan demócratas, tan amantes de la libertad y tan preocupados por los destinos de la comunidad americana, quiso levantar un dedo por los que cayeron luchando por esos destinos, por esa democracia por esas libertades de esa comunidad americana.

Tal vez apunte el señor Ministro a esa Cuba que en la lucha clandestina y en las heroicas montañas orientales y villareñas vuelven a tener activos hoy a sus hijos mejores para que el señor Ministro Mariani y todos los señores ministros y los señores presidentes y todos los pueblos de América sigan gozando de los derechos y las libertades que en Cuba hemos perdido. Pero desgraciadamente para esos hombres ni el señor Mariani, ni ninguno de esos

--excepto Dillon-- que han asistido a Punta del Este y se han codeado con el asesino Guevara y lo han encontrado hasta simpático, ninguno, repito, ha tenido para esos hombres que se están jugando la vida, una palabra de respeto, siquiera de aliento o de solidaridad.

Si es a esa Cuba a la que se ha referido el señor Ministro, dígalo en buena hora. Y dígalo alto y oficialmente, con el mismo tono de voz con que vienen pronunciando en América algunos cancilleres y presidentes traidores a su raza, traidores a sus pueblos y traidores a la dignidad humana, palabras de cobarde y miserable contemporización con Fidel Castro, asesino de hombres, de honras y de libertades.

Porque mientras no lo aclare, seguiremos pensando que el señor ministro Mariani pertenece a esa fuerza politiquera y corrompida, cobarde y aprovechada, que no quiere que ninguna verdad desagradable le turbe la digestión de los millones que le correspondan en el reparto de la Alianza para el Progreso

Salvo prueba en contrario, seguiremos pensando que el señor ministro Clemente Mariani es de los que sueñan en esta hora crítica con la vuelta al pacífico tajaleo diplomático y al contubernio vergonzoso con el enemigo.

Para ello espera el retorno del Hijo Pródigo, que traerá a la comunidad americana sus compromisos secretos con el Kremlin, sus manos ensangrentadas e incluso su desprecio profundo hacia todos estos politicastros que por quedarse un rato más con la chupeta en la boca son capaces de pactar hasta con el diablo.

Miami, Agosto 22 de 1961.

SIN PATRIA, PERO SIN AMO

UN SOLO PROPOSITO

Hoy se cumplen tres años del día en que al pueblo cubano le nació una ilusión esplendorosa. Con los albores de un Primero de Enero como el de hoy, amaneció también para Cuba lo que todos creímos su más límpida aurora de libertad.
El regocijo que estremeció la isla de punta a punta no se produjo porque cayera Fulano, y Mengano tomara los mandos. Eso habría sido una alegría partidarista y por lo tanto impura. El júbilo que encendía los corazones; que hacía a las mujeres más bellas y a los hombres más hombres, provenía de que después de haber vivido entre tantas mentiras y tanta sangre, creíamos estar asistiendo al alumbramiento de la verdad y de la paz. Metas que para los cubanos, no requirieron nunca de la aplicación de fórmulas complejas en lo político o en lo social. Era un simple anhelo popular que creíamos logrado: el advenimiento de un sistema que echara las bases de gobiernos legítimos y honestos donde nadie se impusiera sobre nadie y la ley primara sobre todos. Por eso, hasta algunos partidarios del régimen depuesto; aquellos que aunque fueran batistianos no hicieron de la patria pedestal ni cadalso, compartieron la casi unánime alegría. Siempre conforta ver sonreir a la patria.
Pero esas metas simples parece que son las más difí-

ciles. Y más grande el dolor de no tenerlas cuando creemos haberlas alcanzado. Cuando se evaporó el hermoso espejismo, comprobamos que nunca estuvimos más lejos de ellas.

Pero lo más patético fué aquel espectáculo prolongado algun tiempo en el que mientras los Judas rojos afilaban los puñales, el pueblo no miraba más que los fulgores de su ilusión. Tuvieron que ahogársela en sangre para que comprendiera. Y ahogarla varias veces antes de que ese pueblo cambiara el estupor y la tristeza por la indignación.

Sí. Un día como hoy, todos creímos que ya no penaríamos más. Que ya los hermanos no matarían más hermanos. Que ya las madres no andarían más por ahí con los ojos sin luz y las entrañas asesinadas.

Pero no fué así. Nuevos y peores sufrimientos nos esperaban. Porque nunca se sufre tanto como cuando comprobamos que no hemos cesado de sufrir. Que el dolor sigue infinito, sin término.

Y sobre todo, cuando vemos lo que creímos bálsamo, convertido en espinas. Cuando aquéllos que en un momento supremo depositamos toda nuestra fé, nos la traicionan, nos venden y nos infaman. Cuando nos encontramos cara a cara con uno de esos monstruos que a cada rato paren los oscuros avernos morales, que nos devuelven en salivazos las sonrisas; que nos cercenan con el filo de un odio inconcebible la mano extendida de amistad.

En esos dolores estuvimos. En ellos aún estamos. Haberlos intensificado cuando creímos que vendría a aliviarlos fué y es, en Fidel Castro, su más negra responsabilidad.

Tres años después, miles de cubanos han marchado al destierro. Eso se dice fácil. Pero hay que vivir lejos de las palmas, con una palma metida en el corazón, para sa-

SIN PATRIA, PERO SIN AMO

ber lo que eso significa. No son nada los trabajos ni las estrecheces. Lo amargo, lo terrible, es la insalvable lejanía.

En esos tres años, otros miles de cubanos han caído y siguen cayendo segados por la hoz asiática, triturados con el martillo siberiano. Otros miles se pudren en las cárceles, barrotes adentro, mientras muchos miles más se agostan presos también, barrotes afuera, en esa inmensa cárcel que es nuestra pobre patria.

Sí. El saldo es tremendo. Comprendemos a los que con algunos momentos de distracción tratan de espaciar un poco el asedio de la angustia.

Pero sabemos que es inútil. No puede haber alegría verdadera en ningún corazón cubano. Entre esa alegría y y nuestros corazones, se interponen amores distantes, rejas que nos separan de cariños fraternos, fosas que guardan los restos de algún ser querido junto a las que no hemos podido depositar siquiera la flor de una oración.

Pero si esta sangrante realidad nos veda la alegría, no puede mermar nuestro coraje. Ni puede debilitar en lo más mínimo, nuestra decisión de exterminar a los causantes de esta tragedia inmensa, para salvar la patria, para tenerla otra vez nuestra, cubana, libre.

Es siempre el día Primero de Enero el día en que nos fijamos nuestros principales propósitos del año. Algunas veces los llevamos a cabo. Otras no. Hagamos este día Primero un solo propósito: liberar a Cuba. Que sea el único para todos los cubanos. Los de adentro y los de afuera.

Y que sea este dolor de hoy, tan cubano y tan de todos, el mejor acicate para cumplirlo.

Miami, Enero 3 de 1962.

HUMBERTO MEDRANO

UNA SOLA RAZA: LA CUBANA

Con una sonrisa de corazón de coco y sus ojos brillantes del resol de Cuba, nos llega de la patria adolorida y distante una cubanita negra. Se llama Tomasa Ruiz y es una compatriota más de los miles que han preferido desafiar en un barquichuelo las olas encrespadas del Caribe y las corrientes traicioneras del Golfo, a permanecer en la Cuba soviética rindiéndole pleitesía a la ocupación extranjera.

Es su presencia un mensaje muy femenino de la Cuba más trigueña. Una hermanita sepia que nos llega con el dolor y la protesta de un pueblo opreso en la mirada.

Pero es además una muestra del verdadero sentir de los hermanos negros de la Cuba que sufre. De la Cuba verdadera. Esos que Fidel Castro ha querido utilizar sin conseguirlo como avanzada de odios y rencores. Esos a quienes el comunismo so pretexto de reivindicarlos de una condición subalterna que no tenían en Cuba, les ha hecho la humillación de regalarles algunos clubes y casas confiscadas como si los derechos humanos consistieran en el grosero disfrute de bienes materiales o las necesidades espirituales de una raza, tan cubana y tan respetable como la blanca, pudieran satisfacerse arrojándoles los restos de un botín pirático como se tiran a los perros los residuos de un festín.

Esto sí ha resentido a los cubanos negros. Porque Fidel Castro se ha creído que los cubanos negros son cubanos de chancleta y bongó. Sin darse cuenta o ignorándolo deliberadamente, que su inmensa mayoría está consciente de que la dignidad humana no se encuentra en el acceso a un salón de baile o en la arena de una playa -como lo proclamara aquél valeroso combatiente de Girón- sino en la libertad y el respeto con que se puedan ejercer o reclamar todos los derechos que para blancos y para negros han desaparecido en Cuba.

Fidel Castro ha suprimido el derecho al sufragio; ¿acaso se imagina que los negros que lo ejercieron en Cuba, no saben lo que es ese derecho? ¿Acaso se imagina este señor que un negro digno es capaz de aceptar que ese derecho le sea sustituído por un collar de abalorios verbales o con el agua de una piscina? ¿Es que Fidel Castro se ha creído que los negros cubanos son zulúes?

Fidel Castro ha suprimido la libertad de expresión, de culto, de enseñanza; ha cancelado los derechos emanados de un régimen jurídico; ha sustituído los tribunales competentes y los magistrados de las salas de justicia por grupos de asesinos que se improvisan en una hora para juzgar sin oir y condenar sin juzgar a todo el que se opone a la tiranía; Fidel Castro ha ensangrentado y empobrecido a su patria, la ha llenado de tropas extranjeras de ocupación y entregado su independencia y sus destinos al imperialismo soviético. ¿Acaso se imagina que los cubanos negros aceptan alegremente esas pérdidas de derechos, esos eclipses, de libertades, porque Fidel Castro les abra las puertas de algún club lujoso para que puedan bailar el cha cha chá? ¿Es que este renegado se figura que los negros cubanos llevan el honor en la planta de los pies?

Por eso es que tantos negros se agostan en la prisión política, y tantos han muerto y siguen muriendo en Cuba combatiendo el comunismo con las armas en la mano. Por eso otros marchan al exilio, como Tomasa Ruiz, y dicen como dijo Tomasa en entrevista publicada en el Diario de las Américas cuando llegó con doce personas más que huyeron en un bote desde la playa de Santa Fe, hace una semana:

"Estaba hastiada de que Fidel Castro usara a los negros contra los blancos... De que para sembrar más el odio y la división entre los cubanos haya estado utilizándolos aviesamente en su propaganda... Los negros decentes que viven de su trabajo, que quieren un porvenir para sus hijos; los que desean confraternizar con los blancos de igual a igual, como antes del comunismo; esos, todos están contra Fidel Castro."

Sí, razón tiene esta cubanita de 22 años cuando afirma que todos los negros decentes y los blancos decentes -añadimos nosotros- están contra Castro. Sólo están con él los negros y los blancos provenientes de ese lumpen que en todos los pueblos forma la resaca social de los resentidos, los incapaces y los malvados.

Contra Fidel Castro están -blancos o negros- los verdaderos cubanos; esos que en la nueva Cuba no tendrán más denominaciones sociales que los distingan. Porque el día que en la acción de San Pedro, en la Guerra del 95, Panchito Gómez Toro cayó muerto sobre el cadáver de Antonio Maceo y sus dos sangres se fundieron en una sola sangre heroica y libertaria, ese día se creó la única raza que debe existir en Cuba: la cubana.

Miami, 5 de Mayo de 1963.

HUMBERTO MEDRANO

A las 3:30 de la tarde del 16 de Mayo de 1960, el gobierno de Fidel Castro ocupaba militarmente el periódico "Prensa Libre" de la Habana.

El famoso vespertino de Sergio Carbó había venido librando por más de ocho meses una gallarda y desigual batalla contra todos los órganos de publicidad oficiales, tanto aéreos como terrestres.

Esto no era nuevo para "Prensa Libre" y sus hombres. Ya habían librado parecidas batallas a lo largo de 19 años contra todo tipo de dictaduras. Incluso 30 años antes, Sergio Carbó había visto como clausuraban su popular hebdomadario "La Semana" y había tenido que marchar al exilio para volver a Cuba desembarcando en Gibara con las armas en la mano.

Esta de ahora era la culminación de una serie interminable de coacciones y agresiones por parte del gobierno de Fidel Castro.

Horas antes, el Subdirector del periódico Humberto Medrano, había enviado a la imprenta su editorial del día, titulado "Ante Cuba."

Los cabecillas comunistas que se habían infiltrado e impuesto en los sindicatos de talleres -linotipos y composición- y que concurrían armados al trabajo, se negaron a pararlo.

-Es subversivo -dijeron-. Y exigieron que fuera retirado.

SIN PATRIA, PERO SIN AMO

Tanto Medrano como el otro Subdirector del periódico, Ulises Carbó, se negaron.

-Sin él es como no sale el periódico; al menos con nuestro consentimiento y nuestros nombres -respondió la Dirección.

Se impusieron los fusiles.

A las 7 de la tarde salía "Prensa Libre" editado por los comunistas. Humberto Medrano y Ulises Carbó lograban abrirse paso hasta la Embajada de Panamá, escapando del paredón.

El editorial de Medrano no aparecía en sus páginas.

Pero el pueblo de Cuba lo reprodujo en mimeógrafos, maquinillas de escribir, incluso copiado a mano. Y lo hizo circular por toda la isla. Se convirtió en un artículo ejemplar. En una muestra de irreductible amor a la libertad, a la independencia de criterio, al periodismo libre.

Nosotros queremos reproducirlo en este libro, antes del relato de como fue cancelada en Cuba la libertad de expresión.

Lo encontrareis en la siguiente página.

Los Editores

SIN PATRIA, PERO SIN AMO

ANTE CUBA

(Un editorial que secuestró el Comunismo.)

CUBA: comparecemos ante ti.

Ante tu pueblo que es nuestro pueblo. Ante tu juicio que es el único al que nos debemos. Ante tu angustia, que es la nuestra, por ver frustrados tus más caros anhelos de justicia y libertad.

Ante ti comparecemos con la conciencia limpia. Con la satisfacción del deber cumplido. Con el corazón lleno de amor hacia ti y de firmeza para defender tu dignidad que es la nuestra, tus derechos que son los nuestros.

Somos tus hijos. Hijos de tu suelo y de tu historia. Hemos trabajado para engrandecerte. Hemos defendido las más puras esencias de tu hidalguía y los principios de decoro y libertad que te han hecho grande, tan grande, como el país más grande a pesar de tu pequeñez geográfica.

No somos perfectos, pero siempre hemos procurado ser fieles a esos principios sin traicionarlos jamás. Somos débiles como lo es todo hombre, pero hemos sido fuertes para defender tus intereses, para coadyuvar a mantener incólume el culto a tu soberanía. Podremos haber tenido errores, pero nunca deslealtades ni cobardías cuando ha habido necesidad de exponer la vida por defender tus raíces democráticas y esa hermosa independencia que te dejaron los mambises al precio de su sangre.

No somos próceres ni héroes. Pero somos ciudadanos tan limpios como el que más, que con sus esfuerzos y sacrificios han contribuído a tu prosperidad y con su conducta jamás han puesto en entredicho tu decoro.

Somos periodistas. Tal vez no de los mejores. Pero hemos sido sinceros y hemos escrito siempre con los ojos puestos en ti. No somos superhombres ni tratamos de convencer a nadie de que lo somos, pero jamáste hemos fallado en tus horas difíciles. Hemos levantado un periódico independiente que nunca se ha plegado a la amenaza ni al soborno. Y hemos dicho la verdad siempre, aún cuando representara un peligro inminente decir la verdad.

Las páginas de este PRENSA LIBRE, que han hecho siempre honor a su nombre, jamás se han manchado con el sometimiento, ni con la injuria soez, ni con la lisonja interesada.

Hemos tenido amigos y los hemos defendido en los peores momentos. A pleno riesgo hemos rendido culto a la amistad y hemos estado a su lado cuando más lo han necesitado. Creemos que ese culto es lo que distingue al hombre de la fiera. Queden allá, en las tinieblas de su sordidez y su egoísmo, los que cuentan monedas bajo la rama de que Judas pende. Nosotros no hemos manchado jamás nuestra conciencia con una sola deslealtad.

Hemos defendido las creencias más arraigadas de tus hijos, de nuestros hermanos. Y hemos tenido una sola línea de comportamiento, sin variación ni retroceso. Una sola militancia: la cubana. Una sola fe: la cristiana. Un solo propósito: el de afianzar tus mejores destinos.

Hemos logrado hacer un periódico que es tu orgullo

SIN PATRIA, PERO SIN AMO

Contamos con la circulación más alta. Y con un prestigio inmarcesible que a nadie hemos arrebatado. Todo lo que poseemos ha sido el producto de nuestro trabajo. De nuestro esfuerzo honrado. La inmensa mayoría de los hombres y mujeres que trabajan con nosotros siente el orgullo de hacerlo. Con ellos hemos creado una hermandad indestructible porque nunca hemos sido patronos ambiciosos ni ruines potentados. Hemos sido sus compañeros, sus hermanos. Cuando alguno ha tenido dificultades nos ha tenido a su lado. Y si esas dificultades se han convertido alguna vez en peligro o agresión por sus ideas políticas, junto a ellos hemos corrido responsabilidades solidarias. Cualesquiera que sean las circunstancias actuales, estamos seguros que esa mayoría encontrará alguna vez la forma de ratificarlo.

No somos más valientes que nadie; pero no permitimos ni permitiremos que nadie nos atropelle ni nos veje. No somos infalibles, pero no creemos en la infabilidad de nadie. No tenemos odios ni antipatías, pero no tendremos jamas un amo; porque creemos con Martí que "cambiar de dueño no es ser libre."

Hoy comparecemos ante ti, Cuba nuestra, para denunciar un desafuero. Un crimen de lesa libertad, de lesa democracia. Fuerzas oscuras que obedecen consignas extranjeras se han concitado con elementos que quieren copar los medios de expresión para destruírnos. Para acabar con este periódico limpio e independiente; para liquidar una trinchera donde se refugia el honor patrio.

Para lograrlo esgrimen argumentos malvados; las usuales calumnias, los usuales denuestos. En su insania llegarán a todos los extremos; la fabricación de "pruebas" para desacreditarnos, el acoso sistemático, la agresión.

Tú, Cuba nuestra, Cuba íntegra y amada, eres la mejor testigo de nuestra conducta. Tú, pueblo cubano, eres el mejor notario para dar fe de nuestra actitud. Jamás has visto este periódico como órgano de publicidad de nadie, como vocero de ninguna secta o bandería, como tribuna interesada de ningún interés económico o político. Nuestras páginas han estado abiertas siempre para todos los criterios, incluso para los que contradijeran a los nuestros. Por el contrario, siempre nos has visto como una tribuna abierta e independiente de información pública (verdadera misión del periodismo que hemos cumplido cabalmente) y como una trinchera irreductible en defensa de los principios en que se fundamenta una patria libre, digna, cristiana y democrática.

Sin embargo, se conspira contra nosotros. Esos elementos nos quieren agredir por tener ideas propias. Por combatir la siniestra conjura internacional encabezada por Rusia contra nuestro pueblo y contra la solidaridad del Continente Americano. Y el crimen consiste, Cuba adolorida, en que has sufrido mucho en las luchas por tus libertades, para que ahora pretendan arrancártelas. Para que ahora, en nombre de siniestros propósitos de dominación y vasallaje comunista, se te traicione y se te exponga a la ruina económica y a la sumisión política.

Tú, Cuba amada, eres libre e independiente. No tenemos que rendirle pleitesía ni sumisión a ningún país extraño. Tenemos una bandera: la cubana. Un idioma: el castellano. Un destino: ser fuertes, prósperos, libres, respetuosos y respetados en nuestro Continente y en el mundo entero. Esos destinos defendemos.

Si caemos, caeremos por nuestros ideales cubanos, por nuestra democracia cubana, por nuestra soberanía cubana, por nuestra independencia cubana. Por nuestro Dios, nuestro idioma, nuestra dignidad y nuestra bandera.

SIN PATRIA, PERO SIN AMO

Si se comete el crimen contra nosotros, contra tí Cuba amadísima, que se sepa en cada familia cubana; en cada corazón cubano, que lo hemos sacrificado todo: nuestros bienes, nuestra seguridad personal y la de nuestros hijos, por no querer someternos a los que quieren sustituir con un trapo rojo la enseña de la Estrella Solitaria.

COMO FUE SUPRIMIDA EN CUBA
LA LIBERTAD DE PRENSA

> "Están cortadas todas las piedras para el edificio de la libertad; le podéis construir un templo o una tumba con las mismas piedras".
>
> Saint Just.

Con esta cita, terminaba un artículo nuestro titulado "Un Tigre Asido por la Cola", publicado en PRENSA LIBRE en los albores de aquel Enero luminoso y prometedor que siguió a la caída de Batista.

¿Quién podía sospechar entonces que Fidel Castro escogería el segundo término de la alternativa? Nadie. Ni nonotros, que al transcribir la frase de Saint Just, parecíamos haber tenido una premonición.

Lo cierto es que al hacerlo, no estábamos manifestando un verdadero estado de conciencia. Fué tan sólo una reacción instintiva frente al precipitado y ya ostensible endiosamiento del caudillo victorioso, cosa que por el momento parecía ser el único peligro. Sin embargo, habían otros más onimosos aún, latentes bajo aquel providencialismo fulgurante.

SIN PATRIA, PERO SIN AMO

Al bajar de la Sierra, Fidel Castro no sólo trajo la aureola heroica de guerrero. En el fondo de su mochila de insurrecto traía también un carácter autoritario y un afán desbordado de absoluto predominio político. Y algo peor: traía, disimulados bajo un éxtasis de justicia, sus abominables compromisos con el comunismo.

Al principio estaba un tanto confuso sobre la forma de alcanzar esos afanes y de cumplir esos compromisos. Para ello era preciso traicionar la fe de un pueblo, asfixiar sus anhelos de paz, suprimir sus tradiciones democráticas. Y esto suponía también crear nuevos odios para dividir la familia cubana, incrementar nuevas y hasta entonces desconocidas luchas de clase, transformar en fin una tierra noble, alegre y generosa, en un infierno de pasiones hostiles que le permitiera, no sólo ejercer un control absoluto a través del terror y la violencia, sino que le facilitara el logro de objetivos aún más siniestros y demoledores: convertir a Cuba en un explosivo político, colocado en los cimientos de nuestras libertades hemisféricas.

Empeño tan infame no podía ser conseguido en forma abierta y declarada. Requería técnica, experiencia, poder de disimulo, crueldad y total falta de escrúpulos.

Los dos primeros ingredientes se los facilitaron los bonzos del comunismo criollo y el Che Guevara. Los tres últimos, no tenía que buscarlos Fidel Castro fuera de su ámbito personal. Eran rasgos distintivos del carácter de este antiguo pandillero, ejercitado en el atraco y el desprecio por la vida ajena.

Bajo estas circunstancias propicias pronto quedó el monstruo listo para actuar. Y entonces comenzó la agonía de nuestras libertades, empezando por la libertad de expresión, base de todas las demás.

Debemos significar, que lo más trágico de esta agonía es que no solamente en un principio, sino mucho después, muy pocos se daban cuenta de ella. El pueblo cubano no había tenido experiencia en la perfidia comunista. Estaba acostumbrado a los contrastes violentos. Blanco o negro; politiquero o apóstol (aunque muchos politiqueros tuvieran rasgos apostólicos y la mayor parte de los apóstoles devinieran en politiqueros). Hay que confesar que el criollo padecía en su mayor parte, de cierto infantilismo a este respecto. Sólo concebía, como en los cuentos de hadas, a los "malos" y los "buenos". Por eso, a casi todos sorprendió aquella mezcla de tonalidades de nuestro anochecer político, en que la venganza se disfrazaba de justicia, la violencia, de piedad, el despojo, de generosidad, el nuevo privilegio, de sacrificio, el agresor, de víctima y la obediencia servil, de patriotismo.

Pero volvamos a la libertad de expresión.

Fidel Castro sabía que una prensa independiente, ejerciendo sus derechos de crítica y cumpliendo sus deberes de fiscalización, es un valladar que protege todos los demás derechos y obliga al cumplimiento de todos los demás dedeberes. Sabía que no es fácil mentir y engañar a la opinión pública --por muy maestro que se pueda ser en los manejos de la oratoria efectista y demagógica-- si hay periódicos que llaman la atención sobre esas mentiras y desenmascaran a los farsantes con la publicación de los hechos que ellos ocultan o deforman. Por eso, desde el primer momento, decidió controlarla.

Por supuesto, no hubo al principio ningún tipo de agresión frontal. Eso hubiera sido burdo y contraproducente.

SIN PATRIA, PERO SIN AMO

Había que hacerlo sin que pareciera un acto descarnado de censura a lo Batista, o de despojo a lo Trujillo. Para eso estaba ahí, a mano, la estrategia comunista, su retorcida dialéctica, su técnica solapada. Para empezar. Después ya no haría falta. Después sería el cinismo, el moño suelto, el arrasamiento total.

Y como consecuencia, las voces y plumas uniformadas, la repetición unánime de la consigna impuesta, la propagación sistemática de la mentira y el terror . . .

EL PLAN

Tal como fué concebido, el plan habría de desarrollarse como sigue:

a) Ocupación **manu militari** de los periódicos y radioemisoras pertenecientes a funcionarios, amigos o elementos vinculados en cualquier forma al régimen de Batista.

b) Desate desde esos periódicos y radioemisoras de una campaña de descrédito contra todo medio de expresión independiente, participando en ellas altas figuras del régimen.

c) Campaña de estrangulamiento económico mediante la retirada de toda propaganda oficial de las páginas de la prensa independiente y la presión ejercida sobre los anunciantes particulares para que retiraran o mermaran la suya.

d) Instigación de actos de violencia tales como quemas, entierros simbólicos, volcaduras de camiones de reparto y amenazas a los agentes y repartidores, orientados a producir el pánico entre los suscriptores y mermas en la circulación.

e) Control de las dirigencias de los Colegios de Periodistas y de los Sindicatos de la Unión Nacional de Artes Gráficas, destituyendo los anteriores dirigentes y sustituyéndolos por elementos comunistas, filocomunistas o simplemente oportunistas y dispuestos a actuar como dóciles instrumentos en los planes de apoderamiento total de los medios de expresión.

f) Elaboración y ejecución a través de esos elementos de medidas de provocación tendientes a producir perturbaciones internas en los centros de trabajo y resentir la autoridad de las empresas.

g) Confiscación de bienes a propietarios de empresas periodísticas por supuestas connivencias con el régimen de Batista.

h) Ofensiva final mediante la creación de graves conflictos entre las empresas que quedaban en pie y parte de su personal, utilizando a los agentes provocadores para precipitar la ocupación de esos periódicos y su posterior confiscación.

OCUPACION "MANU MILITARI"

Desde los primeros momentos se procedió a la ocupación militar de todos los periódicos y estaciones de radio pertenecientes a elementos vinculados a la dictadura. Así fueron ocupados "Alerta", "Pueblo", "Ataja", la CNC Reloj de Cuba --convertida en Radio Rebelde-- Radio Mambí, etc., en la Habana y muchos más en el interior de la República. Al mismo tiempo se permitía editar de nuevo el periódico "Hoy", órgano del Partido Comunista, cuya publicación había sido prohibida en época del doctor Carlos Prío Socarrás porque dicho periódico no pertenecía a la dirigencia del Partido. Había sido comprado con aportes de todos los obreros y pertenecía por tanto a la Confederación de Trabajadores de Cuba. Pero los comunistas se lo habían apropiado, y ahora el gobierno de Fidel Castro co-

SIN PATRIA, PERO SIN AMO

honestaba el apoderamiento ilegal por parte de un partido político de lo que pertenecía a los trabajadores.

Era lógico que aquellos vehículos de expresión que habían pertenecido a los favoritos y beneficiarios de la dictadura de Batista no quedaran en manos de quienes los habían utilizado para justificar y defender los desmanes de la tiranía. Pero la fórmula de apoderamiento **manu militari** y su entrega graciosa a un grupo de edecanes sin procedimiento previo de subasta era una muestra del corte totalitario del nuevo régimen.

Pero no sólo se entregaron ilegalmente a unos cuantos favoritos estos medios de expresión. Se reclutó para operarlos y dirigirlos a cuanto derelicto resentido de la letra impresa arrastraba por bares y antesalas su analfabetismo y sus ocios profesionales y a cuanto literato frustrado e iconoclasta encontraron en disponibilidad de volcar en las páginas impresas o en las ondas radiales la lepra de sus envidias o el turbio relente de sus borracheras intelectuales.

Capitán de esa cuadrilla —como director del nuevo libelo "Revolución"— fué nombrado Carlos Franqui, un antiguo comunista, corrector de pruebas del periódico "Hoy", trepador profesional, primero de la Sierra Maestra, para protegerse y ganar méritos sin disparar un tiro —hubo un momento que la Sierra Maestra era la mejor y más segura embajada— y después, de los despachos de periódicos ajenos, adonde iba al principio como "colega" a pedir papel y otros favores, y luego, como pirata de la letra de molde— a tomar posesión rodeado de fusiles.

Así nacieron "Revolución" "La Calle", "Combate", libelos de la más negra estirpe por cuyas columnas cuarteleras siguieron paseándose con más fuerza que nunca, el criterio sobornado, el vandalismo moral y la justificación del desafuero, característicos de su pasado.

De inicio, pues, no sólo no fueron suprimidos los libelos oficiales de la dictadura derrocada, sino que se les mantuvo vigentes con distinto personal y mayores privilegios, para servir la nueva tiranía.

En primer término, se les dió acceso exclusivo a las fuentes de noticias oficiales. El propio Carlos Franqui asistía, con varios reporteros, a los Consejos de Ministros. A ningún otro periodista se le permitía. Por su parte, los organismos de investigación, policíacos y militares, sólo daban acceso a sus recintos a los reporteros y fotógrafos de los periódicos oficiales, especialmente "Revolución", que disponía, para realizar reportajes e incluso para el transporte de sus periódicos a provincias, de aviones militares. De esta manera, se aseguraba para los periódicos favoritos las primicias de las noticias importantes, especialmente las que se referían a la nueva legislación revolucionaria que tanto interesaba al público. Con ello le iban garantizando a la prole bastarda un incremento de circulación.

En segundo término, se les enjugaban los déficits con gruesas sumas semanales malversadas del Tesoro Público; y en tercer término, se les dió una patente de impunidad para la calumnia y el ultraje.

De esta forma quedaron erigidas y puestas en funcionamiento las nuevas catapultas del régimen totalitario, manipuladas por nuevas cofradías de Monipodios que harían del periodismo cubano la más vergonzosa y nauseabunda sentina que ha conocido América.

SIN PATRIA, PERO SIN AMO

LA OFENSIVA DE DESCREDITO

Desde estas catapultas de cieno comenzó la ofensiva de descrédito contra todo periódico o periodista que no perteneciera a la cofradía. Y en ese momento se canceló en Cuba el derecho de crítica. El más ligero disentimiento atraía sobre la persona del osado un catapultazo de injurias y calumnias. No se debatían tesis: se insultaba. No se confrontaban opiniones: se vejaba al opinante por discreto y respetuoso que fuera.

Un periodista, con una limpia ejecutoria de combate frente a la pasada tiranía, por el hecho de discrepar de una medida oficial o de la forma de aplicarla, se convertía de la noche a la mañana, gracias a la alquimia perversa de los libelos gubernamentales, en un batistiano furioso "pagado por los criminales de guerra". Esto al principio. Cuando avanzó la campaña antinorteamericana, los discrepantes eran siervos del imperialismo, pagados por el State Department. Por supuesto, era inútil pedir pruebas de las acusaciones ni acudir a los tribunales. La jauría continuaba ladrando las mismas imprecaciones sin darse por enterada y la recién comenzada depuración del Poder Judicial hacía inútil cualquier intento de reclamación.

Y en momentos que las nuevas legislaciones penales de emergencia disponían el fusilamiento por delitos contrarrevolucionarios o de traición, al discrepante se le llamaba inmediatamente traidor y contrarrevolucionario. Así motejó Raúl Castro a los hombres de PRENSA LIBRE ante una Asamblea General de la Confederación de Trabajadores de Cuba y ante cincuenta mil milicianos armados en el campamento militar de Columbia. En esa ocasión nos dijo: "No se crean tan seguros; las balas van a llegar hasta donde se encuentran . . ."

En Marzo de 1959, Fidel Castro enarboló un número de PRENSA LIBRE ante una multitud congregada en la Alameda de Paula en la Habana, acusando a su Director Sergio Carbó, de estar menoscabando el prestigio de la Revolución porque éste había escrito un artículo condenando la cesantías en masa de burócratas. Claro que en el fondo ese no era el motivo de su ira. Su indignación era causada por otros artículos de Carbó en que se pedía la fijación de un término para la celebración de elecciones generales.

Estos y otros artículos de los subdirectores Humberto Medrano y Ulises Carbó, en que se denunciaba la infiltración del comunismo, fueron el verdadero motivo de su ataque.

A partir de entonces tanto "Prensa Libre" como los demás periódicos, especialmente el "Diario de La Marina" y "Avance", fueron blanco favorito de las agresiones por parte de los libelos oficiales y los funcionarios públicos de más alta jerarquía.

Así se inició el barrage de descrédito y de terror moral contra toda voz que osaba discrepar. Algunas se callaron. Otras no. Todas desaparecieron. Era un plan de exterminio. Y el comunismo considera hostil hasta el silencio. Entre las que no se callaron estuvo la de PRENSA LIBRE defendiendo en primera línea y hasta el final las libertades públicas. Caímos defendiéndolas.

ESTRANGULAMIENTO ECONOMICO

Son los anuncios y la circulación los dos pilares económicos que sostienen un periódico. Ambos fueron atacados por el régimen de Fidel Castro en forma feroz y des-

SIN PATRIA, PERO SIN AMO

carnada. Se comenzó por negarle toda propaganda oficial a los periódicos independientes. Al mismo tiempo se hacía presión sobre los anunciantes particulares para que les retiraran o mermaran su propaganda habitual.

Según los voceros del gobierno, los periódicos que estaban al servicio de la contrarrevolución eran enemigos del pueblo y por lo tanto no debían circular. Por supuesto "se estaba" al servicio de la contrarrevolución, o de los criminales de guerra, o de los grandes monopolios yanquis, por protestar de algún exceso o por manifestar de alguna manera independencia de criterio. Pero fundamentalmente —y esto se hizo más ostensible a última hora cuando arreció el acoso final a los periódicos que quedaban en pie— se era traidor y contrarrevolucionario **por atacar al comunismo**. Esto lo afirmó en un acto público Juan Marinello, Presidente del Partido Comunista; lo ratificó en Marzo y Abril de 1960 el periódico "Revolución"; y unos días más tarde lo confirmó el propio Fidel Castro en una comparecencia televisada.

La campaña de estrangulamiento económico dió sus resultados con algunos periódicos. "Excelsior", "El País" y meses más tarde "El Crisol", tuvieron que cerrar por incosteabilidad y fueron ocupados por sus correspondientes sindicatos.

INSTIGACION DE ACTOS DE COACCION Y DE VIOLENCIA

La coacción y la violencia, armas favoritas de todo régimen dictatorial, se emplearon también en un principio contra los periódicos. Pero como se trataba de una incipiente dictadura comunista se realizaban por trasmano, en la forma oblícua y perversa que caracteriza ese sistema.

En toda la isla se iniciaron las quemas y entierros simbólicos de los periódicos independientes. No pasaba un día sin que se anunciara en los órganos oficiales, principalmente el periódico "Hoy" de los comunistas, la perpetración de algún atentado de esta índole en alguna localidad de la República. Siempre era lo mismo: delegados comunistas pertenecientes a algún sindicato llevaban un sarcófago hasta algún lugar céntrico de la ciudad o población y allí quemaban o enterraban números de "Prensa Libre" "Diario de la Marina", y "Avance", mezclándolos dolosamente con revistas americanas. Estos actos terminaban con encendidas peroratas comunistas y un significativo resumen del Comisionado Municipal del Gobierno.

Simultáneamente, se coaccionaba a los repartidores de esos periódicos y se intentaba volcar sus camiones de reparto. Estos hechos fueron denunciados repetidamente sin resultado alguno. Las autoridades respaldaban los atentados y a veces eran simples ciudadanos quienes los impedían.

Con estas quemas y entierros simbólicos y estas coacciones a los agentes y repartidores se pretendió crear un ambiente de terror entre los suscriptores para atacar el otro pilar económico de los periódicos: su circulación. Aunque en algunos casos lograron su objetivo, es menester señalar que con "Prensa Libre" y "Diario de la Marina" (Avance ya había sido confiscado cuando esta campaña se intensificó) la medida resultó contraproducente. Ambos aumentaron su circulación en la mayor parte de las localidades donde se perpetraron estos atropellos.

CONTROL DE LAS DIRIGENCIAS DE LOS COLEGIOS DE

SIN PATRIA, PERO SIN AMO

PERIODISTAS Y LOS SINDICATOS DE ARTES GRAFICAS.

La ofensiva contra la prensa independiente —tanto la de vejamen y descrédito consuetudinario, como la de apoderamiento material— requería respaldo por parte del personal de los periódicos agredidos. La mayoría de ese personal repudiaba esa campaña. Sabían que era muy difícil que pudieran seguir recibiendo iguales sueldos y salarios bajo el control del gobierno, ya que en Cuba jamás ha prosperado la prensa oficial.

Era pues preciso imponer los asentimientos por el terror, a través de dirigencias sindicales sumisas corresponsabilizadas con el plan totalitario de apoderamiento de todos los medios de expresión.

Así fueron mantenidos los dirigentes afines que eran los menos, y **destituídos** los "díscolos", que eran los más y que habían sido elegidos por el voto de las mayorías, siendo sustuitídos por elementos perturbadores provenientes de las filas del comunismo, dispuestos a cohonestar e incluso a perpetrar por sí mismos toda clase de desafueros.

Estos nuevos dirigentes, que concurrían armados a su trabajo, unidos a elementos perturbadores de cada sector laboral y respaldados por los más altos jerarcas sindicales e incluso por el Ministro del Trabajo y la fuerza pública, se impusieron por el terror en todos los centros de trabajo, acallando las protestas de la mayoría del personal y obligándolo a acatar todas sus tropelías bajo amenaza de pérdida de las plazas, expulsión del sindicato e inhabilitación para trabajar en ninguna otra parte en el futuro.

De esta manera encontraron apoyo para la campaña de

descrédito y para las medidas de provocación, asi como para realizar las ocupaciones y confiscaciones en su día.

Ejemplo de como funcionó esa quinta columna fué el caso del personal de "Prensa Libre". Más del ochenta por ciento de ese personal, —periodistas, empleados y obreros-- firmaron unas declaraciones apoyando a la Empresa en medio de una de las más encendidas polémicas con la jauría oficial. Las declaraciones se publicaron y al día siguiente fue citado el personal a los cuarteles de la CTC. Allí, en una violenta asamblea que duró más de siete horas, presidida por David Salvador rodeado de soldados, se obligó al personal a desdecirse, declarando que "que lo ellos respaldaban eran las decisiones del secretario del Sindicato al que daban un ilimitado voto de confianza"

Pero lo más singular de esta asamblea fué la invitación que se le hizo al personal para que visitara a Fidel Castro en el local del periódico "Revolución" a la una de la madrugada. Fué una minoría, la cual oyó a Fidel Castro repetir los mismos argumentos que se habían dicho en la Asamblea, tales como que "los obreros no pueden jamás estar con los patronos por muy bien que éstos les paguen, porque el patrono es su enemigo". Y repetir las mismas amenazas, tales como que los obreros que disintieran de la "línea revolucionaria" serían expulsados y en algunos casos encarcelados como traidores al pueblo y a la Revolución".

OTRAS MEDIDAS DE PROVOCACION

En medio de la campaña de descrédito, de las quemas y entierros simbólicos, de las amenazas y de los conflictos laborales creados artificialmente, idearon una nueva

SIN PATRIA, PERO SIN AMO

forma de provocación: las "coletillas".

A través de las ya copadas dirigencias de los Colegios de Periodistas y los Sindicatos de Artes Gráficas, se aprobó la imposición de una aclaración al final de las informaciones cablegráficas, desmintiendo el contenido. Esta medida se extendió casi inmediatamente a los artículos y editoriales con el deliberado propósito de que las empresas se negaran a seguir publicando los periódicos en tales condiciones de irrespetuosidad y coacción. Así podrían acusar a esas empresas de 'lock-out' y tomar posesión de ellas mediante la quinta columna comunista infiltrada en los sindicatos.

Estas aclaraciones -"coletillas", como las bautizó "Prensa Libre" y siguió llamándolas el público- no estaban firmadas por nadie en particular y eran impuestas en cada periódico, aprovechando el estado de terror que reinaba entre su personal, por el grupito reducido de la quinta columna comunista.

Protestaron enérgicamente del engendro, "Prensa Libre", "Diario de la Marina", "Avance", "El Crisol", "El Mundo" e "Información". Con motivo de las protestas arreció la polémica con la jauría gubernamental. Aprovechando la polvareda de esta nueva "melee" ocuparon y confiscaron "Avance". Su director se asiló en una embajada y remitió su protesta a los periódicos. Solamente la publicaron íntegra "Prensa Libre" y "Diario de la Marina".

Estos dos periódicos siguieron publicándose con las "coletillas", no sin antes desprestigiarlas totalmente y demostrando su carácter esencialmente coactivo y provocador. Ambos periódicos afirmaron que las coletillas, cualquiera que fuera su contenido, pasaban a ser una honrosa condecoración ganada en el ya peligroso ejercicio del criterio independiente.

El público buscó especialmente los artículos y columnas con "coletillas". El "Diario de la Marina" llegó a publicar un "score" o cómputo diario de las coletillas aparecidas en la prensa independiente.

Amor propio herido aparte —en la guerra hay que recibir las heridas y seguir peleando— esta medida de las coletillas resultó negativa para sus promotores ante la opinión pública. Pero había caído un periódico más. Cada nuevo paso del diabólico plan de exterminio, rendía sus frutos.

CONFISCACION DE BIENES A PROPIETARIOS DE PERIODICOS POR SUPUESTAS CONVIVENCIAS CON LA DICTADURA

Un día decidieron que la hora del periódico "El Mundo" había llegado. Y comenzaron por intervenir a su propietario, Amadeo Barletta, todos los negocios ajenos al periódico.

Lo acusaban de supuestas connivencias y negocios con Batista. Lo más singular de la acusación es que se hacía un año después de haber estado funcionando un Ministerio de Recuperación de Bienes que hasta entonces no parecía haberse enterado. Y el Barletta que hasta ese momento nadie había acusado de nada, se convirtió de pronto en un Enemigo Público. Un poco más y era el responsable del cuartelazo de Batista y el autor intelectual y material de todos los crímenes de la Dictadura.

Fué acusado, vilipendiado y obligado a refugiarse en

SIN PATRIA, PERO SIN AMO

la Embajada Italiana. Entonces se decretó la confiscación de todos sus bienes y, por supuesto, el periódico "El Mundo", que pasó a ser un nuevo títere de la comparsa roja.

Hasta ese momento, "El Mundo" no había sostenido violentas polémicas ni había sido molestado. Su actitud había sido discreta. No había combatido al régimen, pero había hecho algunas críticas y era obvio que mantenía su independencia de criterio sin formar filas en la cáfila vociferante de los denostadores profesionales. Pero esto no era un problema de razones ni de justificaciones. Le había llegado la hora.

Además, había que cegar todas las posibles fuentes de protesta para la embestida final contra el "Diario de la Marina" --decano centenario de la prensa-- y "Prensa Libre", el periódico de mayor circulación de Cuba, cargado de prestigio por su postura combativa frente a Batista.

OFENSIVA FINAL

En mayo de 1960 sólo quedaban dos periódicos combatiendo: "Prensa Libre" y el "Diario de la Marina". Durante Marzo y Abril se habían arreciado los ataques contra ellos. Fidel Castro calificaba al Director del "Diario de la Marina" con los peores epítetos. Raúl Castro, llamaba traidores a los directores de "Prensa Libre". Revolución pedía la confiscación de nuestro periódico. Los dos diarios se defendían bravamente. Sobre ellos coincidía el ataque combinado y simultáneo del tremendo aparato publicitario del régimen.

Días antes de la agresión definitiva al "Diario de la Marina", los sub-directores de "Prensa Libre" fuímos llamados por un compañero periodista que aún mantenía relaciones de amistad con el gobierno para ofrecernos un "armisticio" o de otra manera acabarían con nosotros. Era obvio que querían neutralizarnos momentáneamente para que no protestáramos de la agresión ya inminente al "Diario de la Marina", aunque en ese momento nosotros no lo sabíamos. A esa proposición respondimos que éramos un periódico, no un cuerpo de ejército; que no contábamos con otra fuerza que el poder de la verdad desarmada y que por lo tanto no estábamos alzados en armas contra nadie. Pero que si el propuesto "armisticio" suponía que dejáramos de defender nuestros principios, de atacar al comunismo imperante y de protestar por las flagrantes agresiones a la libertad de expresión, que esas armas no las depondríamos jamás.

En vista de nuestra negativa, y seguros de que protestaríamos ante cualquier nuevo atentado contra la prensa, Fidel y Raúl Castro idearon la fórmula de acallar nuestra voz aplicándonos el tratamiento de **conspiradores** y por tanto **traidores a la revolución,** delito penado no sólo con la cárcel, sino con el fusilamiento.

Siguiendo ese plan, Raúl Castro, en un mitin celebrado en el local de la Confederación de Trabajadores de Cuba, en los primeros días del mes de Mayo de 1960, afirmó que "los hombres de Prensa Libre" eran los peores porque eran traidores a la revolución.

La agresión al "Diario de la Marina"

La noche del martes diez de Mayo se consumó la ocupación y despojo del "Diario de la Marina". Su director había venido sosteniendo una violenta polémica con José

SIN PATRIA, PERO SIN AMO

Pardo Llada, vocero favorito del régimen. La mayor parte de los empleados y obreros del Diario habían firmado unas declaraciones de adhesión al señor José I. Rivero. Aquella noche iba a ser publicada. La quinta columna dió el aviso y se precipitó la agresión que iba a ser realizada según informes posteriores cinco días después. Un grupo de milicianos armados, al frente del cual marchaba Tirso Martínez, -un fotógrafo ambulante que había recibido el título de periodista en época de Batista sin haber escrito jamás una línea en ningún periódico, y en ese momento rector analfabeto del Colegio de Periodistas,- quien con el apoyo de la quinta columna interna penetró en el local del periódico destruyendo los cilindros del rotograbado donde iba a publicarse la carta del personal.

Cuando la dirección intentó protestar del hecho con un artículo de primera plana se le impidió hacerlo. La dirección se retiró y el grupo armado tomo posesión del periódico.

Al día siguiente, miércoles 11 de Mayo, "Prensa Libre" protestó en forma enérgica y terminante de este desafuero, llamándolo **despojo, acto de coacción y de violencia y atentado a la libertad de expresión.** Y el jueves 12, a pesar de la consiguiente coletilla negadora e insultante, denunciamos la forma en que se había perpetrado el desafuero contra nuestro colega, verdad que hasta entonces había sido ocultada por el resto de la prensa turiferaria tras la consabida acusación de "abandono" y "lock-out" por parte de la Empresa.

El jueves 12 de Mayo se produjo el entierro simbólico del "Diario de la Marina" en la Escalinata de la Universidad de la Habana. Ante este nuevo acto grotesco, denigrante e incivil, protestamos el viernes 14 en otro editorial titulado "Los Enterradores". De él extraemos a manera de ilustración del instante que se estaba viviendo, los siguientes párrafos:

"Es doloroso ver enterrar la libertad del pensamiento en un centro de cultura. Es como ver enterrar un código en un Tribunal de Justicia. Porque lo que se enterró anoche en la Colina no fué un periódico determinado. Se enterró simbólicamente la libertad de pensar y decir lo que se piensa".

Y más adelante:

"No se diga que esa es la voz del pueblo. Los escasos miles de curiosos que allí se congregaron en son de fúnebre "pachanga", no pueden representarlo. La voz del pueblo, su verdadera voz, está en las inmensas mayorías que no asistieron y que condenaron en silencio esos intentos de regresar a la bárbara etapa del predominio de la fuerza bruta sobre las jerarquías del espíritu".

Y otro:

"Colofón obligado de ese acto ha sido el comentario del periódico "Revolución". El título de ese comentario lo dice todo: "Prensa Libre" en el camino de la Marina". No tenían que decirlo. Todo el mundo lo sabe. Como sabe que nadie más interesado en colocarnos en él, que los magnates de "Revolución" para apoderarse de nuestro edificio, talleres y rotativa. Ese es el único periodismo --aparte de insultar y calumniar-- que saben hacer".

Y situando las cosas:

"Ustedes nos plantean la disyuntiva de que hay que estar con o contra la revolución. Pero habrá que preguntarles con cuál revolución. Si con la revolución cubana que depuso a un tirano y planteó de inmediato la liquidación del peculado, la reparación de viejas injusticias y la afirmación de nuestras esencias patrias, o la revolución de los excesos, de las mentiras, del odio, de los asaltos a periódicos independientes. Porque junto a la primera estamos y está el pueblo de Cuba. Pero junto a la segunda no están mas que ustedes y un grupito de comunistas que quieren transformar la primera para saciar sus apetitos y propiciar planes de perturbación".

Debemos añadir que en aquel entierro simbólico, el comandante Quevedo, líder comunista de la Universidad, exhortó públicamente a los trabajadores de "Prensa Libre" a apoderarse del periódico, lanzándoles a través de la radio y la televisión la pregunta siguiente: "¿Cuando enterramos a "Prensa Libre"?

Crece el acoso.

Por su parte, la prensa turiferaria, siguiendo el plan de Fidel y Raúl Castro aprobado previamente por el Che Guevara, intensificó los ataques contra "Prensa Libre" --que seguía peleando solo-- insistiendo en la nueva modalidad de acusarnos de traidores y conspiradores, abriendo el fuego "Revolución" con un artículo títulado "La Voz Traidora de Prensa Libre" y secundándolo el libelo "La Calle" que desplegó un enorme titular diciendo "Ahora le toca a los traidores de Prensa Libre".

El plan contemplaba el despliegue de algunos actos de calle y el sábado 14 de Mayo, cuando empezaba a circular "Prensa Libre" con un editorial titulado "Bajo el Fuego", grupos comunistas, protegidos por la fuerza pública, organizaron una manifestación que pasó cerca de nuestro edificio portando cartelones insultantes, lanzando piedras y pidiendo para nosotros el clásico "paredón".

El golpe de gracia

Así las cosas, el lunes 16 de Mayo, el grupo formado por la quinta columna comunista injertada en el sindicato de trabajadores de "Prensa Libre", irrumpió en la Redacción acompañado de otro grupo de milicianos ajenos al periódico-todos portando armas - los que le comunicaron al Jefe de Redacción que nuestro editorial de ese día titulado "Ante Cuba", y otras protestas de primera plana no podían publicarse **porque eran subversivas**. A la sazón —desde la noche anterior ya vigilaban nuestros domicilios fuerzas del G-2, la tenebrosa policía militar de Fidel Castro — en las calles aledañas al periódico se veían automóviles tripulados por miembros de la misma fuerza represiva.

Tanto el doctor Ulises Carbó como el que informa, conociendo que se pretendía simultanear el conflicto interno con nuestro arresto y remisión a las prisiones militares de la Cabaña, acusados de conspiradores, no habíamos dormido en nuestros domicilios. Y en las primeras horas de la tarde del lunes, después de negarnos a permitir que se censuraran nuestros editoriales, logramos evadir la vigilancia y persecución policíaca, asilándonos en la Embajada de Panamá.

Inmediatamente el edificio del periódico fué ocupado por las milicias y la fuerza pública, asumiendo el mando un corrector de pruebas llamado Hugo Vázquez, miembro activo del Partido Comunista y edecán del director del periódico comunista "Hoy", y agente del G-2, quién colocó como director nominal del periódico ocupado -- previa consulta a Fidel y Raúl Castro -- a un títere llamado Mario Kuchilán.

Desde los primeros momentos y en días subsiguientes, se produjo la renuncia de la mayor parte de los periodistas de la Redacción, de la casi totalidad de los empleados de Administración, así como un número considerable de obreros del taller, todos los cuales abandonaron sus puestos y plazas en el periódico y marcharon posteriormente al exilio como testimonio de solidaridad con la Empresa.

Ante ese éxodo de la mayor parte del personal capacitado, se vieron obligados a cubrir las vacantes con algunos traidores de adentro y con la importación de un gran número de empleados y periodistas alquilones, comunistas y filocomunistas, que se encontraban sirviendo en distintas publicaciones gubernamentales.

Y tal como habíamos anunciado, el libelo "Revolución" se mudó para nuestro Edificio y se apoderó de nuestros talleres y rotativa al mes escaso de perpetrado el desafuero. Allí se edita actualmente, ocupando Carlos Franqui el despacho de Ulises Carbó, Mario Kuchilán el de Humberto Medrano y quedando reservado el de Sergio Carbó para Fidel Castro, quien concurre allí frecuentemente para disfrutar del botín y determinar lo que debe o no debe publicarse.

En aquella casa --espejo de la patria-- se instaló la usurpación.

CONCLUSIONES.

Esta es, en síntesis --en detalle no cabría en varios

volúmenes-- la historia de cómo fué asesinada en Cuba la libertad de prensa.

Para cualquiera es una historia repugnante. Para los que la vivimos es una historia trágica. No sólo porque marca la desaparición de nuestras libertades, sino porque representa el entronizamiento de una doctrina de odio implacable hasta entonces desconocida en Cuba.

En los peores antagonismos políticos, habían permanecido intactos en nuestra tierra el culto a la amistad, el respeto a la familia, el reconocimiento de los valores intelectuales y de los frutos del esfuerzo honrado. Se pudo llegar al crimen físico, pero nunca al asesinato moral. El fuego de las más caldeadas pasiones no pudo extinguir jamás la generosidad del criollo, su hidalguía.

Es la primera vez que se subvierten todos los valores morales de la estirpe. Que se elevan la delación, la deslealtad y el desarraigo del amor y la solidaridad familiar, o la categoría de deberes cívicos.

Habíamos conocido los estragos de la soberbia y de la ira. Pero no conocíamos la helada devastación moral que supone para un pueblo la destilación sistemática sobre sus resortes vitales de un odio extraño e implacable, acumulado a lo largo de resentimientos seculares y aplicado por extraviados nihilistas que han hecho de la destrucción no sólo una filosofía sino un credo religioso.

Se nos dirá que eso no es nuevo. Que eso es comunismo, que sigue las mismas directrices en todos los pueblos que sojuzga. De acuerdo. Pero una cosa es leer sobre el comunismo y otra sentir su tremendo impacto demoledor en carne propia.

Por eso el caso de Cuba debe servir de ejemplo. Especialmente para aquéllos que por estolidez congénita o por un lógico esguince del subconsciente ante las tragedias

SIN PATRIA, PERO SIN AMO

ajenas, piensan que a ellos no ha de pasarles.

No basta con amar la democracia y la libertad. No basta con creer que somos capaces de enfrentarnos al comunismo cuando asome su cabeza deforme. Eso es un error. El comunismo nunca asoma la cabeza deforme antes de tiempo. Asoma la otra, la rubia, la de arcángel. Nunca avisa, como la tempestad con el trueno lejano. Es como el cáncer: la mayor parte de las veces se manifiesta cuando ya no hay remedio.

Es la hora, pues, de apretar filas, de pelear. Cierto es que los que aman la democracia y la libertad son mayoría en América. Pero son una mayoría estática. Mientras, las minorías comunistas son dinámicas, aullantes y bien organizadas. Hay que pelear, repito, y no dejarse impresionar por la gramática parda de los agitadores profesionales.

Debemos estar orgullosos de nuestro sistema democrático, que tiene defectos, pero que son subsanables con el ejercicio de la crítica y el ejercicio del sufragio.

Las lacras del comunismo, sin embargo, --como sus dirigentes-- son irremovibles. Bajo su imperio nadie puede hablar, ni opinar, ni denunciar una injusticia. Ni nadie puede organizar su vida ni la de sus hijos sino en la forma que imponen los que mandan. Ni puede prosperar sino es mediante la intriga y el sometimiento a los amos omnímodos.

Es en suma la abolición de todo derecho, la muerte de toda dignidad humana.

Debemos, pues, escoger entre una libertad imperfecta y su absoluta inexistencia. Entre una tierra fértil pero mal sembrada y un páramo.

De la elección que hagamos y en la forma que la defendamos depende el destino de nuestra civilización.

Miami, Diciembre de 1960

HUMBERTO MEDRANO

PARA CUBA QUE SUFRE

(Al reanudar nuevas trasmisiones radiales para Cuba)

CUBANO:

Aquí estamos de nuevo. Junto a tí. Contigo.

Junto a tus sufrimientos para sentirlos juntos. Junto a tus esperanzas y tu firmeza, para juntos anhelar y juntos luchar por una patria libre para siempre de tiranos.

Porque somos cubanos, somos hermanos. Porque somos cubanos hemos amado siempre la libertad. Porque somos cubanos estamos dispuestos a morir por ella.

Ningún pueblo ha sido mas heroico que el nuestro. Los ha habido valientes. Los ha habido tenaces que han combatido y vuelto a combatir por sus derechos. Pero más que nosotros, no.

Recuerda cómo pelearon los mambises en el 68. Recuerda cómo volvieron a pelear y a ganar en el 95. Recuerda cómo derrocamos a Machado y cómo derrocamos a Batista. Todo eso es historia. Historia hermosa y límpida. Todo eso es lo que forma la tradición de nuestra rebeldía indomable.

Por eso hoy, después de Girón, y a pesar de Girón, volvemos a estar de pie, contigo. No importa un revés ni mil reveses. Porque unos moriremos. Otros nos asfixiaremos en las infames mazmorras comunistas. Otros estare-

SIN PATRIA, PERO SIN AMO

mos mordiendo día por día, hora por hora, siglo por siglo la angustia del destierro. Pero siempre quedaremos suficientes para seguir peleando. Siempre quedarán cubanos dispuestos a recoger y tremolar la bandera rota, pero no mancillada.

Y aquí hemos vuelto hoy. Con el corazón en la palabra. Te llega nuevamente nuestra voz. Te llegaría mil veces. Porque esta voz que te llega no es en definitiva la de nadie en particular. Es la voz de todos. Es la voz de Cuba. Por eso es una voz incallable, a pesar de todas las que pueden silenciarse. Si ésta que hoy te habla fuera ahogada, sobre su resonancia enmudecida otra volvería a levantarse. Tal vez con diferente inflexión. Pero con el mismo acento de firmeza, para señalar y cumplir nuestros deberes.

Esta es, pues, cubano, hermano del dolor y de la lucha, tu propia voz. La voz de Cuba que no se rinde. Te llega hoy y te seguirá llegando para traerte un mensaje de fe.

Puedes estar seguro de que ni Fidel Castro es invencible, ni tú, ni nosotros cejaremos hasta vencerlo. Tal vez tenga hoy más armas. Pero ya no tiene pueblo. Tal vez grite hoy más que nunca, pero más que nunca está consciente de su debilidad. Porque nadie mejor que Fidel Castro sabe que Cuba no se le someterá jamás.

Y todo ese pueblo inmenso que ha perdido, indignado por todos los abusos, por todos los despojos, por todos los crímenes, por todas las traiciones; ese pueblo enfurecido por la entrega miserable de nuestra soberanía al imperialismo soviético, ese pueblo eres tú, cubano, que a pesar de todo este terror, de toda esta barbarie comunista, has seguido amando tus ideales y peleando por ellos!

¡Ese pueblo eres tú, cubano atormentado, que sufres el vejamen de los delatores, el ultraje de la canalla con mando y con derecho de vida y hacienda sobre el fruto de tu trabajo, sobre tu familia, sobre tu persona!

¡Ese pueblo eres tú, cubano preso, que eres tratado como una bestia por los ladrones y los asesinos que cantan La Internacional, usan hoz y martillo en la mugrienta boina y reciben órdenes extranjeras!

¡Ese pueblo eres tú, cubano desterrado, que como tus hermanos de adentro lo has perdido todo y además has perdido la cálida y luminosa resonancia de tu tierra, como no hay otra en el mundo!

Ese pueblo es esta voz, cubano, porque esta es tu voz Y ese pueblo es también, y en definitiva, la victoria!

¡Espérala, cubano. Quiérela, peléala! ¡Será tuya al fin! ¡Como fué de Martí, como fué de Maceo, como fué de Agramonte! ¡Como fué y ha sido de todos los que han puesto el ideal por encima de los intereses; de todos los que han demostrado que vivir sin patria es vivir sin decoro y que sin decoro, nada vale la vida! ¡Esa patria es de los que han muerto heroicamente, antes y ahora, tanto como de los que han quedado y han de quedar para honrarla poniéndola a la altura del holocausto de sus mejores hijos!

Esa patria será otra vez nuestra, cubano, de nosotros, los que no tenemos que buscar en Rusia próceres ni mentores, porque nos basta con los nuestros. Nos basta con los Maceo y los Martí. Será de nosotros los que no cantamos mas que un himno ni honramos mas que una bandera. De nosotros los que nacimos en una patria feliz y ayudamos a

SIN PATRIA, PERO SIN AMO

hacerla próspera sin necesitar nunca de técnicos extraños. Esos que a lo que han venido en definitiva es a enseñarle a los traidores como se vende una patria al extranjero. De nosotros, los que creemos en Dios, en el respeto a los padres y en el amor a los hijos. De nosotros, los que queremos que los cubanos sean hermanos y que como hermanos trabajen, se ayuden, se respeten, amen, rían y construyan.

Los que no queremos verlos como ahora, convertidos en caínes, denunciándose, odiándose, matándose como fieras.

Esa patria volverá, cubano. Y volvera pronto.

No te importe oir que en Cuba o fuera de Cuba, Fulano discrepa de Zutano. Esos son los celos de siempre, las ambicioncitas de siempre, las tonterías de siempre. Pero a la hora decisiva todos estaremos juntos.

Entonces no habrá sectores, ni grupitos, ni banderías. Entonces no habrá mas que Cubanos unidos en la decisión suprema de rescatar a Cuba. Tu serás uno de ellos.

Ese momento no está lejano. ¡Espera, confía, prepárate!

¡Muy pronto sentiremos el beso augusto de la Libertad!

Miami, Diciembre 6 de 1961

HUMBERTO MEDRANO

Volveremos...

Yo he de volver a tí, Cuba.
Lo sé.
A tí yo he de volver.
A tu canto amoroso de palmeras.
Al rumor de tu sol.
A la espuma irisada de tus playas.
Y al azul.
Ese azul que te envuelve y te rodea
alto de nubes,
líquido de mar:
Y al verde intenso que despeina tu brisa.
Y a esa dulzura que te corre por las venas
y sale azucarada por tus cañas...
Sí, yo sé que he de volver
al hondo llamado de tu tierra,
patria mía.
Y a la armonía
de aquella aurora última,
cuya luz aún me sirve
para estos pasos torpes del destierro;
para esta perenne oscuridad sin tí.
Pero he de volver no sólo a tu belleza,
sino al clamor de tu infortunio
y al tono mayor de tu heroismo;
a presenciar, cueste lo que cueste,
el tránsito luminoso y terrible
del calabozo al ala...
Sí, Cuba mía, no sé cómo, pero sé
que un día de estos regresaré.
No sé con cuánta sangre,
ni me importa,
si es que la doy por tí.

SIN PATRIA, PERO SIN AMO

Ni se con cuánto aliento,
ni me importa,
Si el que tenga
ha de ser un fragmento del aire
que haga ondear otra vez tu bandera
alta y sola.
No, no me importa, si he de verte
o saberte,
en el cenit exacto de tu gloria más pura,
sin yugos; sin extraños que profanen
con su presencia impuesta,
la rebelde bravura de Maceo,
la devoción excelsa de Martí.
Y tal vez
porque sólo pienso en el regreso;
en el reencuentro ávido con tus palmas distintas,
sea por lo que estoy seguro,
Cuba,
que a tí yo he de volver.
Allá los que quieran quedarse.
Allá los que crean que pueden vivir
lejos de tí.
Esos adoradores de lo exótico;
los que aún viviendo en Cuba, vivían
en los Champs Elyseés,
en la Vía Veneto,
o en Times Square.
Yo, como tantos, llevo el sabor
de tu tierra entre los dientes
y el "arique" en el pie.
Esos buscaremos la manera de regresar.
Esos volveremos en un esfuerzo
que no tiene mas límites que el triunfo.
Esos no cejaremos hasta volver.

HUMBERTO MEDRANO

Porque sabemos que queden los que queden
en el camino del regreso,
todos habremos vuelto.
Y entonces te verán por sí mismos
los viejos ojos que eran ojos por verte;
o a través de los ojos nuevos
que lo serán por tener ¡oh cielo de pupilas!
el vivo y cercano privilegio de tí.
Por eso no desespero.
Porque tu libertad será labrada
y tu volverás.
Tan límpida, tan dulce, tan criolla, tan brava
como siempre fuiste.
Como el día que Martí
cayendo en Dos Ríos
levantó tu destino.
Como el día que Maceo
con tres chorros de sangre cubanísima
regara tu futuro
Como el día que tu Estrella Solitaria,
apoyada en el mástil erguido de tu historia,
empezara a brillar en el cielo
donde tu independencia amanecía.
O como aquel otro dia...
¡tan insignificante junto a los anteriores!
en que al tener que apartarse de tu suelo,
llamaste por su nombre,
con esa inolvidable voz de ceiba y yerbabuena,
con tu voz de martirio y esperanza,
a este pobre cubano
que nunca podrá vivir sin tí ...

Miami, Septiembre 8, 1963.